빅 피쉬

Directed by Tim Burton
Screenplay by John August
Based on the novel by Daniel Wallace

빅 피쉬 Big Fish

2008년 06월 03일 초판 1쇄

번역·해설 | 이일범
펴 낸 이 | 소지영
편　　집 | 윤정미
디 자 인 | 리드컴퍼니 이윤영
마 케 팅 | 이준승, 권창현
경영지원 | 마하선
인　　쇄 | 삼성인쇄소
펴 낸 곳 | 스크린영어사

서울특별시 관악구 신림 9동 1514번지
TEL | (02)887-8416
FAX | (02)887-8591
http://www.screenplay.co.kr

등록일자 | 1997년 7월 9일
등록번호 | 제16-1495

책값 18,000원
ISBN 978-89-87915-86-9

- 낙장, 파본은 교환해 드립니다.

스크린 영어사
Screen English Publishing co.

〈빅 피쉬〉를 시작하며

고대하던 애니메이션 두 작품(〈몬스터 하우스〉와 〈부그와 엘리엇〉)을 소개하고 뒤이어 미국 텔레비전 드라마 시리즈의 걸작으로 알려진 〈프리즌 브레이크〉를 출간하여 문자 그대로 스크린 영어의 황금 시대를 연 스크린영어사가 다시 힘을 기울여 이번에는 잔잔한 명작 영화로 입소문이 자자한 〈빅 피쉬〉를 내놓게 되었다.

이 작품은 다니엘 월리스(Daniel Wallace)의 원작 소설 Big Fish: A Novel Of Mythic Proportions를 영화화한 판타지 우화다. 우리나라에서는 그다지 주목을 받지 못했으나 미국 현지에선 좋은 반응을 얻은 문학적 향취가 듬뿍 풍기는 걸작이다. 다소 무거워 영화란 판타지를 즐길 수 있는 안목과 삶을 통찰할 수 있는 관객이 아니면 이 작품이 갖는 진지한 주제와 메시지를 이해하기가 쉽지는 않은 철학적 영화라 할 수 있다.

간혹 독자들로부터 스크린 영어가 갖는 장점을 말해 달라는 부탁을 받는다. 독자 스스로 스크린 영어 교재를 매개로 영어 학습을 해보면 알겠지만 영화를 통한 영어 학습은 많은 장점을 갖고 있다.

우선, 학습자는 화자의 상황을 잘 파악할 수 있다. 즉, 어떤 표현을 하게 되는 상황은 언어에서 매우 중요하다. 한 단어로 된 짧은 문장에서부터 두세 단어로 이루어진 문장이나 매우 긴 문장까지 같은 표현이라도 상황에 따라 전혀 다른 의미를 내포할 수 있기 때문이다. 둘째로, 화자의 표정, 즉 입 모양, 억양, 발음,

느낌 등을 직접 확인할 수 있다. 특히나 영어는 운율을 지닌 언어이다. 단순히 어떤 표현을 암기하는 것만으로는 충분치가 않다. 셋째로, 화자가 말하는 내용의 재확인이 가능하다. 외국인과 대화 시에 또는 방송을 통해서나 배우들이 적절한 타이밍에 말하는 영어 표현을 다 알아듣는 사람은 별로 없다. 영화에 따라 영어의 원어민들조차 대사를 전부 다 알아들을 수는 없다. 하지만 스크린 영어에서는 항시 DVD나 MP3, 또는 오디오 CD를 통해 몇 번이고 다시 듣고 따라할 수 있다. 반복 학습이 가능하다는 것이다. 넷째로, 화자에 따라 표현의 습관이 있다. 화자의 고향이나 교육 정도에 따라 다양하게 표현되는 것이 영어다. 스크린 영어에서는 여러 계층의 배우들이 사용하는 다양한 발음과 표현 등을 학습할 수 있다. 영국, 미국, 호주 등 지역은 물론이고 미국 내에서도 남부와 북부, 동부와 서부, 대도시와 시골 그리고 상류층이나 중산층, 서민층 등에서 사용하는 다양한 화자들의 영어를 학습할 수 있는 것이다.

물론 스크린 영어를 통한 학습에는 이 외에도 많은 장점이 있다. 이런 보물 같은 교재를 무시하고 많은 돈과 노력을 투자하며 시간을 낭비하는 것은 바람직하지 않다. 모쪼록 이 잔잔한 걸작 영화가 여러분의 영어 학습에 많은 보탬이 되기를 바란다.

이 일 범

Contents

콜론(:)의 용법

한국어에는 거의 없는 용법이지만 영어에서는 많이 사용되는 중요한 용법이니 잘 알아두자.

1. 콜론 앞은 붙이고 (한 칸 띄우면 안 됨) 콜론 뒤는 반드시 한 칸 띄워야 한다.
2. 보통 3개 이상을 나열할(list) 때 콜론을 사용한다.
3. 콜론 앞의 문장이 완전한 문장(complete sentence)이어야 한다.
   (1) 콜론 앞이 명사로 끝나야 한다.
   (2) 콜론 앞이 the following 또는 as follows로 끝나야 한다.
4. 나열되는 명사들은 콤마(,) 또는 세미콜론(;)으로 구분해준다.
   예: I have three favorite actors: Paul Newman, Woody Allen, and Harrison Ford.
   We took the following: a tent; two sleeping bags; and a lantern.

• 일러두기

이 책에서는 등장인물과 대사의 확실한 구분과 효과적인 내용 전달을 위해
등장인물 다음에 공간을 띄우고 콜론을 사용하였다.

빅 피쉬

That was my father's final joke, I guess.
A man tells his stories so many times that he becomes the stories.
They live on after him.
And in that way, he becomes immortal.

Chapter 1

우린 같은 운명이었단다

We Had the Same Destiny

시간 00:00:20 ~ 00:10:04

1. INT. A RIVER. DAY

We're under water, watching some small fish swim around. Bright sunshine shines through the water.
They run away when a fat catfish swim along.
This is The Beast.

EDWARD : (V.O.) There are some fish that cannot be caught. It's not that they're faster or stronger than other fish. They're just touched by something extra. One such fish was The Beast. And by the time I was born, he was already a legend. He'd passed up more hundred-dollar lures than any fish in Alabama. Some said that fish was the ghost of a thief who'd drowned in that river 60 years before. Others claimed he was a dinosaur, left over from the Cretaceous period.

1. 내부. 강. 낮

관객은 수중에 있으면서 작은 물고기들이 주위를 헤엄치고 있는 것을 본다. 밝은 햇빛이 물을 통해 빛난다.
물고기들은 살찐 메기 한 마리가 다가오자 도망친다.
이 녀석이 바로 '야수'다.

에드워드 : (목소리) 세상엔 잡히지 않는 물고기들이 있단다. 다른 물고기보다 특별히 빠르거나 힘이 세지도 않은데 절대 잡히지 않는 녀석들이지. 뭔가 특별한 것만이 그 녀석들을 건드릴 수 있지. 그런 물고기가 바로 '야수'인데 내가 태어났을 때 이미 전설이었단다. 앨라배마의 어떤 물고기보다도 녀석한텐 백달러짜리 미끼도 소용없었어. 사람들은 그 놈을 60년 전 저 강에서 익사한 도둑의 유령이라거나, 백악기에 살아남은 공룡이라고 했지.

- **catfish**
  〈어류〉 메기
- **pass up**
  〈구어〉 (기회 등을) 놓치다, (초대 등을) 거절하다, 퇴짜놓다
- **lure**
  가짜 미끼
- **Cretaceous**
  〈지질〉 백악기(Cretaceous Period)
  The Cretaceous Period is one of the major divisions of the geologic timescale, reaching from the end of the Jurassic Period to the beginning of the Paleocene epoch of the Tertiary Period. The youngest and longest geological period of the Mesozoic, the Cretaceous constitutes about 80 million years. The end of the Cretaceous defines the boundary between the Mesozoic and Cenozoic eras

2. INT. WILL'S BEDROOM. NIGHT
Will Bloom, age 3, is in bed listening wide-eyed as his father Edward Bloom, 40's and handsome, tells the story. In every gesture, Edward is bigger than life, describing each detail with absolute conviction.

EDWARD : I didn't put any stock into such speculation or superstition. All I knew was I'd been trying to catch that fish since I was a boy no bigger than you. And on the day you were born, well, that was the day I finally caught him.

3. EXT. CAMPFIRE. NIGHT
A few years later, and Will sits with the other Indian Guides as Edward continues telling the story to the tribe.

EDWARD : Now, I'd tried everything on it: worms, lures, peanut butter, peanut butter-and-cheese. But on that day I had a revelation: if that fish was the ghost of Henry Walls, then the usual bait wasn't gonna work. I was gonna have to use something he truly desired.

Edward points to his wedding band, glinting in the firelight.

LITTLE BRAVE : (confused) Your finger?

Edward slips his ring off.

EDWARD : Gold.

2. 내부. 윌의 침실. 밤

3살인 윌 블룸이 눈을 동그랗게 뜨고 침대에 누워 40대의 잘생긴 아버지 에드워드 블룸의 이야기를 듣고 있다. 모든 몸짓에서 에드워드는 세부 사항을 과장하며 아주 자신 있게 설명하고 있다.

에드워드 : 난 그런 억측이나 미신 따윈 믿지 않았어. 대신 너만 했을 때부터 그 놈을 잡으려 애썼지. 그리고 네가 태어나던 날 마침내 그 놈을 잡은 거야.

3. 외부. 캠프파이어. 밤

몇 년 후, 윌은 에드워드가 부족들에게 계속 이야기를 하는 가운데 인디언 단원들과 앉아 있다.

에드워드 : 난 모든 시도를 해봤지. 벌레, 가짜 미끼, 땅콩 버터, 땅콩 버터 치즈. 그러다 그날 계시를 받은 거야. 그게 진짜 도둑의 유령이라면 보통 미끼로는 효력이 없을 테니 그 놈이 정말 원할 만한 미끼를 써야 한다는 거였어.

에드워드는 불빛에 번쩍이는 자기 결혼 반지를 가리킨다.

어린 용사 : (어리둥절하며) 그 손가락요?

에드워드는 반지를 뺀다.

에드워드 : 금.

- **superstition**
  미신, 미신적 관습〔행위〕
  the belief that particular events happen in a way that cannot be explained by reason or science; the belief that particular events bring good or bad luck

- **revelation**
  계시, 묵시, 폭로, 발각

- **bait**
  미끼, 유혹(물)
  food put on a hook to catch fish or in nets, traps, etc. to catch animals or birds

- **glint**
  반짝이다, 반짝 반짝 빛나다

I didn't put any stock into such speculation.
난 그런 억측은 믿지 않았다.
put stock into는 '~을 중히 여기다, 신용하다'는 뜻의 관용구이다.

Zoom In

I didn't put any stock into such speculation.

난 그런 억측은 믿지 않았다.

While the other boys are rapt with attention, Will looks bored. He's heard this story before.

EDWARD : Now, I tied my ring onto the strongest line they made—strong enough to hold up a bridge, they said, if only for a few minutes—and then I cast upriver.

4. INT. BLOOM FRONT HALL. NIGHT

Edward is chatting up Will's pretty date to the homecoming dance. She is enjoying the story, but also the force of Edward's charisma. He's hypnotizing.

EDWARD : The Beast jumped up and grabbed it before it even hit the water. And just as fast, he snapped clean through that line.

Will, now 17 with braces, is fuming and ready to leave. His mother Sandra—from whom he gets his good looks and practicality—stands with him at the door.

EDWARD : Well, you can see my predicament. My wedding ring, the symbol of fidelity to my wife, soon to be the mother of my child ...

On Will and Sandra.

WILL : (low but insistent) Make him stop.

EDWARD : (V.O.) ... was now lost in the gut of an uncatchable fish.

His mother pats him sympathetically, then adjusts his tie.

다른 애들이 넋을 빼앗기고 듣고 있는데 윌은 지겨운 표정이다. 그는 이미 전에 이 이야기를 들었다.

에드워드 : 난 끼고 있던 반지를 세상에서 가장 강한 줄에 묶어 상류로 낚싯대를 던졌지.

4. 내부. 블룸의 현관 방. 밤

에드워드는 동창회에 온 윌의 귀여운 데이트 상대에게 잡담을 하고 있다. 그녀는 이야기를 즐기고 있지만 아울러 에드워드가 지닌 카리스마의 힘 또한 즐기고 있다. 그는 최면술을 행하고 있다.

에드워드 : 그 놈은 반지가 수면에 닿기도 전에 재빨리 뛰어올라 그걸 잡아채서는 그 줄을 통째로 끊어 버렸단다.

이제 바지 멜빵을 하고 있는 17세의 윌은 화가 나서 가려고 한다. 어머니인 산드라가 그와 함께 문에 서 있는데 그의 잘생긴 외모와 실제적인 성격은 어머니에게서 물려 받았다.

에드워드 : 내가 얼마나 당황했는지 알겠지. 내 아내이자 곧 태어날 내 아이의 엄마에게 바친 정절의 징표인 내 결혼 반지를…

카메라는 윌과 산드라를 비춘다.

윌 : (소리가 작지만 집요하게) 아버지를 좀 말리세요.

에드워드 : (목소리) …잡을 수 없는 물고기 먹이로 뺏겼으니까.

어머니는 그의 등을 호의적으로 두드리며 넥타이를 고쳐 준다.

- **rapt**
  넋을 빼앗긴, 황홀해 있는
  so interested in one particular thing that you are not aware of anything else
- **hypnotize**
  최면술을 걸다, 매혹하다
- **brace**
  바지 멜빵
- **fume**
  몹시 화내다, 약이 오르다
- **predicament**
  곤경, 궁지
  a difficult or unpleasant situation, especially one where it is difficult to know what to do
- **fidelity**
  충실, 성실, 정절

Make him stop.
그를 좀 말리세요.
사역동사 중 그 의미가 강한 것이 make이고, 다음이 have, let 순이다.

Zoom

Make him stop.

그를 좀 말리세요.

WILL'S DATE : What did you do?

EDWARD : I followed that fish up-river and down-river.

Will regards his father with exasperated contempt.

5. EXT. HARBOR. DUSK
Dusk falls. Some passenger ships are seen.

EDWARD : (V.O.) This fish, the Beast.

6. INT. TINY PARIS RESTAURANT (LA RUE 14°). NIGHT
Will, now 28, sits with his gorgeous bride Josephine. This is their wedding reception, crowded with their friends and family. They should be joyful, but Will is furious.
Edward has the floor, ostensibly for a toast. The room is cozy and drunk.

EDWARD : The whole time we were calling it a him, when in fact it was a her. It was fat with eggs, and was gonna lay them any day.

Over near the doorway, we spot Sandra, just returned from the restrooms. She looks gorgeous. She couldn't be any happier if this were her own wedding.

EDWARD : Now, I was in a situation. I could gut that fish and get my wedding ring back, but in doing so I'd be killing the smartest catfish in the Ashton River.

Will can't take any more.

EDWARD : Did I want to deprive my son the chance to catch a fish like this of his own?

윌의 데이트 상대 : 그래서 어떻게 했어요?

에드워드 : 그 놈을 강의 위아래로 쫓아갔단다.

윌은 화난 멸시의 시선을 아버지에게 보낸다.

5. 외부. 항구. 황혼
황혼이 깔린다. 여객선들이 보인다.

에드워드 : (목소리) 우린 이 놈을 야수라 불렀지.

6. 내부. 자그마한 파리의 식당(라뤼 14°). 밤
이제 28세의 윌이 멋진 신부 조세핀과 같이 앉아 있다. 그들의 친구와 가족들로 가득 찬 결혼 리셉션이다. 그들은 즐거워야 할 테지만 윌은 화가 나 있다.
에드워드는 표면상 건배를 위한 발언권을 갖고 있다. 방은 안락하고 도취되어 있다.

에드워드 : 사실은 그 녀석이 암놈이었는데도 수놈이라고 했죠. 놈은 산란기였고 언제고 알을 낳을 태세였죠.

문간 가까이에 산드라가 보이는데 막 화장실에서 돌아오는 길이다. 그녀는 매우 멋져 보인다. 지금이 자신의 결혼식이라고 해도 이 보다 더 행복할 수는 없을 것이다.

에드워드 : 나는 난처해졌습니다. 그 놈 창자를 빼내 내 결혼 반지를 되찾자니 애시턴 강에서 가장 똑똑한 메기를 죽이는 것이 될 테니까요.

윌은 더는 참을 수가 없다.

에드워드 : 제 아들 놈한테도 그런 물고기를 잡을 기회를 줘야 하지 않겠습니까?

- exasperate
  성나게 하다, 격분시키다
  to annoy or irritate somebody very much

- contempt
  경멸, 멸시, 모멸
  the feeling that somebody/something is without value and deserves no respect at all

- ostensibly
  표면상

- deprive
  ~을 빼앗다, 허용치 않다

I was in a situation.
나는 난처해졌다.
be in a situation은 '난처(위험)한 지경에 처하다'의 뜻이다.

Zoom In

I was in a situation.

나는 난처해졌다.

Will talks in a whisper. Josephine tries to hold him back, but he gets up and leaves. Edward doesn't even notice.

EDWARD : This lady fish and I, well, we had the same destiny.

As he leaves, Will mutters in perfect unison with his father—

EDWARD AND WILL : We were part of the same equation.

Will reaches the door, where his mother intercepts him.

EDWARD : (V.O.) Now, you may well ask ...

SANDRA : Oh, darling, darling, it's still your night.

Will just leaves without saying a word.
Sandra looks at Edward.

EDWARD : (V.O.) ... why did it strike so quick on gold when nothing else would attract it?

Closer; he holds up his ring.

EDWARD : That was the lesson I learned that day, the day my son was born.

Sandra walks over to him.
He focuses his words on Sandra. This story is—and has always been—about her more than anyone.

윌은 속삭이며 말한다. 조세핀은 그를 붙들려 하나 그는 일어나 나간다. 에드워드는 눈길도 주지 않는다.

에드워드 : 이 암놈 물고기와 난 같은 운명이었죠.

윌이 나갈 때 아버지와 완벽한 제창으로 중얼거린다—

에드워드와 윌: 우린 부분적으로 정체가 같았습니다.

윌이 문에 다다르자 어머니가 그를 막아 세운다.

에드워드 : (목소리) 이제 여러분은 당연히 물으실…

산드라 : 얘야, 얘야, 그래도 오늘은 널 위한 밤이잖니.

윌은 아무말 않고 그냥 자리를 뜬다.
산드라는 에드워드를 바라본다.

에드워드 : (목소리) …그렇게 꿈쩍 않던 놈이 왜 그렇게 빨리 금을 물었을까요?

클로즈업: 그는 반지를 든다.

에드워드 : 그게 제 아들이 태어나던 날 제가 배운 교훈이었습니다.

산드라가 그에게 다가간다.
그는 산드라에게 말의 초점을 맞춘다. 이 이야기는 실상 그녀에 대한 것이고 항상 그래 왔던 일이다.

- **in unison**
  동음으로, 일제히, 제창으로
  if people do or say something in unison, they all do it at the same time; if people or organizations are working in unison, they are working together, because they agree with each other

- **equation**
  동등하게 함, 균등화, 평형 상태
  the act of making something equal or considering something as equal (= of equating them)

- **articulate**
  ~을 분명하게 표현하다
  to express or explain your thoughts or feelings clearly in words; to speak, pronounce or play something in a clear way

You may well ask.
묻는 게 당연하다.
'may well + 동사원형'은 '~하는 것은 당연하다'의 뜻이다.

Zoom In

You may well ask.
묻는 게 당연하다.

EDWARD : Sometimes, the only way to catch an uncatchable woman is to offer her a wedding ring.

A laugh from the crowd.
Edward motions for Sandra to get up here with him. As she crosses, we can see that thirty years of marriage has not lessened their affection for each other.
As they kiss, Edward tweaks her chin in a special little way.
The crowd applauds.
Edward toasts the happy couple. Josephine covers well for her absent husband, a smile as warm as summer.
Edward downs his champagne in a gulp.

7. EXT. OUTSIDE LA RUE 14°. NIGHT
We come into the middle of an argument on the sidewalk. Occasional passersby take notice, especially as it gets more heated. Both men are a little drunk.

EDWARD : What, a father's not allowed to talk about his son?

WILL : (disbelieving) I am a footnote in that story, Dad. I am the context for your great adventure. Which never happened. Incidentally! You were selling novelty products in Wichita the day I was born.

EDWARD : (shaking his head) Come on, Will. Everyone loves that story!

WILL : No, Dad, they don't. I don't love that story. Not anymore, not after a thousand times! I know every punchline, Dad. I can tell them as well as you can! For one night, one night in your entire life, the universe did not revolve around Edward Bloom. How can you not understand that?

A beat, then...

에드워드 : **때로 잡히지 않는 여인을 잡을 수 있는 유일 한 방법은 결혼 반지를 주는 거란 사실이죠.**

관중으로부터 웃음이 터진다.
에드워드는 산드라에게 자신과 같이 서도록 손짓을 한다. 그녀가 다가올 때 30년의 결혼 생활에도 그들 사이의 애정이 줄어들지 않았음을 알 수 있다.
그들이 키스를 할 때 에드워드는 특별한 방법으로 그녀의 턱을 비튼다.
관중은 박수갈채를 보낸다.
에드워드는 행복한 아들 내외를 위해 건배한다. 조세핀은 매우 따사한 웃음으로 남편이 자리를 비운 것을 잘 커버한다.
에드워드는 자신의 샴페인을 한 입에 다 들이켠다.

7. 외부. 라뤼 14° 식당 밖. 밤
보도 위에서 논쟁이 한창이다. 때로 행인들이 쳐다보는데 특히 논쟁이 심해질 때 그렇다. 두 사람 다 약간 취했다.

에드워드 : **애비가 아들 얘기도 못 하니?**

윌 : (믿을 수 없다는 듯이) **전 그 이야기의 부차적인 인물이죠. 아버지 모험담의 들러리일 뿐이라고요. 그리고 아버진 그런 모험을 하신 적 없고요. 말이 났으니 말인데! 아버진 내가 태어난 날에도 위치타에서 신제품을 팔고 있었잖아요.**

에드워드 : (고개를 저으며) **이 봐, 윌. 어쨌든 다들 그 얘기 좋아하잖냐!**

윌 : **아뇨, 아무도 안 좋아해요. 난 그 얘기 싫어요. 다들 지겨워한다고요! 하도 들어서 이젠 외울 지경이에요! 제발 아버지가 우주의 중심인 양 착각하지 마세요. 아직도 모르시겠어요?**

잠시, 그리고 나서…

- **tweak**
  ~을 비틀다, 꼬집다
  to pull or twist something suddenly
- **footnote**
  각주, 보충 설명, 부차적인 사건(사항)
  an extra piece of information that is printed at the bottom of a page in a book; (of an event or a person) that may be remembered but only as something/somebody that is not important
- **novelty**
  (상품이) 신형인, 새로운
- **punchline**
  들을 만한 대목, 급소를 찌르는 말(구절)
  the last few words of a joke that make it funny

Incidentally!
덧붙여 말하는데!
이는 by the way(말하자면, 말이 난 김에 말하는데)와 같은 뜻이다.

Zoom In

Incidentally!

덧붙여 말하는데!

EDWARD : (low) I'm sorry to embarrass you.

Will won't let him get the last word.

WILL : You're embarrassing yourself, Dad. You just don't see it.

Angle on Edward. Fine. A hand to wave, enough of you.
He walks away.
Angle on Will, still fuming with righteous anger. He walks away in opposite direction.

WILL : (V.O.) After that night, I didn't speak to my father again for three years.

8. INT. UPI NEWSROOM (PARIS). DAY

A typically busy day. On hold with the phone cradled under an ear, Will sorts through a bundle of mail dropped on his desk.

WILL : (on phone) (without pauses) William Bloom, United Press International. If I could just uh ...

He's put back on hold. Returning to the mail, he finds a hand-addressed envelope. Rips it open.

WILL : (V.O.) We communicated indirectly, I guess. In her letters and Christmas cards, my mother would write for both of them.

에드워드 : (낮게) 곤란하게 했다면 미안하다.

윌은 그가 마지막 말을 하게끔 하지 않는다.

윌 : 곤란한 건 제가 아니라 아버지에요. 그걸 모르실 뿐이에요.

카메라가 에드워드에게 쏠린다. 좋다. 너한테는 손 흔드는 것으로 족하다.
그는 걸어간다.
카메라가 윌에게 쏠린다. 여전히 정당한 분노로 부글부글한다. 그는 반대편으로 걸어간다.

윌 : (목소리) 그날 밤 이후 난 3년간 아버지와 말을 안했다.

8. 내부. 유피아이 뉴스실(파리). 낮
전형적으로 바쁜 날이다. 귀에다 전화를 대고 윌은 자신의 책상에 놓인 우편물을 가려낸다.

윌 : (전화에다) (쉬지 않고) UPI의 윌리엄 블룸 기잡니다. 제가 할 수…

그는 통화를 기다린다. 우편물로 시선을 돌리면서 그는 손으로 주소를 적은 봉투를 발견한다. 봉투를 찢어 연다.

윌 : (목소리) 우리 사이에 간접적인 대화는 있었다. 어머니 편지와 크리스마스 카드는 아버지 것이기도 했으니까.

- **cradle**
  받침대에 올려 놓다, 수화기를 수화기 대에 놓다
  to hold somebody/something gently in your arms or hands
- **sort through**
  자세히 살펴보다
  to look through a number of things, either in order to find something or to put them in order
  - sort
    분류하다, 가려내다, 추려내다
- **put back on hold**
  통화하기를 기다리다, 보류 상태에 있다
- **rip**
  ~을 째다, 찢다, 잡아 찢다
  to tear something or to become torn, often suddenly or violently

I'm sorry to embarrass you.
너를 곤란하게 했다면 미안하다.
I'm sorry that I embarrass you.로 embarrass는 '어리둥절하게 하다, 난처하게 하다'의 뜻이다.

Zoom In

I'm sorry to embarrass you.
너를 곤란하게 했다면 미안하다.

9. INT. BLOOM HOUSE KITCHEN. DAY
At the table, Sandra talks on the phone while Edward fixes a sandwich.

WILL : (V.O.) When I'd call, Mom would say that Dad was out driving or swimming in the pool.

Edward walks away, starting to eat his sandwich.

WILL : (V.O.) True to form, we never talked about not talking.

10. INT. BLOOM HOUSE MASTER BEDROOM. NIGHT
Sandra stands by the window, watching as ...

11. EXT. BLOOM HOUSE BACKYARD. NIGHT
Edward swims laps in the family pool. He's born to the water.

WILL : (V.O.) The truth is, I didn't see anything of myself in my father, and I don't think he saw anything of himself in me. We were like strangers who knew each other very well.

12. EXT. RIVER. DAY
Edward is fishing standing in the river. He stares intently into the water, a lion in wait.

WILL : (V.O.) In telling the story of my father's life, it's impossible to separate the fact from the fiction, the man from the myth. The best I can do is to tell it the way he told me.

9. 내부. 블룸의 집 부엌. 낮
식탁에서 산드라는 전화를 받고 있고 에드워드는 샌드위치를 준비하고 있다.

윌 : (목소리) 그러나 내가 전화를 걸면 어머닌 늘 아버지가 드라이브 나가셨다거나 풀장에서 수영 중이라 하셨다.

에드워드는 샌드위치를 먹으면서 자리를 뜬다.

윌 : (목소리) 평소의 버릇대로 우린 말하지 않는 것에 대해 말한 적이 없었다.

10. 내부. 블룸의 집 주 침실. 밤
산드라가 창가에 서서 바라보고 있다.

11. 외부. 블룸의 집 뒤뜰. 밤
에드워드가 집안의 풀에서 수영을 한다. 그는 물에 아주 익숙하다.

윌 : (목소리) 사실, 내가 아버질 닮았다는 생각은 없다. 그건 아버지도 마찬가지일 것이다. 우린 서로를 잘 아는 이방인 같았다.

12. 외부. 강. 낮
에드워드는 강에 서서 낚시를 하고 있다. 그는 열심히 물속을 바라본다. 잠복하여 먹잇감을 기다리는 사자 같다.

윌 : (목소리) 아버지 인생을 얘기할 때 사실과 허구, 사람과 가공의 인물을 구분하긴 어렵지만 최선을 다해 아버지가 내게 하신 방식으로 얘기하겠다.

- **lap**
(경영로의) 한 왕복, (경주로의) 한 바퀴
one journey from the beginning to the end of a track used for running, etc.

- **intently**
골똘하게, 여념 없이, 오로지

- **myth**
신화, 근거 없는 통념, 신화적〔가공의〕 인물〔사물〕
a story from ancient times, especially one that was told to explain natural events or to describe the early history of a people; this type of story; something that many people believe but that does not exist or is false; a thing or person that is imaginary or not true

true to form
평소의 버릇대로
보통 좋지 않은 행동에 대해서 말하는 관용 표현이다.

Zoom In

true to form

평소의 버릇대로

We look down at the river, where Edward's reflection is caught in the dark water. As the water ripples past, something changes.
Sure enough, as we look up again, it's a younger Edward Bloom, 20's, staring into the water. He's not just handsome, not just charming. It's as if all the forces of the natural world had conspired to create him.

WILL : (V.O.) It doesn't always make sense, and most of it never happened.

Suddenly, this Edward thrusts both hands into the water, grabbing hold of The Beast. He brings the catfish up to his face. Looks it right in the eye.

EDWARD : Give me back my ring!

A beat, then the Beast spits out Edward's gold ring.
Edward takes the ring and throws the Beast back into the water with a splash.

EDWARD : Thank you!

He puts it on his finger and then smiles in perfect content.

WILL : (V.O.) But that's what kind of story this is.

13. INT. HOSPITAL HALLWAY. DAY

A man is walking up and down the hallway impatiently. Suddenly a woman screams.

WILL : (V.O.) His birth would set the pace for his unlikely life.

카메라가 강을 비추자 에드워드의 영상이 어두운 물에 잡힌다. 물이 잔물결을 일으키며 지나가자 뭔가가 변한다.
분명하게도 다시 쳐다보자 20대의 젊은 에드워드 블룸이 물속을 응시하고 있다. 그는 잘생기고 매력이 있을 뿐 아니라 마치 자연계의 모든 힘이 협력하여 그를 창조한 것 같다.

윌 : (목소리) 그건 언제나 앞뒤가 맞는 것은 아니며, 대부분은 결코 일어난 적이 없는 일이었다.

갑자기 에드워드가 물속으로 양손을 밀어넣어서는 그 야수를 움켜쥔다.
그는 그 메기를 얼굴 가까이 가져와 바로 그 녀석의 눈을 쳐다본다.

에드워드 : 내 반지 내 놔!

잠시 후, 그 야수는 에드워드의 금반지를 뱉어낸다.
에드워드는 그 반지를 받고는 야수를 물속으로 놓아준다.

에드워드 : 고마워!

그는 반지를 손가락에 끼우고는 아주 만족스럽게 웃는다.

윌 : (목소리) 어쨌든 이건 그런 이야기이다.

13. 내부. 병원 복도. 낮
한 남자가 초조하게 복도를 왔다갔다 한다. 갑자기 여자가 소리를 지른다.

윌 : (목소리) 아버진 그 출생부터 자신의 있음 직하지 않은 삶의 모범을 보였지.

- **reflection**
  반사, 반향, 투영, 영상, (물 등에 비친) 그림자
  an image in a mirror, on a shiny surface, on water, etc.; the action or process of sending back light, heat, sound, etc. from a surface
- **ripple**
  잔물결이 일다, 잔물결을 일으키다
- **conspire**
  협력하다, 상호 작용하여 ~하다
  to secretly plan with other people to do something illegal or harmful
- **grab hold of**
  ~을 갑자기 움켜 쥐다
- **set the pace for**
  ~을 솔선수범하다, 모범을 보이다, 선도하다

It doesn't always make sense.
그건 언제나 앞뒤가 맞는 것은 아니다. not always는 부분 부정이고, make sense는 '이치에 닿다, 뜻이 통하다'의 뜻이다.

Zoom In

It doesn't always make sense.
그건 언제나 앞뒤가 맞는 것은 아니다.

14. INT. HOSPITAL ROOM. DAY

Young Dr. Bennett stands between the wife's legs. She's flustered and sweating, but the doctor has a comforting bedside manner ...

YOUNG DR. BENNETT : Push!

WILL : (V.O.) No longer than most men's, but larger. And as strange as his stories got, the endings were always the most surprising of all.

Suddenly, we hear a pop as a slimy mass of human being rockets into the doctor's unprepared hands. Bennett tries to hold tight, but the infant is slippery like a fish. It shoots up into air.

The NURSES and the Husband try to grab the baby, but no one can hold it.

15. INT. HOSPITAL HALLWAY. DAY

Bursting through the doors, the newborn sails along the hallway. A nurse finally scoops up the slippery baby. We can see a smile on its face.

16. EXT. PARIS APARTMENT. DAY(PRESENT)

A phone is ringing.

17. INT. HALF-DARK PARIS APARTMENT

Over the sound of rain, a phone rings on a chair. By the tone of the ring, we know we're not in the U.S.—it has that insistent European sound.

As it keeps ringing, we look to see the apartment is mostly empty.

Keys in the lock. Laughter in the hallway. The door swings open to reveal a drenched Will (29) and Josephine (28) carrying sacks of groceries. Josephine answers the phone.

JOSEPHINE : Allô oui?

Will begins stripping out of his wet clothes. He tries to get a reaction out of Josephine.

14. 내부. 병실. 낮
젊은 베넷 의사가 아내의 양다리 사이에 서 있다. 그녀는 몹시 당황하고 땀을 흘리고 있지만 의사는 위로하는 태도를 견지한다…

젊은 베넷 의사 : 힘 줘요!
윌 : (목소리) 그건 남들보다 훨씬 극적이었어. 그리고 이런 이상한 얘긴 항상 끝이 가장 놀라운 법이지.

갑자기 펑 소리가 나더니 미끄러운 인간의 몸뚱이가 준비되지 않은 의사의 손으로 튀어나온다. 베넷은 그걸 꽉 붙잡으려 하나 그 갓난아이는 물고기처럼 미끄럽다. 그것은 공중으로 솟구친다.
간호사들과 남편이 아이를 잡으려 하나 아무도 잡지를 못한다.

15. 내부. 병원 복도. 낮
문을 통해 튀어나오더니 그 갓난아이는 복도를 따라 달린다. 마침내 한 간호사가 미끄러운 아기를 퍼 올린다. 그의 얼굴에는 미소가 흐른다.

16. 외부. 파리의 아파트. 낮(현재)
전화가 울리고 있다.

17. 내부. 반 정도 어두운 파리의 아파트
비가 내리는 소리를 타고 의자 위에서 전화가 울린다. 벨 소리에 의해 미국이 아니라는 것을 알 수 있다. 그것은 집요한 유럽의 소리를 담고 있다.
벨이 계속 울리는 가운데 그 아파트가 대부분 비어 있다.
자물쇠를 여는 열쇠. 복도에서는 웃음 소리가 들린다. 문이 열리며 식료품 부대를 들고 있는 흠뻑 젖은 윌(29세)과 조세핀(28세)이 나타난다. 조세핀은 전화를 받는다.

조세핀 : 여보세요?

윌은 젖은 옷을 벗기 시작하면서, 조세핀의 반응을 얻기 위해 애를 쓴다.

- **fluster**
떠들썩하게 하다
to make somebody nervous and/or confused, especially by giving them a lot to do or by making them hurry

- **slimy**
끈적끈적한, 점액성의, 불쾌한, 더러운
covered with slime; (of a person or their manner) polite and extremely friendly in a way that is not sincere or honest

- **scoop**
~을 푸다, 뜨다, 퍼올리다, 퍼내다
to move or lift something with a scoop or something like a scoop

- **Allô oui?**
프랑스어로 Hello yes?의 의미

No longer than most men's.
대부분의 사람들 출생보다 더 길지 않았다.
여기서 men's는 men's birth를 가리킨다.

Zoom In

No longer than most men's.
대부분의 사람들 출생보다 더 길지 않았다.

JOSEPHINE : (on phone) Yes. Yes, he's here.

She hands the phone to Will, concerned.

JOSEPHINE : It's your mother.

Half-stripped, Will takes the phone. This won't be good news.

WILL : (on phone) Hey. Uh-huh.

As Josephine takes off her rain coat, we see she is very, very pregnant. She listens carefully to Will's side of the conversation, trying to gauge how bad the news is.

WILL : And what does Dr. Bennett say? No, sure, I'll talk to him. Yeah, I'll wait.

He covers the mouthpiece. Looks over to Josephine.

JOSEPHINE : It's bad?

WILL : Yeah, it's more than they thought. They're gonna stop chemo.

JOSEPHINE : You need to go.

WILL : Probably tonight.

A beat.

JOSEPHINE : I'm going with you.

조세핀 : (전화로) 네. 네, 여기 있어요.

그녀는 근심어린 채 전화기를 윌에게 넘긴다.

조세핀 : 당신 어머니셔.

반 정도 옷을 벗은 채 윌은 전화를 받아 든다. 이건 희소식이 아닐 거다.

윌 : (전화로) 네. 그래요.

조세핀이 자신의 비옷을 벗는데 그녀가 배가 잔뜩 부른 것이 보인다. 그녀는 그 소식이 얼마나 나쁜지를 판단하려 하면서 윌이 하는 대화에 조심스럽게 귀를 기울인다.

윌 : 베넷 의사 선생님은 뭐래요? 네, 얘기해야죠. 네, 기다릴게요.

그는 전화기의 송화구를 덮는다. 조세핀을 건너다본다.

조세핀 : 안 좋으시대?
윌 : 응, 생각보다 좀 심각하신가봐. 치료를 중단할 거래.
조세핀 : 당신 가봐야지.
윌 : 밤에나 갈지 모르겠어.

잠시.

조세핀 : 나도 같이 갈래.

- **half-stripped**
  반 정도 옷을 벗은
- **gauge**
  ~을 판단하다, 측정하다, 재다
  to make a judgment about something, especially people's feelings or attitudes
- **chemo**
  화학 요법(chemotherapy)
  the treatment of disease, especially cancer, with the use of chemical substances

Probably tonight.
밤에나 갈지 모르겠어.
Probably I need to go tonight.가 줄어든 표현이다.

Zoom In

Probably tonight.

밤에나 갈지 모르겠어.

WILL : No, no. You shouldn't.

JOSEPHINE : (a simple fact) I'm going with you.

Will passes his hand on her face.

18. EXT. AIR FRANCE 747. NIGHT
A plane is flying in the night sky.

19. INT. AIR FRANCE 747. NIGHT
Will has a window seat in coach. The lights are dimmed. Most of the passengers are asleep, including Josephine. Her head is propped against Will's shoulder, her hands tucked under her belly.
A beat, then he notices a bored boy in the next row over. Off thc glow of the reading light, the boy is using his hands to cast shadows on the seat back. The kid is pretty good, making a convincing bird, a passable monkey, and finally a dog.
We push in on the silhouettes.

EDWARD : (O.S.) Now, which one's it gonna be?

Focusing on the final shadow, we ...

20. INT. BLOOM HOUSE. NIGHT
... come to find Edward making the shapes.
Will (6) lies in his pajamas on the bed next to him. The endtable lamp lies beside them, its shade off to cast big shadows on the wall.

EDWARD : "Monkey in a Barn," or "Dog in the Road"?

WILL : The one about the witch.

EDWARD : Your mom says I can't tell you that one anymore. You get nightmares.

WILL : But I'm not scared.

윌 : 아냐, 아냐. 당신은 안 가도 돼.

조세핀 : (간단한 사실이다) 나도 갈래.

윌은 손을 그녀의 얼굴에 댄다.

18. 외부. 프랑스 항공 747기. 밤
비행기가 밤 하늘을 날고 있다.

19. 내부. 프랑스 항공 747기. 밤
윌이 창문쪽 좌석에 앉아 있다. 불빛이 희미하다. 조세핀을 포함해 대부분의 승객들은 자고 있다. 그녀의 머리가 윌의 어깨에 기대고 있으며, 손은 배 아래쪽에 두고 있다.
잠시, 그는 옆줄에 있는 한 따분한 소년을 주목한다. 독서등의 빛을 받아서 그 소년은 두 손을 사용하여 자리에 그림자를 만들고 있다. 그 아이는 매우 귀여우며 납득이 가는 새, 무난한 원숭이, 그리고 마침내 개 모양을 만들고 있다.
카메라는 그림자를 비춘다.

에드워드 : (무대 밖) 자, 무슨 얘길 해줄까?

마지막 그림자에 초점을 맞추자…

20. 내부. 블룸의 집. 밤
… 에드워드가 그 형상을 만들고 있는 것이 보인다.
여섯살인 윌은 침대에서 잠옷을 입고 아버지 옆에 누워 있다. 그들 옆에는 작은 테이블 램프가 놓여 있는데, 그 그늘이 벽에 큰 그림자를 던진다.

에드워드 : '갇힌 원숭이', 아니면 '떠돌이 강아지'?

윌 : 마녀 얘기요.

에드워드 : 엄마가 그 얘긴 더는 해주지 마래. 네가 악몽을 꾼다고.

윌 : 하지만 난 안 무서워요.

■ **dim**
어둑하게 하다, 흐리게 하다
not bright; where you cannot see well because there is not much light

■ **prop**
~을 받치다, 버티다, 지주를 대다
to support an object by leaning it against something, or putting something under it etc.

■ **tuck**
쑤셔 넣다, 밀어 넣다, 덮다

■ **passable**
설득력 있는, 쓸 만한, 무난한
fairly good but not excellent

You get nightmares.
네가 악몽을 꾸거든.
get nightmares는 '악몽을 꾸다'의 의미이다.

Zoom In

You get nightmares.

네가 악몽을 꾸거든.

Edward looks around for a beat, seeing if his wife is in earshot. He then leans in, complicitous.

EDWARD : Well, neither was I. At first.

Will looks excited to hear the forbidden story.

EDWARD : Now, this took place in the swamp outside of Ashton. Childrens weren't allowed to go out in the swamp, on account of the snakes and spiders and quicksand that would swallow you up before you could even scream. There were five of us out there that night.

21. EXT. FIELD AT THE SWAMP EDGE. NIGHT

The night is whirring and breathing, alive. The moon hangs low, casting long shadows.

Five kids walk past in silhouette. They have flashlights on.

EDWARD : (V.O.) Me, Ruthie, Wilbur Freely, and the Price Brothers, Don and Zacky.

The children keep walking with flashlights on.

EDWARD : (V.O.) And not one of us knew what was in store.

ADULT EDWARD : (V.O.) Now, it's common knowledge that most towns of a certain size have a witch, if only to eat misbehaving children and the occasional puppy who wanders into her yard. Witches use those bones to cast spells and curses and make the land infertile.

에드워드는 잠시 주위를 둘러보며 아내가 목소리가 닿는 거리에 있는지를 확인한다. 그리고는 몸을 기울이며 공모한다.

에드워드 : 나도 처음엔 안 무서웠다.

윌은 금지된 이야기를 듣게 되어 흥분한 표정이다.

에드워드 : 이 건 애시턴 외곽의 늪 지대에서 일어났지. 애들은 늪지대에 얼씬도 못하게 했지. 뱀과 거미, 유사 같은 것들이 순식간에 덤벼들었거든. 하지만 우리 다섯은 그날 밤에 거길 갔었어.

21. 외부. 늪 가장자리의 들. 밤
밤이 살아서 윙 소리를 내며 날고 속삭이고 있다. 달은 낮게 걸려서 긴 그림자를 드리우고 있다.
다섯 명의 아이들 윤곽이 걸어간다. 그들은 손전등을 들고 있다.

에드워드 : (목소리) 나랑 루시, 윌버 프릴리, 프라이스 형제인 돈과 재키.

아이들은 손전등을 들고 계속 걸어간다.

에드워드 : (목소리) 그리고 아무도 무슨 일이 벌어질지 몰랐단다.

어른 에드워드: (목소리) 말썽꾸러기 꼬마들과 자신의 마당을 배회하는 강아지를 잡아먹는 마녀 얘긴 어디에나 있지. 마녀들은 주문을 걸 때와 땅을 메마르게 할 때 뼈를 사용하거든.

- **complicitous**
  공모한, 공범인, 연좌한
  = complicit
- **quicksand**
  유사, 표사(올라서면 빠져 버리는 젖은 모래층), 마음 놓을 수 없는 상태
  deep wet sand that you sink into if you walk on it; a situation that is dangerous or difficult to escape from
- **whir**
  씽 소리 내며 날다
  to make a continuous low sound like the parts of a machine moving
- **spell**
  주문, 마력, 마법
- **infertile**
  불모의, 불임의, 메마른
  (of people, animals and plants) not able to have babies or produce young; (of land) not able to produce good crops

Not one of us knew what was in store.
아무도 무슨 일이 닥쳐올지 몰랐다.
in store는 '(장래나 운명 등이) 닥치려 하고, 기다리고'의 의미이다.

Zoom In

Not one of us knew what was in store.

아무도 무슨 일이 닥쳐올지 몰랐다.

Red-headed Zacky Price is 10. His brother Don Price is 12, and a lot bigger than the others.
Wilbur Freely, also 10, is the black son of a sharecropper. Red-headed Ruthie Macklin, 8, is happy just to be there.

EDWARD : Is it true she got a glass eye?

WILBUR FREELY : I heard she got it from Gypsies.

EDWARD : What's a Gypsy?

ZACKY : Your momma's a Gypsy.

DON PRICE : Your momma's a bitch.

RUTHIE : You shouldn't swear. There's ladies present.

DON PRICE : Shit.

ZACKY : Damn.

WILBUR FREELY : Screw.

EDWARD : (whispering) Turn off your flashlights! She'll see you!

Moving up behind the kids, we find ourselves at the gate of ...

빨간 머리의 재키 프라이스는 10살이다. 그의 형 돈 프라이스는 12살인데 나머지 애들보다 훨씬 더 크다.
월버 프릴리 역시 10살로 물납 소작인의 흑인 아들이다. 빨간 머리의 루시 매클린은 8살로 그저 거기 있는 것만으로도 행복하다.

에드워드 : 정말 마녀는 유리눈일까?
윌버 프릴리 : 집시들한테 얻었대.
에드워드 : 집시가 뭐야?
재 키 : 너희 엄마가 집시야.
돈 프라이스 : 너희 엄만 창녀야.
루 시 : 숙녀 앞에서 욕하지 마.
돈 프라이스 : 웃기네.
재 키 : 지랄.
윌버 프릴리 : 꺼져.
에드워드 : (속삭이면서) 손전등 꺼! 마녀가 볼 거야!

카메라는 아이들 뒤를 따라가면서 문에 다다른다…

- **sharecropper**
  (노예제 폐지 후 미국 남부에서 생겨난) 물납 소작인
  a farmer who gives part of his or her crop as rent to the owner of the land
- **bitch**
  〈속어〉 계집, 음탕한 계집, 불쾌한 것
  an offensive way of referring to a woman, especially an unpleasant one
- **screw**
  〈속어〉 꺼지다
  • Go screw!(꺼져!)로 잘 쓰인다.

MOVIE TALK

영어의 특징

신화를 창조해 나가는 판타지답게 이 영화는 스토리 전개나 인물들의 상호 반응에서 템포가 느리다. 유유히 수중을 헤엄쳐 가는 큰 물고기의 모습처럼 액션이 잔잔하게 흘러가며 인물들이 말하는 속도 또한 침대맡에서 손자에게 말하는 할머니의 이야기처럼 구수하고 빠르지 않다. 주인공인 에드워드(과거와 현재의 두 인물 모두)와 그 아내인 산드라(과거와 현재 둘 다), 아들 윌(과거와 현재 둘 다)과 그 아내 조세핀 등의 말이 다 느리고 차분한 편이어서 알아듣기에 큰 어려움이 없다. 미국 남부 지방 사투리를 구사해야 하는 에드워드 분의 두 배우가 영국 출신이지만 그들의 사투리 속 발음과 억양도 비교적 무리가 없는 편이다. 대사의 양 중 내레이션이 많은 분량을 차지하고 있는데, 그것이 마치 과거를 회상하는 노인의 말투여서 영어 학습에는 좋은 재료가 된다. 한번에 표현되는 대사의 양이 좀 많을 때도 있지만 이것들 역시 또박또박 해설되기 때문에 중간 정도의 실력자가 듣고 이해하기에 문제는 없다. 거기에다 속어나 방언, 비어 등도 학습에 지장을

줄 정도로 크게 눈에 띄지 않는다. 낚시 용어, 서커스 용어, 군대 용어, 병원 용어, 장례식 기도문 등의 전문 용어들과, 시인 노더 윈슬로가 읊는 시어조차도 부담을 느낄 정도로 난해하거나 전문적이지 않고 역시 빠르지도 않다. 물론 지문에 사용된 영어 재료는 어느 작품이나 마찬가지로 난이도에 있어서 대동소이하며 어려운 편이라는 사실은 명심해야만 할 것이다. 전반적으로 영어 학습에는 잘 어울리는 영어 재료를 담고 있는 걸작이다.

영어 난이도 The Degree of Difficulty ★★★

속도 Speed ★★ **표현** Expression ★★★ **어휘** Vocabulary ★★★

Chapter 2

거인은 보통 크기의 삶을 살 수 없거든

A Giant Man Can't Have an Ordinary-Sized Life

시간 00:10:05 ~ 00:21:56

22. EXT. A CREEPY OLD HOUSE. NIGHT
The kids approach an old house.

ADULT EDWARD : (V.O.) Yet of all the witches in Alabama, there was one who was said to be the most feared. For she had one glass eye, which was said to contain mystical powers.

We finally come to the kids, staring in through the gate.

WILBUR FREELY : I heard if you look right at it, you'll see how you're gonna die.

EDWARD : That's bullshit, that is. She's not even a real witch.

DON PRICE : If you're so sure, why don't you go in and get that eye? I heard she keeps it in a box on her night table.

22. 외부. 소름이 끼치는 낡은 집. 밤
아이들이 한 낡은 집에 접근한다.

어른 에드워드: (목소리) 앨라배마에 사는 마녀들 중 가장 무서운 마녀는 한쪽 눈이 유리로 돼 있었단다. 그 눈은 신비스러운 힘을 갖고 있다고 전해졌지.

마침내 아이들은 문을 통해 안을 들여다본다.

윌버 프릴리 : 그 눈을 바로 보면 자신의 죽는 모습이 보인대.

에드워드 : 그건 말도 안 돼. 그녀는 진짜 마녀도 아니잖아.

돈 프라이스 : 그렇게 확신하면 네가 들어 가 그 눈을 가져와 봐. 침대 곁 소탁자 위 상자 안에 둔다니까.

▪ **contain**
~을 포함하다, 담고 있다, 함유하다, (얼마가) 들어가다
if something contains something else, it has that thing inside it or as part of it

▪ **mystical**
신비(주의)적인, 불가사의한, 신비적 경험에 의한
having spiritual powers or qualities that are difficult to understand or to explain

▪ **bullshit**
〈비어〉 엉터리, 허튼소리
nonsense

Edward looks back at the spooky house.

DON PRICE : Or are you too scared?

EDWARD : I'll go in right now and get that eye.

DON PRICE : Then do it.

EDWARD : Fine, I will.

DON PRICE : Fine, you do it.

EDWARD : Fine, I'm doing it.

He starts walking toward the gate.

RUTHIE : Edward, don't!

WILBUR FREELY : She'll make soap out of you. (to Ruthie) That's what she does. She makes soap out of people.

Edward pushes the gate and enters the garden. Truth be told, Edward is scared, but he forges ahead anyway.
Wilbur looks to Ruthie, and they're in complete agreement.
They get the hell out of there. But Zacky and Don don't move and watch inside.

23. EXT. APPROACHING THE HOUSE. NIGHT

Edward curves around the tall bushes that hide the front door. Anything could jump out of them.
A cat screams out from the bushes.
Catching his breath, Edward keeps walking and reaches the front door.
The doorknob is ancient brass, two projections that look like horns. Yet Edward extends his hand, reaching closer and closer before he finally opens the door.
Impossibly fast, the door opens, revealing an old woman with a patch over her right eye. She looks like she's been dead for years, but too stubborn to lie down.

EDWARD : (calm and straightforward) Ma'am, my name is Edward Bloom, and there's some folks'd like to see your eye.

에드워드는 유령 같은 집을 돌아본다.

돈 프라이스 : 아니면 너도 무섭지?
에드워드 : 당장 들어가 그 눈을 가져올게.
돈 프라이스 : 그럼 해봐.
에드워드 : 좋아, 할게.
돈 프라이스 : 좋아, 해.
에드워드 : 그래, 한다고.

그는 문을 향해 걷기 시작한다.

루 시 : 에드워드, 하지 마!
윌버 프릴리 : 그녀는 널 비누로 만들 거야. (루시에게) 그게 그녀가 하는 일이야. 그 여잔 사람을 비누로 만들어.

에드워드는 문을 밀고 정원으로 들어간다. 사실을 말하자면 에드워드는 겁이 나지만 어쨌든 그는 서서히 앞으로 나아간다.
윌버는 루시에게 시선을 돌리고 그들은 완전히 의견이 일치한다.
그들은 거기에서 빠져 나간다. 하지만 재키와 돈은 움직이지 않고 내부를 지켜본다.

23. 외부. 집에 접근. 밤
에드워드는 앞문을 가리고 있는 키 큰 덤불 주위를 돌아간다. 덤불에서 뭔가가 튀어나온다.
고양이가 덤불에서 소리를 치며 나온다.
숨을 죽이며 에드워드는 계속 걸어서 정문에 도달한다.
문 손잡이는 옛날의 황동으로 뿔처럼 보이는 두 개의 돌출부가 있다.
하지만 에드워드는 손을 내밀고 더 가까이 다가가 마침내 문을 연다.
불가능할 정도로 빨리 그 문이 열리면서 오른쪽 눈에 안대를 한 노파가 나타난다. 그녀는 마치 죽은 지 여러 해가 된 것처럼 보이나 너무나 고집이 세서 누울 수가 없는 것 같다.

에드워드 : (침착하고 직설적으로) 전 애드워드 블룸인데요. 애들이 눈 좀 보여달래요.

- **spooky**
  유령 같은, 유령이 나올 듯한, 기분 나쁜, 잘 놀라는, 신경질적인
  strange and frightening
- **forge**
  서서히 나아가다, 착실히 전진하다
  to move forward in a steady but powerful way
- **projection**
  돌출(부), 돌출물, 돌기, 투사
  the act of putting an image of something onto a surface; an image that is shown in this way; a solid shape or object as represented on a flat surface

She'll make soap out of you.
그녀는 널 비누로 만들 거야.
make A out of B는 'B를 재료로 A를 만들다'의 뜻이다.

Zoom In

She'll make soap out of you.

그녀는 널 비누로 만들 거야.

The woman stares at him for a while.

24. EXT. AT THE GATE. NIGHT
Zacky and Don Price wait for Edward, each moment more convinced he's already dead. But suddenly, he's back at the gate. Don shines his flashlight on Edward.

DON PRICE : You get the eye?

EDWARD : I brought it.

DON PRICE : (dubious) Let's see it.

The old woman steps out of the shadows behind Edward, flipping up her eye patch. When their flashlight beam hits her left eye, it shines with a hellish glow. We rush in on Zacky, who is paralyzed by what he sees.

25. EXT. FRONT PORCH OF HOUSE. DAY
An old man—Zacky—stands on a wobbly stepladder, changing a lightbulb. Suddenly, the ladder gives way and he falls. Dead.

ZACKY : Whoa, help!

26. EXT. AT THE GATE. NIGHT
We rush in on Don Price.

27. INT. FRATERNITY HOUSE BATHROOM. DAY
Twenty-year old Don Price falls face-forward on the tile, face mushed in the grout. Very much dead.

28. EXT. AT THE GATE. NIGHT
Don and Zacky both tremble with fear. The latter has tears in his eyes.

ZACKY : I saw how I was gonna die. I was old, and I fell.

그녀는 한동안 그를 빤히 쳐다본다.

24. 외부. 집 문. 밤
재키와 돈 프라이스는 에드워드를 기다리는데 매 순간 그가 이미 죽었을 거라고 더 확신을 갖는다. 하지만 갑자기 그가 문에 나타난다. 돈은 에드워드에게 손전등을 비춘다.

돈 프라이스 : 눈은 가져온 거야?

에드워드 : 가져왔어.

돈 프라이스 : (의심스러워) 어디 봐.

그 노파는 에드워드 뒤 그림자에서 나와서는 자신의 안대를 홱 움직인다. 아이들의 손전등이 그녀의 왼쪽 눈을 비추자 그것은 소름끼치는 빛을 발한다. 카메라가 재키를 비추자 그는 자신이 본 것 때문에 마비가 된다.

25. 외부. 집의 앞 현관. 낮
한 노인—재키이다—이 불안정한 발판 사닥다리에 서서 전구를 바꾼다. 갑자기 사닥다리가 무너지고, 그가 넘어지며 죽는다.

재 키 : 아, 도와 줘!

26. 외부. 문. 밤
카메라가 돈 프라이스를 비춘다.

27. 내부. 남학생 사교 클럽 회관의 화장실. 낮
20세의 돈 프라이스가 타일 바닥에 얼굴을 부딪치며 쓰러진다. 얼굴이 시멘트 풀에 뭉개진다. 죽는다.

28. 외부. 문. 밤
돈과 재키 둘 다 공포로 떤다. 재키는 눈에서 눈물이 난다.

재 키 : 진짜 내가 어떻게 죽는지 보였어. 난 늙어서 쓰러졌어.

■ **dubious**
의심스러운
not certain and slightly suspicious about something not knowing whether something is good or bad

■ **flip**
~을 홱 움직이다, 가볍게 던지다
to turn over into a different position with a sudden quick movement; to make something do this

■ **hellish**
흉악한, 소름 끼치는

■ **wobbly**
흔들거리는, 불안정한
moving in an unsteady way from side to side

■ **grout**
시멘트 풀, 모르타르 풀

You get the eye?
눈은 가져왔어?
Did you get the eye? 혹은 You got the eye?로 표현할 수 있다.

Zoom

You get the eye?

눈은 가져왔어?

DON PRICE : I wasn't old at all.

The brothers suddenly bolt.

29. EXT. AT THE OLD WOMAN'S DOOR. NIGHT

Edward helps her back inside, walking next to the old woman. He could leave now, but curiosity gets the better of him.

EDWARD : I was thinking about death and all. About seeing how you're gonna die.

The old woman still does not face him.

EDWARD : I mean, on one hand, if dying was all you thought about, it could kind of screw you up.

He stops walking.

EDWARD : But it could kind of help you, couldn't it? Because, everything else, you'd know that you could survive.

The old woman turns to him slightly and smiles a little, a crooked grin of broken teeth.

EDWARD : I guess I'm saying, I'd like to know.

The old woman turns leaning her face right in front of his.
And on a silent count of one, two, three—Edward looks into The Eye.
This time we don't cut. Instead, we hold on Edward as he witnesses his death. He stares transfixed, perplexed and amused. Whatever he sees, it's not as dire as the other boys. His future has something strange in store.

돈 프라이스 : 난 늙지도 않았어.

형제는 갑자기 튀어나간다.

29. 외부. 노파의 집 문. 밤
에드워드는 노파 옆에서 걸으면서 그녀가 돌아가도록 도와준다. 그는 이제 자리를 뜰 수 있지만 호기심에 굴복한다.

에드워드 : 죽음에 대해 생각했어요. 자신이 어떻게 죽을 건지 보는 것에 대해 말이죠.

그 노파는 아직도 그를 바로 대하지 않는다.

에드워드 : 한편으로 죽는 것만 생각한다면 그건 다소 혼란스럽겠지만요.

그는 걸음을 멈춘다.

에드워드 : 하지만 도움이 될 수도 있지 않겠어요? 어떤 일이 벌어져도 살 거란 걸 알 테니까요.

그 노파는 그에게 약간 돌아서서 조금 미소를 짓는다. 부러진 이빨이 기형적으로 보이는 웃음이다.

에드워드 : 그러니까… 알고 싶어요.

그 노파는 자신의 얼굴을 에드워드의 얼굴 바로 앞에 내민다.
하나, 둘, 셋을 조용히 세면서 에드워드는 그 눈을 들여다본다.
이번에는 장면을 볼 수 없다. 대신에 에드워드가 자신의 죽음을 목격할 때 그를 지켜본다. 그는 꼼짝 못하고, 어리둥절한 채, 즐겁게 응시한다. 그가 보는 것이 무엇이든, 다른 소년들처럼 비참하지 않다. 그의 미래에는 이상한 것이 기다리고 있다.

- **bolt**
  뛰어나가다, 도망가다
- **get the better of**
  ~에 이기다
  to defeat somebody/something or; gain an advantage
- **crooked**
  구부러진, 기형의
  not in a straight line; bent or twisted; dishonest
- **transfix**
  꼼짝 못하다. 고정하다, 못 박다
  to be unable to move because something has all your attention, or because you are afraid, surprised, etc.
- **perplexed**
  난처한, 당황한, 골치 아픈
- **dire**
  무서운, 비참한, 음산한
- **in store**
  (장래, 운명 등이) 닥치려고 하는, 기다리고 있는
  waiting to happen to in the future

It could kind of screw you up.
그건 다소 널 긴장시킬 것이다.
kind of는 sort of와 같이 '거의, 약간, 어느쪽인가 하면, 다소, 좀'의 뜻이다.

Zoom In

It could kind of screw you up.

그건 다소 널 긴장시킬 것이다.

EDWARD : Huh. That's how I go.

The old woman nods. She walks back into her house and the door swings shut on its own.

30. INT./EXT. BLOOM HOUSE. DAY(PRESENT)
The front door opens to reveal Will and Josephine on the porch with their bags. Reverse to Will's mother Sandra (53), surprised and a little annoyed.

WILL : Hi, Mom.

He leans in and hugs her. She surrenders, squeezing her son tight. Will and his mother are cut from the same cloth—strong-willed but practical. They've always been close.

31. EXT. BLOOM HOUSE. DAY
Will and Sandra stand at the back of his car. He shuts the trunk of his car.

WILL : (looking at the car beside) Is that Dr. Bennett's car?

SANDRA : Yes. He's up with your father now.

Heading back to the house ...

WILL : And how is he?

SANDRA : Well ... no, I got it.

She begins to walk carrying a bag.

SANDRA : He's impossible. He won't eat. And because he doesn't eat, he gets weaker. And because he's weaker, he doesn't want to eat.

에드워드　　: 허. 그렇군요.

노파는 고개를 끄덕인다. 그녀는 자신의 집으로 들어가고 문이 저절로 닫힌다.

30. 내부/외부. 블룸의 집. 낮(현재)
앞문이 열리면서 현관에 윌과 조세핀이 나타나는데 가방을 들고 있다. 윌의 어머니인 산드라(53세)와 반대로 놀라고 약간 언짢은 표정이다.

윌　　: 안녕, 엄마.

그는 몸을 굽혀 어머니를 포옹한다. 그녀는 몸을 내맡기면서 아들을 꽉 잡는다. 윌과 어머니는 분수에 맞는 생활을 한다—의지력이 강하지만 실용적이다. 그들은 항상 친하게 지내 왔다.

31. 외부. 블룸의 집. 낮
윌과 산드라가 그의 차 뒤에 서있다. 그는 차의 트렁크를 닫는다.

윌　　: (옆의 차를 보면서) 저거 베넷 의사 선생님 차예요?
산드라　　: 그래. 아버지랑 위층에 계신다.

집으로 향하면서…

윌　　: 그런데 아버님은 어떠세요?
산드라　　: 글쎄… 아냐, 내가 갖고 갈게.

그녀는 가방을 들고 걷기 시작한다.

산드라　　: 그는 어쩔 도리가 없어. 아무것도 못 드시고. 못 드시니까, 약해지고. 약하니까 드시고 싶어하지 않고.

- **surrender**
  항복하다, 양보하다, 몸을 내맡기다
  to stop trying to prevent yourself from having a feeling, habit, etc. and allow it to control what you do

- **cut from the same cloth**
  분수에 맞는 생활을 하다

I got it.
내가 갖고 갈게.
이것은 '알았다'의 뜻이 아니며, 가방을 들면서 '내가 갖고 갈게'의 뜻이다.

Zoom In

I got it.
내가 갖고 갈게.

WILL : How much time does he have left?

SANDRA : You don't talk about that. Not yet.

She enters the house.

32. INT. KITCHEN. DAY
Dr. Julius Bennett (85) enters from the foyer, still winded from coming down the stairs. He was the town's first Black physician. He's still the town's best physician.

DR. BENNETT : Will.

Will turns back.

WILL : Dr. Bennett. Oh, it's good to see you.

They shake hands.

WILL : My wife, Josephine.

She stands up from her chair.

DR. BENNETT : A pleasure.

They shake hands.
He judges her belly.

DR. BENNETT : You're seven months.

JOSEPHINE : (impressed) To the day!

Will walks over to Sandra. Dr. Bennett leans close to her, whispering in her ear ...

윌 : 얼마나 사신대요?
산드라 : 그런 얘기 마라. 아직은 아냐.

그녀는 집에 들어간다.

32. 내부. 부엌. 낮
85세의 줄리어스 베넷 의사가 층계를 내려오느라고 숨이 찬 채로 현관 방에서 들어온다. 그는 읍내 최초의 흑인 의사였으며, 현재도 읍내에서 가장 훌륭한 의사이다.

베넷 의사 : 윌.

윌이 돌아선다.

윌 : 베넷 의사 선생님. 아, 만나뵙게 되어 반갑습니다.

그들은 악수를 한다.

윌 : 제 아내, 조세핀이요.

그녀는 의자에서 일어선다.

베넷 의사 : 반가워요.

그들은 악수를 한다.
베넷 의사는 그녀의 배를 보고 판단한다.

베넷 의사 : 7개월이군요.
조세핀 : (감명을 받고) 낳는 날까지요!

윌은 산드라에게 다가간다. 베넷 의사는 조세핀에게 다가서며 귀에 다 대고 속삭인다…

- **foyer**
현관 방, 로비, 휴게실
a large open space inside the entrance of a theatre or hotel where people can meet or wait; an entrance hall in a private house or flat/apartment

- **wind**
숨을 헐떡이다, 숨차게 헐떡이다
to make somebody unable to breathe easily for a short time

- **belly**
배, 복부, 위
the part of the body below the chest

To the day!
낳는 날까지요!
여기서 day는 '특정한 일, 약속 날짜'의 뜻이다.

Zoom In

To the day!

낳는 날까지요!

DR. BENNETT : It's a boy.

She smiles, surprised but not doubting.
Sandra enters the kitchen.

SANDRA : Try to get him to drink one of these. He won't, but go ahead and try.

She hands Will a can of Ensure.
A moment of awkwardness—everyone here knows they haven't spoken in years.

33. INT. FOYER. DAY

Coming out from the kitchen, Will slowly climbs the stairs. The wall is filled with family photos, happier times. Most of the pictures are of Will, starting when he was an infant and ending at his wedding. As he climbs the stairs, we can see him growing up with every step.

34. INT. UPSTAIRS HALLWAY. DAY

A crack of sunlight spills around the half-open door at the end of the hallway. Will walks towards it and then goes inside.

35. INT. GUEST ROOM. DAY

Edward Bloom, 61, lies asleep on the bed. Although he's not the vibrant man we've seen before, it's not as bad as we feared.
The illness has been quick, and left him largely intact.
There are no IV's, no monitors, nothing.
Coming up to the bed—

WILL : Dad?

Edward cracks open an eye, a beat before he focuses. He tries to say something, but no words come out. He looks over at a glass on the nightstand.

WILL : You want some water?

베넷 의사 : 아들이에요.

그녀는 놀라지만 의심은 하지 않고 미소를 짓는다.
산드라는 부엌으로 들어온다.

산드라 : 네가 아버지께 가서 이거 마시게 해봐라. 싫다 그러셔도 좀 마시게 해.

그녀는 윌에게 인슈어 한 캔을 건넨다.
잠시 어색한 분위기—그들이 몇 년간 서로 말을 하지 않았다는 것을 여기 있는 모두가 알고 있다.

33. 내부. 현관의 방. 낮
부엌에서 나와 윌은 천천히 층계를 오른다. 벽에는 행복했던 시절의 가족 사진들로 가득 차 있다. 그것 대부분이 윌의 사진인데 그가 유아였을 때부터 시작해서 결혼식 사진으로 끝을 맺고 있다. 그가 층계를 오르면서 발걸음마다 그가 자라고 있음을 알 수 있다.

34. 내부. 이층 복도. 낮
약간의 햇빛이 복도 끝에 반쯤 열려 있는 문 주위를 비춘다. 윌은 그곳으로 걸어가서 안으로 들어간다.

35. 내부. 손님용 침실. 낮
61세의 에드워드 블룸이 침대에 누워 잠자고 있다. 비록 전처럼 활기찬 사람은 아니지만 걱정한 것처럼 그리 나쁘지는 않다.
병은 빨리 들었으나 큰 해를 끼치지 않고 나았다.
주사제나 모니터 등 아무것도 없다.
침대로 다가서면서—

윌 : 아버지?

에드워드는 눈을 뜨고는 잠시 초점을 맞춘다. 그는 뭔가 말하려고 하나 말이 나오지를 않는다. 그는 침대 옆 테이블 위에 있는 물 잔을 바라본다.

윌 : 물 드려요?

- **a crack of**
  조금, 약간의
  • a crack
  〈부사적〉 조금, 약간

- **vibrant**
  활기가 넘기는, 힘 찬, 진동하는, 떠는, 진동해서 소리를 내는
  full of life and energy; (of colors) very bright and strong; (of music, sounds, etc.) loud and powerful

- **intact**
  손상되지 않은, 손대지 않은
  complete and not damaged

- **IV**
  정맥 내 점적 장치, 정맥 주사
  intravenous

He won't.
그는 마시려고 하지 않을 거다.
여기서 will not은 고집이나 거부를 나타내는 표현이다.

Zoom In

He won't.

그는 마시려고 하지 않을 거다.

Will hands a glass of water to Edward. Edward quenches his thirst by drinking it through a straw.
A long, tense beat. Will almost speaks again to fill the silence.
Finally ...

EDWARD : You are in for a surprise.

WILL : Am I?

EDWARD : Having a kid changes everything. There's the diapers and the burping and the midnight feeding ...

WILL : Did you do any of that?

EDWARD : No, but I hear it's terrible. Then you spend years trying to corrupt and mislead this child, fill its head with nonsense and still it turns out perfectly fine.

WILL : You think I'm up for it?

EDWARD : You learned from the best.

Will doesn't rise to the challenge. A beat, then he remembers the can of Ensure. Holds it up. Edward recoils.

WILL : Just drink half the can. I'll tell Mom you drank the whole thing. Everyone wins.

A beat, then Edward rolls his eyes. Fine. Will cracks open the can and hands it to him.

EDWARD : (taking it) People needn't worry so much. It's not my time yet. This is not how I go.

WILL : Really?

EDWARD : Truly. I saw it in The Eye.

윌은 물 한 잔을 에드워드에게 건넨다. 에드워드는 빨대로 물을 마셔 갈증을 가시게 한다.
길고도 긴장된 순간. 윌은 침묵을 메우기 위해 다시 말을 할 뻔한다. 마침내…

에드워드 : 곧 놀랄 거다.

윌 : 제가요?

에드워드 : 아이가 생기면 모든 게 변해. 기저귀와 트림 그리고 밤 중에 우유 먹이기…

윌 : 그런 일 해보셨어요?

에드워드 : 아니, 끔찍하단 얘기만 들었다. 그렇게 수 십 년을 키우면서 머릿속에 똥만 가득 채워놓지. 그래도 별 문제 없으니까.

윌 : 전 어떨 것 같아요?

에드워드 : 나만큼만 하면 돼.

윌은 임기응변으로 처리하지 않는다. 잠시, 그는 인슈어 깡통을 생각해 내고는 들어보인다. 에드워드는 꽁무니를 뺀다.

윌 : 반만 드세요. 엄마한텐 다 드셨다고 할게요. 다 좋은 일이죠.

잠시, 에드워드는 눈을 굴린다. 좋아. 윌이 깡통을 열어서 그에게 건넨다.

에드워드 : (받으며) 걱정 마라. 아직 죽을 때 안 됐으니까. 난 이렇게 안 죽어.

윌 : 그래요?

에드워드 : 그럼. 유리 눈에서 봤다.

- **quench**
  (갈증 등을) 가시게 하다
  to drink so that you no longer feel thirsty

- **diaper**
  (아기의) 기저귀

- **burp**
  〈구어〉 트림
  • burp
  트림을 하게 하다
  to let out air from the stomach through the mouth, making a noise; to make a baby bring up air from the stomach, especially by rubbing or patting its back

- **rise to the challenge**
  임기응변으로 처리하다, 시련에 잘 대처하다

- **recoil**
  주춤하다, 움찔하다, 꽁무니 빼다
  to move your body quickly away from somebody/something because you find them or it frightening or unpleasant

It turns out perfectly fine.
결국 완벽하게 잘 된다.
turn out은 '결국 ~임이 드러나다, ~이 되다'의 뜻이다.

Zoom In

It turns out perfectly fine.

결국 완벽하게 잘 된다.

WILL : The Old Lady by the swamp?

EDWARD : She was a witch.

WILL : No, she was old and probably senile.

He brings a chair and sits down.

EDWARD : I saw my death in that eye. And this isn't how it happens.

WILL : So how does it happen?

EDWARD : Surprise ending. Wouldn't want to ruin it for you.

Will nods.

EDWARD : Your mother thought we wouldn't talk again. Look at us. We're talking fine. We're storytellers, both of us. I speak mine out, you write yours down. Same thing.

Will won't commit to Edward's assessment.

WILL : Dad, uh ... I was hoping we could talk about some things while I'm here.

EDWARD : You mean, while I'm here.

WILL : I just want to know the true versions of things. Events. Stories. You.

Edward slurps down as much of the Ensure as he can stand, which becomes a cough. Will hands him Kleenex and takes the can.

윌 : 늪에 사는 노파요?

에드워드 : 마녀였어.

윌 : 아뇨, 늙어서 망령 난 거예요.

그는 의자를 가져와 앉는다.

에드워드 : 그 눈 속에서 내가 죽는 걸 봤는데, 이렇겐 아냐.

윌 : 어땠는데요?

에드워드 : 깜짝 놀랄 결말이지. 가르쳐 주고 싶지 않아.

윌은 고개를 끄덕인다.

에드워드 : 네 엄만 우리가 다시 얘기할 줄 몰랐나봐. 우릴 봐라. 이야길 잘하고 있잖니. 우린 둘 다 얘기꾼이지. 난 내 얘기를 터놓고 말하고, 넌 네 얘기를 글로 쓰잖니. 같은 거지.

윌은 에드워드의 판단에 참여하고 싶지 않다.

윌 : 아버지, 제가 있는 동안 몇 가지 일들에 대해 얘기 좀 해주세요.

에드워드 : 내가 있는 동안이란 말이지.

윌 : 전 모든 일들의 실상을 알고 싶어요. 사건들. 이야기들. 아버지.

에드워드는 자신이 먹을 수 있을 만큼의 인슈어를 후루룩 소리내며 마시다가 기침이 난다. 윌은 아버지에게 클리넥스를 주고 깡통을 받는다.

- **senile**
  노망한, 노쇠한, 노년의
  behaving in a confused or strange way, and unable to remember things, because of old age

- **commit**
  몸을 맡기다, 언질을 주다, 자기의 입장을 밝히다
  to promise sincerely that you will definitely do something, keep to an agreement or arrangement, etc.; to give an opinion or make a decision openly so that it is then difficult to change it

- **assessment**
  평가, 판단, 사정
  an opinion or a judgment about somebody/something that has been thought about very carefully; the act of judging or forming an opinion about somebody/something

- **slurp**
  후루룩 소리내어 마시다
  to make a loud noise while you are drinking something

I speak mine out.
난 내 얘기를 터놓고 말한다.
speak out은 '거리낌 없이 말하다, 터놓고 말하다'의 뜻이다.

Zoom In

I speak mine out.

난 내 얘기를 터놓고 말한다.

It's not clear whether any of this was an act to keep from talking.

EDWARD : Your mother hasn't been keeping up the pool. If you wanted to, you could fix it ...

WILL : Yeah, I will.

EDWARD : You know where the chemicals are?

WILL : I used to do it when you were gone, remember?

He didn't mean for that to sound so pointed. Taking the half-empty Ensure, Will gets up to go. He's at the door when ...

EDWARD : I was never much for being at home, Will. Too confining. And this here. Being stuck in bed. Dying is the worst thing that's ever happened to me.

He smiles a little at his joke.

WILL : I thought you said you weren't dying.

EDWARD : I said this isn't how I go. The last part is much more unusual. Trust me on that.

Will leaves with the can of Ensure.

36. INT. UPSTAIRS HALLWAY. DAY

Shutting the door behind himself, Will drinks the rest of the Ensure himself. Edward was right. It tastes horrible.
Heading for the stairs, Will walks past an open door. As he leaves frame, we stay behind to look inside ...

이런 일 어느 것도 이야기를 억제하게 만드는 행동인지는 분명하지 않다.

에드워드 : 네 엄마는 수영장을 엉망으로 만들었어. 한 번 손 좀 봐라.

윌 : 네, 그럴게요.

에드워드 : 화학 약품 두는 덴 알지?

윌 : 아버지가 안 계실 때 제가 청소했잖아요, 기억 안 나세요?

그는 그 소리가 그렇게 예리하게 들리도록 할 의도는 없었다. 반 정도 비워진 인슈어를 받으면서 윌은 나가려고 일어선다. 그가 문에 다다르자…

에드워드 : 난 집에 있는 게 싫었단다, 윌. 너무 답답했거든. 여기서 이렇게 침대에서 꼼짝 못하고 죽어가는 건 내 평생 가장 최악의 일이야.

그는 자신의 농담에 약간 미소를 짓는다.

윌 : 안 죽는다면서요?

에드워드 : 이렇게 죽지는 않는다고. 내 마지막은 특별해. 그것에 대해서는 날 믿어라.

윌은 인슈어 깡통을 들고 나간다.

36. 내부. 이층 복도. 낮
밖으로 나와 문을 닫고서 윌은 인슈어 나머지를 마신다. 에드워드 말이 맞았다. 그 맛이 끔찍하다.
층계를 향해 가면서 윌은 열린 문을 지나간다. 그가 화면에서 사라지고 안쪽을 들여다본다…

- **chemical**
화학 제품〔약품, 물질〕, 〈속어〉마약, 약물

- **pointed**
예리한, 매서운, 찌르는
having a sharp end; aimed in a clear and often critical way against a particular person or their behavior

- **confine**
한정하다, 제한하다, 가두다
to keep somebody/something inside the limits of a particular activity, subject, area, etc.

Trust me on that.
그것에 대해서는 날 믿어라.
trust A on B는 'B에 대해서 A를 믿다'의 뜻이다.

Zoom In

Trust me on that.
그것에 대해서는 날 믿어라.

37. INT. WILL'S BEDROOM. DAY(FLASHBACK)
... where an eight-year old Will is propped up in bed, his face covered with chicken pox and pink calamine lotion. He's showing Edward how many bumps there are on his arm.

YOUNG WILL : Dr. Bennett says I have to stay at home for a week.

EDWARD : Oh, that's nothing. Once I had to stay in bed for three years.

YOUNG WILL : Did you have the chicken pox?

EDWARD : I wish.

38. EXT. TINY CHURCH. DAY

39. INT. TINY CHURCH. DAY
Wearing a white shirt and tie, young Edward—still about 10—sings "Amazing Grace" along with the congregation. His voice is high and thin, but he gives it his all.
Suddenly, his voice cracks and drops a half-octave. And then another. He pulls at his collar. Then pulls again, his face getting red.
ON HIS SHOES
As we watch, Edward's pant cuffs rise inch by inch—that's how fast he's growing.

EDWARD : (V.O.) Truth is, no one quite knew what was wrong. Most times, a person grows up gradually, while I found myself in a hurry.

Just then his shirt button pops off by itself. Another button flies off. One hits a chubby woman in the neck. Edward starts to panic. The woman looks back at Edward.

40. INT. YOUNG EDWARD'S BEDROOM. DAY
Young Edward lies in bed, his limbs connected to various pulleys and levers to support his weight. He has a dozen encyclopedias around him, and another dozen on the floor.

37. 내부. 윌의 침실. 낮(회상)
… 8살의 윌이 침대에 기대어 있다. 얼굴은 수두와 분홍색의 칼라민 로션으로 덮여 있다. 그는 에드워드에게 자신의 팔에 얼마나 많은 융기가 있는지를 보여 준다.

어린 윌 : 베넷 의사 선생님이 일주일 내내 집에 있으래요.
에드워드 : 아, 그거 별 것 아냐. 난 3년 동안 누워 있던 적도 있었어.
어린 윌 : 수두 때문에요?
에드워드 : 그랬으면 좋게.

38. 외부. 작은 교회. 낮

39. 내부. 작은 교회. 낮
흰 셔츠와 타이를 매고 어린 에드워드—약 10 살 정도—가 회중과 함께 '놀라운 은총'을 부른다. 그의 목소리는 높고 가냘프지만 힘껏 부른다. 갑자기, 그의 목소리는 쉬고 반 옥타브 낮아진다. 다시 음이 낮아진다. 그는 자신의 깃을 잡아당기고, 다시 잡아당긴다. 그러자 얼굴이 붉어진다.
카메라가 구두를 비춘다.
에드워드의 바짓단이 조금씩 올라간다—그가 얼마나 빨리 자라는지를 보여준다.

에드워드 : (목소리) 뭐가 문제였는진 몰라도 대개 사람은 천천히 성장하는 건데, 난 성장 속도가 빨랐거든.

바로 그때 그의 셔츠 단추가 저절로 튀어나온다. 또 하나의 단추가 날아간다. 그 중 하나가 통통한 여자의 목에 튄다. 에드워드는 겁 먹기 시작한다. 그 여자는 에드워드를 돌아본다.

40. 내부. 어린 에드워드의 침실. 낮
어린 에드워드가 침대에 누워 있는데 그의 사지는 무게를 지탱하기 위해서 여러 가지의 도르레와 지레에 연결되어 있었다. 그 주위에는 백과사전이 여러 권 있고, 바닥에도 여러 권이 놓여 있다.

- **chicken pox**
  수두, 작은 마마
- **calamine**
  피부 소염제
- **bump**
  혹, 융기
  a swelling on the body, often caused by a blow
- **congregation**
  회중, 모임, 집회
- **crack**
  날카로운 폭음을 내다, 목이 쉬다, 변성하다
- **chubby**
  통통한, 토실토실한, 살찐
- **pulley**
  도르레, 활차, 바지 멜빵
  a wheel or set of wheels over
- **lever**
  지레, 레버

I found myself in a hurry.
난 빨리 자라는 걸 알았다.
I found myself growing up in a hurry.
의 뜻이다.

Zoom In

I found myself in a hurry.

난 빨리 자라는 걸 알았다.

EDWARD : (V.O.) My muscles and my bones couldn't keep up with my body's ambition. So I spent the better part of three years confined to my bed, with encyclopedia being my only means of exploration. I had made it all the way to the "G's," hoping to find an answer to my gigantificationism, when I uncovered an article about the common goldfish.

YOUNG EDWARD : (reading) "Kept in a small bowl, the goldfish will remain small. With more space, the fish will grow double, triple, or quadruple its size."

Young Edward thinks this through.

EDWARD : (V.O.) It occurred to me then, that perhaps the reason for my growth was that I was intended for larger things. After all, a giant man can't have an ordinary-sized life.

41. EXT. BASEBALL FIELD. DAY

A baseball game between Bears and Tigers.

The crack of a bat announces the game-winning home run. The crowd cheers the swing, and especially the batter as he rounds the bases.

Although we've seen him briefly before, this is our first real exposure to grown-up Edward, who we'll follow from roughly the ages of 18 to 30.

EDWARD : (V.O.) As soon as my bones had settled in their adult configuration, I set upon my plan to make a bigger place for myself in Ashton.

에드워드 : (목소리) 내 근육과 뼈들이 몸의 야망을 못 쫓아갈 정도였다. 그래서 난 3년이란 시간을 침대에 갇혀 백과사전만 뒤적이며 보냈지. 난 'G'항을 다 뒤졌는데 그 속에서 내 거인병에 대한 답을 찾고 싶었거든. 그러다가 보통 금붕어에 관한 기사 하나를 발견했어.

어린 에드워드: (읽으면서) "작은 그릇에 놓으면 금붕어가 계속 작은 상태지만 더 많은 공간을 주면 두 배, 서너 배로도 자랄 것이다."

어린 에드워드는 이것을 곰곰이 생각한다.

에드워드 : (목소리) 그때 아마도 내 성장의 이유는 내가 더 큰 일을 지향하기 때문이란 생각이 내게 떠올랐지. 결국 거인은 보통 크기의 삶을 살 수 없거든.

41. 외부. 야구장. 낮

곰팀과 호랑이팀의 야구 경기.
야구 방망이가 우지직하더니 승리의 홈런을 알린다. 관중들은 그 스윙을 환호하며 특히 그 타자가 베이스를 돌자 응원을 보낸다.
비록 전에도 잠깐 그를 봤지만 이것이 성장한 에드워드가 처음으로 노출되는 것이다. 대충 18세부터 30세까지 말이다.

에드워드 : (목소리) 내 뼈가 성인 형태로 자리 잡았을 때 난 애시턴에서 더 큰 공간을 만들 계획을 세웠다.

- **gigantificationism**
  거인병
- **quadruple**
  ~을 4배로 하다
- **configuration**
  상대적 배치(배열), 형상, 외형
  an arrangement of the parts of something or a group of things; the form or shape that this arrangement produces; the equipment and programs that form a computer system and the way that these are set up to run

It occurred to me then, that ...
그때 …라는 생각이 내게 떠올랐다.
it occurs to A that B는 'A에게 B라는 생각이 떠오르다'의 뜻으로, it는 that 이하를 가리킨다.

Zoom In

It occurred to me then, that ...

그때 …라는 생각이 내게 떠올랐다.

42. EXT. SCHOOL FIELDS. DAY

Edward takes part in a football match.
On the sidelines, some pretty girls cheer.

GIRLS : Tigers, go!

SINGLE SHOTS: Football hero Edward leads his team to victory. A pretty girl admits the name of her secret love.

GIRL : Edward Bloom!

The other girls squeal in agreement. Don Price looks over, glowers.

43. EXT. NEIGHBORHOOD. DAY

SINGLE SHOT: Many lawnmowers roar along the grass. We look up to see who's pushing it, but it's not Edward. It's one of his teenage employers.
Edward is back at the truck, which is painted to read, "Bloom Landscaping." He has workers on every lawn.
He signs an autograph for an admiring cub scout.

44. INT. BASKETBALL COURT. DAY

A basketball game between Tigers and Bulldogs.
Edward takes an impossible shot at the buzzer from the other end of the court. Naturally, he makes it, winning the game.
As the crowd goes wild for Edward, Don Price is the only teammate who doesn't mob him.

45. INT. SCIENCE FAIR. DAY

The science fair of Ashton High School.
Edward wins a blue ribbon for his invention, a machine labelled "Perpetual Motion." He and the judge pose for a photograph. A flash.
Pissed, Don Price throws his crappy lima bean plants in the trash.

42. 외부. 학교 운동장. 낮
에드워드가 미식축구 경기에 참가하고 있다.
옆 줄에서 예쁜 소녀들이 응원을 한다.

소녀들　　: 호랑이팀, 이겨라!

단일 장면: 미식축구 영웅인 에드워드가 자신의 팀을 승리로 이끈다. 한 소녀가 그가 자신의 비밀스런 사랑임을 고백한다.

소 녀　　: 에드워드 블룸!

다른 소녀들이 동의하며 소리친다. 돈 프라이스가 쳐다보면서 상을 찡그린다.

43. 외부. 이웃. 낮
단일 장면: 많은 잔디 깎는 기계가 풀밭을 따라 윙윙거린다. 그것을 밀고 있는 사람은 에드워드가 아니라 그가 고용한 10대의 일꾼 중의 하나이다.
에드워드는 트럭으로 돌아오는데 그 위에는 '블룸 조경 회사'라는 글귀가 적혀 있다. 그는 잔디마다 일꾼들을 소유하고 있다.
그는 자신을 찬양하는 보이 스카우트 어린이 단원에게 자필 사인을 해 준다.

44. 내부. 농구 코트. 낮
호랑이팀과 불독팀의 농구 경기.
에드워드는 농구 코트의 반대편 끝에서 버저 소리와 함께 불가능한 슛을 쏜다. 당연히 그는 그것을 성공시키면서 경기를 승리로 이끈다.
관중이 에드워드에게 열광하자 돈 프라이스는 그에게 달려들어 환호하지 않는 유일한 팀원이다.

45. 내부. 과학 박람회. 낮
애시턴 고등학교 과학 박람회.
에드워드는 자신의 발명품인 '영원한 동작'이라 불리는 기계로 최고의 명예상을 받는다. 그와 심판은 사진을 찍기 위해 포즈를 취한다. 찰칵.
화가 나서 돈 프라이스는 쓰레기통에다 시시한 리마 콩 식물을 던진다.

- **squeal**
  비명을 지르다, 꽥꽥 울다
- **glower**
  상을 찡그리다, 불쾌한 얼굴을 하다, 노려보다
  to look in an angry, aggressive way
- **landscaping**
  미화, 녹화, 정원사 노릇하기, 조경술
- **cub scout**
  보이 스카우트 등의 어린이 단원(8~10세)
- **mob**
  ~에 떼지어 환호하다, 쇄도하다
- **blue ribbon**
  최고의 명예상, 푸른 리본 기장
- **pissed**
  〈속어, 비어〉 화난, 곤드레만드레 취한
  very angry or annoyed
- **crappy**
  시시한, 엉터리인, 지겨운

Tigers, go!
호랑이 팀, 이겨라!
go는 응원할 때 쓰는 표현이다.

Zoom In

Tigers, go!
호랑이 팀, 이겨라!

46. EXT. TOWN. DAY
A house is in raging flames.

BOY : (V.O.) (shouts) Doggy! My doggy! My doggy's trapped!

Edward carries a dog out of a burning house.
People greet him with cheers.

EDWARD : (V.O.) I was the biggest thing Ashton had ever seen.

47. EXT. FARM. DAY
As two farmers shake their heads, we reverse to show a massive hole punched through the side of a barn. It's roughly the shape of man, but no human could be that large.

EDWARD : (V.O.) Until one day, a stranger arrived.

48. EXT. SHEEP PEN. DAY
Several fat ewes are in the pen, a shadow falling across them. They bleat in panic as two oversized hands reach in and scoop them up. We still haven't seen the full stranger.

46. 외부. 읍내. 낮
집 한 채가 불길에 휩싸여 있다.

소 년 : (목소리) (소리친다) 강아지! 내 강아지! 내 강아지가 갇혔어요!

에드워드는 불타는 집으로부터 개 한 마리를 들고 나온다.
사람들은 환호하면서 그에게 인사를 한다.

에드워드 : (목소리) 난 애시턴에서 가장 거대한 사람이었지.

47. 외부. 농장. 낮
마구간의 옆으로 거대한 구멍이 나 있는 걸 보고 두 농부가 고개를 가로젓는다. 그것은 인간의 모습이지만 어떠한 인간은 그렇게 클 리는 없다.

에드워드 : (목소리) 한 이방인이 나타나던 날까지는.

48. 외부. 양 우리. 낮
몇 마리 살찐 양들이 우리에 있는데 한 그림자가 그들에게 다가선다. 그들은 두 개의 거대한 손이 다가와 그들을 들어올리자 무서워 매애하고 운다. 아직 이 이방인의 모습은 보이질 않는다.

- **ewe**
(성장한) 암양

- **bleat**
(염소 등이) 매애 울다
to make the sound that sheep and goats make

In telling the story of my father's life,

it's impossible to separate the fact from the fiction,

the man from the myth.

The best I can do is to tell it the way he told me.

Now, I was in a situation.

I could gut that fish and get my wedding ring back,

but in doing so I'd be killing the smartest catfish

in the Ashton River.

Did I want to deprive my son the chance

to catch a fish like this of this own?

Chapter 3

먼 길이 더 쉬울 때가 있지, 오래 걸리지만

The Long Way Is Easier, but It's Longer

시간 00:21:57 ~ 00:34:35

49. EXT. COURT HOUSE. DAY

A mob of about 50 have gathered, many of them with shotguns. Some with spades and iron rakes.

Amid the crowd we see Don Price. The mayor stands in front of them.

MAYOR : Calm down. Calm down, everybody. Calm down. That's enough.

SHARECROPPER : Mr. Mayor, he ate an entire cornfield!

LITTLE GIRL : He ate my dog!

HOT-BLOODED SHOTGUN TOTTER : If you ain't gonna stop him, Mayor, we will!

He charges his rifle.

MAYOR : I won't have mob violence in this town. Now, has someone tried talking to him?

49. 외부. 법정. 낮
약 50명의 군중이 모여 있는데, 그들 중 많은 사람이 엽총을 들고 있다. 삽과 쇠갈고리를 들고 있는 사람도 있다.
군중 가운데 돈 프라이스가 보인다. 시장이 그들 앞에 서 있다.

시 장 : 진정하세요. 다들 진정하세요. 진정하세요. 알았습니다.

물납 소작인 : 시장님, 그 놈이 옥수수를 몽땅 먹어치웠소!

어린 소녀 : 내 개도요!

혈기 찬 엽총 고물 장수 : 시장님, 시장님이 그 놈을 처치 못하면 우리가 하겠소!

그는 소총에 장전을 한다.

시 장 : 이 마을에선 집단 폭력은 용납 못합니다. 자, 누가 그와 대화를 시도해 봤나요?

- **spade**
  가래, 삽
  a garden tool with a broad metal blade and a long handle, used for digging

- **hot-blooded**
  성급한, 혈기찬, 대담한
  (of a person) having strong emotions and easily becoming very excited or angry

- **totter**
  〈영속어〉도로 청소부, 넝마주이, 고물 장수

- **violence**
  격렬(함), 사나움, 폭력, 격노
  violent behavior that is intended to hurt or kill somebody

SOME FARMER : You can't reason with him!

SHEPHARD : He's a monster!

Agreement from the crowd. And then ...

VOICE : (O.S.) I'll do it.

Everyone turns to see who said that. The crowd parts to reveal none other than Edward Bloom. Don Price glowers.

EDWARD : I'll talk to him. See if I can get him to move on.

MAYOR : Son, that creature could crush you without trying.

EDWARD : (smiling) Oh, trust me, he'll have to try.

50. EXT. CAVE OUTSIDE ASHTON. DAY

A large cave is seen at the riverside. Edward reaches the mouth of a cave. Outside, buzzards squabble over the remains of the giant's feast: broken barrels, bones picked clean.
He approaches the entrance of the cave gingerly.
In his most serious voice, Edward calls out.

EDWARD : Hello!

There's no answer.

EDWARD : My name is Edward Bloom! And I wanna talk to you!

From deep in a cave, a thunderous voice.

VOICE : (O.S.) Go away!

어떤 농부 : 그를 설득할 수가 없어요!
목 동 : 그 놈은 괴물이에요!

군중으로부터 수긍하는 소리가 들린다. 그러다가…

목소리 : (무대 밖에서) 제가 하죠.

모두가 돌아서서 그 말을 한 사람이 누군지 본다. 군중은 갈라 서며 다름 아닌 에드워드 블룸을 보여준다. 돈 프라이스는 불쾌한 얼굴을 한다.

에드워드 : 제가 그 사람에게 얘기해 볼게요. 여길 떠나게 할 수 있는지 알아보죠.
시 장 : 이보게, 자네가 다칠 수도 있어.
에드워드 : (미소 지으며) 아, 저도 호락호락하진 않습니다.

50. 외부. 애시턴 외곽의 동굴. 낮
큰 동굴 하나가 강변에 보인다. 에드워드는 동굴 입구에 도달한다. 밖에서는 대머리수리들이 거인이 먹다 남긴 음식 찌꺼기인 동강난 동물의 몸통이나 뼈를 두고 승강이를 한다.
그는 조심스럽게 동굴의 입구까지 다가간다.
가장 진지한 목소리로 에드워드는 소리를 친다.

에드워드 : 이봐요!

대답이 없다.

에드워드 : 난 에드워드 블룸입니다! 얘기 좀 해요!

동굴 깊은 곳으로부터 천둥 같은 목소리.

목소리 : (무대 밖에서) 돌아가!

- **buzzard**
  대머리수리
  a large European bird of prey (= a bird that kills other creatures for food) of the hawk family; a large American bird like a vulture that eats the flesh of animals that are already dead

- **squabble**
  승강이하다, 말다툼하다
  to quarrel noisily about something that is not very important

- **barrel**
  (소나 말의) 몸통

- **gingerly**
  몹시 조심스럽게, 아주 신중하게
  in a careful way, because you are afraid of being hurt, of making a noise, etc.

You can't reason with him.
그를 설득할 수가 없다.
reason with는 '~와 논의하다, 설득하다, 이치를 따지다'의 뜻이다.

Zoom In

You can't reason with him.
그를 설득할 수가 없다.

The giant's voice has such force, it blows Edward's hair back.

EDWARD : Now, I'm not going anywhere until you show yourself!

A beat.
Suddenly a gust of wind blows him back.

VOICE : (O.S.) I said, go away!

He falls down on the ground.
The buzzards fly away.
Then we hear a rumble, like a train coming. The ground starts to shake.
Even Edward starts to worry. Just how big is this guy?
Finally he watches a giant coming out, frightened.
Karl the giant is bigger than any man you've ever seen. Not just tall, but massive. He's completely feral, with a beard to his elbow and skin scratched and blistered. What remains of his clothes are ragged and muddy. God knows what's living in his matted hair.
Edward braces himself and picks up a rock, ready to play David to Goliath.

EDWARD : (V.O.) Armed with the foreknowledge of my own death, I knew the giant couldn't kill me.

He throws the rock at the giant, but it just bounces off. The giant didn't even notice it.

EDWARD : (V.O.) All the same, I preferred to keep my bones unbroken.

Karl leans over Edward, blocking the sun.

거인의 목소리는 대단한 힘이 있어서 에드워드의 머리칼을 뒤로 날려 보낸다.

에드워드 : 당신이 나올 때까진 난 아무 데도 안 갈 거요!

잠시.
갑자기 돌풍이 불면서 그를 뒤로 날려보낸다.

목소리 : (무대 밖에서) 돌아가라니까!

그는 땅바닥에 쓰러진다.
대머리수리들이 날아서 도망친다.
그때 기차가 오는 것같이 우르르 소리가 난다. 땅이 흔들리기 시작한다.
에드워드조차 걱정하기 시작한다. 이 녀석이 얼마나 큰 거야?
마침내 에드워드는 겁에 질린 채 한 거인이 나오는 것을 지켜본다.
칼 거인은 일찍이 본 어떤 사람보다 크다. 그냥 큰 것이 아니라 거대한 놈이다. 그는 완전히 야생이다. 팔꿈치까지 수염이 나 있고 피부는 긁히고 물집이 생겨 있다. 걸치고 있는 옷은 다 해지고 우중충하다. 그의 헝클어진 머리칼 속에는 무엇이 살고 있을지 아무도 모른다.
에드워드는 마음을 다잡고는 돌 하나를 집어 들며 골리앗과 싸우는 다윗이 될 준비를 갖춘다.

에드워드 : (목소리) 내가 미리 본 죽음의 장소가 거긴 아니었기에 난 그 거인이 날 죽일 수 없을 거라는 사실을 알았지.

그는 거인을 향해 돌을 던지지만 돌은 되튀어나올 뿐이다. 거인은 그것을 주목조차 하지 않았다.

에드워드 : (목소리) 그래도 뼈가 부서지는 건 싫었단다.

칼이 에드워드에게 몸을 숙이며 태양을 가로막는다.

- **feral**
  야생의
  (of animals) living wild, especially after escaping from life as a pet or on a farm
- **blister**
  물집이 생기게 하다
  to form blisters; to make something form blisters; when a surface blisters or something blisters it, it swells and cracks
- **muddy**
  우중충한, 진흙의
- **matted**
  헝클어진, 덥수룩한
  (of hair, etc.) forming a thick mass, especially because it is wet and dirty
- **brace oneself**
  마음을 다잡다, 분발하다
- **foreknowledge**
  예지, 선지
  knowledge of something before it happens

all the same
그래도
all the same은 '그래도 (역시), 그렇지만, 그렇더라도'의 뜻이다.

Zoom

all the same

그래도

KARL : Why are you here?

Edward ponders the best response, settling on ...

EDWARD : So you can eat me. The town decided to send a human sacrifice, and I volunteered. My arms are a little stringy, but there's some good eating on my legs. I mean, I'd be tempted to eat them myself.

A beat. Karl's eyes are narrow, confused.

EDWARD : So I guess, well, if you could just get it over with quick. Because I'm not much for pain, really.

Edward closes his eyes, hands at his side, ready to be eaten.
Karl just stares at him, not sure what to do.
After a beat, Edward opens his eyes a tiny bit, just to see what the giant is doing.
Relieved to see he's not licking his chops—Karl sits down with a boom, dejected.

EDWARD : Oh, come on! I can't go back. I'm a human sacrifice!

He approaches the giant.

EDWARD : If I go back, they'll think I'm a coward. And I'd rather be dinner than a coward.

He reaches up his hand.

칼 : 여기 왜 온 거야?

에드워드는 가장 최선의 응답을 생각하면서 결정을 하는데…

에드워드 : 그러니까 날 잡아먹으라고요. 우리 마을이 인간 제물을 보내기로 했고, 내가 자원했죠. 팔은 근육 뿐이지만 다리는 먹을 만할 거요. 내 다린 나도 먹고 싶을 정도니까.

잠시. 헷갈리며 칼의 눈이 가늘어진다.

에드워드 : 그러니 되도록이면 빨리 끝내 줘요. 고통스럽지 않게 말이오.

에드워드는 눈을 감고 손을 옆에 놓으며 잡아먹힐 준비를 한다.
칼은 어찌할 줄을 몰라 그냥 그를 빤히 바라본다.
잠시 후, 에드워드는 눈을 약간 뜨고는 그 거인이 무얼 하고 있는지를 본다. 그가 자신의 두꺼운 고깃점을 핥지 않고 있는 것을 보고 안심하는데—칼은 낙담한 채 쿵 하고 앉는다.

에드워드 : (계속) 아, 어서요! 어차피 난 인간 제물이라 못 돌아가요!

그는 거인에게 접근한다.

에드워드 : 내가 돌아가면 사람들이 날 겁쟁이라 생각할 거요. 겁쟁이가 되느니 차라리 저녁 거리가 되겠어요.

그는 손을 내민다.

- **volunteer**
  자진하여 나서다, 자발적으로〔자원하여〕 나서다
  to offer to do something without being forced to do it or without getting paid for it; to suggest something or tell somebody something without being asked; to join the army, etc. without being forced to

- **stringy**
  섬유질의, (고기 등이) 힘줄투성이의, 힘줄이 불거진
  (of hair) long and thin and looking as if it has not been washed; (of food) containing long thin pieces like string and difficult to chew; (of a person or part of their body) thin so that you can see the muscles

- **chop**
  두껍게 자른 고깃점, 잘라낸 조각

- **dejected**
  낙심〔낙담〕한, 풀 죽은
  unhappy and disappointed

I'd rather be dinner than a coward.
겁쟁이가 되느니 차라리 저녁 거리가 되겠다.
would rather ~ than ...은 '…하느니 차라리 ~하는 편이 낫다'의 뜻이다.

Zoom In

I'd rather be dinner than a coward.

겁쟁이가 되느니 차라리 저녁 거리가 되겠다.

EDWARD : Here. You can start with my hand. It'll be an appetizer.

But the giant puts the hand aside.

KARL : I don't want to eat you. I don't want to eat anybody. It's just I get so hungry. I'm just too big.

And that's the sad truth. Karl is less a monster than a freak—a giant man, but in the end, just a man.

EDWARD : Did you ever think that maybe you're not too big, but maybe this town is just too small?

Circling behind them, we look down at Ashton—a tiny town in a tiny valley.

EDWARD : Now I've heard in real cities, they've got buildings so tall you can't even see the tops of 'em.

The giant stares at Edward and puts his forelock aside.

KARL : Really?

EDWARD : Oh, I wouldn't lie to you. And all-you-can-eat buffets. (smiling) Now, you can eat a lot, can't you?

KARL : I can.

EDWARD : So why are you wasting your time in a small town? You're a big man. You should be in a big city.

Karl has a certain sad suspicion—

에드워드 : 자요. 애피타이저로 손부터 먹어요.

하지만 거인은 그 손을 옆으로 치운다.

칼 : 널 안 먹어. 아무도 안 먹어. 난 그냥 배가 고픈 거야. 워낙 덩치가 크니까.

그건 슬픈 진실이다. 칼은 괴물이라기보다는 기형이다—거대한 인간, 하지만 결국에는 단지 인간인 것이다.

에드워드 : 당신이 너무 큰 게 아니라 이 마을이 너무 작은 거라고 생각해 본 적은 없소?

카메라가 그들 뒤로 돌아 애시턴 마을을 비춘다. 작은 계곡에 놓인 작은 마을이다.

에드워드 : 진짜 도시에서는 건물들이 아주 높아서 그 꼭대기가 안 보인대요.

거인은 에드워드를 바라보며 앞머리를 옆으로 치운다.

칼 : 정말?

에드워드 : 아, 난 당신에게 거짓말 안 해요. 게다가 얼마든지 먹을 수 있는 뷔페도 있어요. (미소 지으며) 이제 많이 먹을 수 있죠?

칼 : 그럼.

에드워드 : 근데 왜 이런 작은 마을에서 시간을 낭비하는 거죠? 큰 사람이면 큰 도시에 있어야지.

칼은 다소 슬픈 의심을 한다—

- **freak**
  기형, 변종
  a person who is considered to be unusual because of the way they behave, look or think

- **forelock**
  앞머리
  a piece of hair that grows at the front of the head and hangs down over the forehead

- **suspicion**
  혐의, 용의, 의심, 미심스런 생각
  a feeling that somebody has done something wrong, illegal or dishonest, even though you have no proof; a feeling or belief that something is true, even though you have no proof; the feeling that you cannot trust somebody/something

all-you-can-eat buffets
얼마든지 먹을 수 있는 뷔페
all-you-can-eat는 '얼마든지 먹을 수 있는'의 뜻이다.

Zoom In

all-you-can-eat buffets

얼마든지 먹을 수 있는 뷔페

KARL : You're just trying to get me to leave, aren't you?

EDWARD : What's your name, Giant?

KARL : Karl.

EDWARD : Well, mine's Edward. And truthfully, I do want you to leave, Karl. But I want to leave with you. (closer) I mean, you think this town is too small for you? Well, it's too small for a man of my ambition. So, what do you say? Join me?

He offers his hand to Karl.
Karl thinks a moment. Then—

KARL : Okay.

He shakes hands with Edward.

EDWARD : Okay.

He smiles, satisfied.

EDWARD : Now, first, we gotta get you ready for the city.

51. EXT. MAIN STREET OF ASHTON. DAY

Karl stands in front of the crowd. He dresses himself up smartly and has his hair cut close.
Edward and Mayor stand behind him. Mayor is holding a big key.
Spirits buoyed by the high school marching band, all the good citizens of Ashton are gathered to see off Edward and Karl. They're clapping their hands keeping time with the music. The music stops.

칼 : 날 내쫓으려고 하는 거지?

에드워드 : 이름이 뭐요, 거인?

칼 : 칼.

에드워드 : 난 에드워드요. 진심으로 당신이 떠나길 바라고 있어요, 칼. 하지만 나랑 같이 갑시다. (더 가까이) 여기가 당신한텐 너무 작단 생각 안 해요? 나 같은 야심을 가진 남자한테도 너무 작은데. 그러니 어떻게 생각해요? 같이 가겠소?

그는 칼에게 손을 내민다.
칼은 잠시 생각한다. 그리고는—

칼 : 좋아.

그는 에드워드와 악수를 한다.

에드워드 : 좋아요.

그는 만족해서 웃는다.

에드워드 : 그럼 먼저, 도시에 어울릴 준비를 합시다.

51. 외부. 애시턴의 주 거리. 낮
칼이 군중 앞에 서 있다. 그는 옷을 말쑥하게 차려입고 머리도 짧게 깎았다.
에드워드와 시장이 그 뒤에 서 있다. 시장은 커다란 열쇠를 들고 있다. 고등학교 밴드에 의해 기분이 북돋워진 채 애시턴의 선량한 시민들이 에드워드와 칼을 전송하기 위해서 모여 있다. 그들은 음악에 맞춰 손뼉을 친다. 음악이 그친다.

- **ambition**
  야망, 야심
  something that you want to do or achieve very much; the desire or determination to be successful, rich, powerful, etc.

- **dress up**
  ~을 성장〔분장〕시키다, 꾸미다, 분식하다
  to put on special clothes, especially to pretend to be somebody/something different

- **buoy**
  기운을 북돋우다, 띄우다
  to make somebody feel cheerful or confident

- **clap**
  손뼉을 치다, (우정, 칭찬의 표시로) 가볍게 치다〔두드리다〕

What do you say?
어떻게 생각해요?
What do you think?와 같은 의미의 표현이다.

Zoom In

What do you say?

어떻게 생각해요?

MAYOR : (loudly, for the crowd) Edward Bloom, first son of Ashton, it's with a heavy heart that we see you go. But take with you this Key to the City ...

He holds up the key.
Edward takes his hat off.

MAYOR : ... and know that any time you wanna come back, all our doors are open to you.

Edward ducks a bit so the Mayor can put the key around his neck. They shake hands. The crowd cheers. And with that, Edward and Karl start walking, waving as they go.
Many of the townfolk come onto the street to give Edward a hearty send-off. They shake their hands.

EDWARD : (V.O.) That afternoon as I left Ashton, everyone seemed to have advice.

WOMAN : Find yourself a nice girl, now!

MAN : Watch your pride, Edward Bloom!

EDWARD : (V.O.) But there was one person whose counsel I held above all others.

As the crowd parts, he finds himself face to face with The Old Woman.
The ruckus slows and quiets, as if a strange spell has been cast. She motions for Edward to lean down, so she can whisper something to him. Although we're very close, we can't hear her voice.

EDWARD : (V.O.) She said that the biggest fish in the river gets that way by never being caught.

시 장 : (큰 소리로 군중에게) 에드워드 블룸, 자랑스런 애시턴의 아들, 자네를 보내는 마음은 무겁지만 이 도시의 열쇠를 가져가게…

그는 열쇠를 든다.
에드워드는 모자를 벗는다.

시 장 : …우리의 문은 항상 열려 있으니 언제든 돌아오고 싶을 때를 위해.

에드워드는 시장이 그의 목에다 그 열쇠를 걸어줄 수 있도록 약간 고개를 숙인다. 그들은 악수를 하고 군중은 환호한다. 그리고는 에드워드와 칼은 걷기 시작하는데 가면서 손을 흔든다.
많은 마을 사람들은 거리로 나와 에드워드에게 진심어린 전송을 한다. 그들은 악수를 한다.

에드워드 : (목소리) 애시턴을 떠나던 날 오후에 모두가 충고를 하는 것 같았지.
여 자 : 좋은 여자 만나요!
남 자 : 자존심을 지켜, 에드워드 블룸!
에드워드 : (목소리) 하지만 가장 소중한 충고를 한 사람은 따로 있었어.

군중이 양쪽으로 갈라서자 에드워드는 그 '노파'와 얼굴을 마주하게 된다.
마치 이상한 주문이 던져진 것처럼 소동은 활기가 없어지고 조용해진다. 그녀는 그에게 뭔가를 속삭일 수 있도록 에드워드에게 고개를 숙이라고 몸짓을 한다. 가까이 있는 사람도 그녀의 목소리를 들을 수 없다.

에드워드 : (목소리) 그 노파는 강의 가장 큰 고기는 결코 안 잡히기 때문에 자기 길을 갈 수 있다고 말했지.

■ **duck**
머리를 홱 숙이다, 몸을 홱 굽히다
to move your head or body downwards to avoid being hit or seen; to avoid something by moving your head or body out of the way

■ **send-off**
〈구어〉 (역 등에서의) 전송, 송별
an occasion when people come together to say good-bye to somebody who is leaving

■ **ruckus**
〈속어〉 야단법석, 소동
a situation in which there is a lot of noisy activity, confusion or argument

Everyone seemed to have advice.
모두가 충고를 하는 것 같았다.
It seemed that everyone had advice.
의 뜻이다.

Zoom In

Everyone seemed to have advice.

모두가 충고를 하는 것 같았다.

The advice only succeeds in confusing Edward.
Edward and Karl keep walking. The Old Woman waves her hand, somehow knowing her advice will go unheeded.

KARL : What'd she say?

EDWARD : Beats me.

Only Don Price, smoking on the corner, isn't sad to see Edward go.

52. EXT. ROAD. DAY

We tilt up from the road to reveal Edward and Karl walking out of Ashton. Each wears a backpack with all his earthly possessions.

EDWARD : (V.O.) There were two roads out of Ashton, a new one which was paved, and an older one that wasn't. People didn't use the old one anymore, and it had developed the reputation for being haunted.

Edward and Karl come to a bend, where the paved road runs straight and an overgrown dirt road veers right. The old road is blocked with signs and warnings of danger: CAUTION: ROAD UNDER CONSTRUCTION, NO HUNTING, DO NOT ENTER, BEWARE OF SNAKES ...

EDWARD : (V.O.) Well, since I had no intention of ever returning to Ashton, this seemed as good a time as any to find out what lay down that old road.

Edward and Karl look at the dirt road, wary.

그 충고는 단지 에드워드를 혼란시키고 만다.
에드워드와 칼은 계속 걸어간다. 노파는 손을 흔드는데 어쩐지 자신의 충고가 무시될 거라는 사실을 아는 것 같다.

칼 : 그녀가 뭐래?

에드워드 : 몰라.

단지 돈 프라이스만이 구석에서 담배를 피우면서 에드워드가 사라지는 것을 보고 슬퍼하지 않는다.

52. 외부. 길. 낮

카메라가 움직이면서 에드워드와 칼이 애시턴을 떠나는 것을 보여준다. 둘 다 속세의 소유물이 든 배낭을 메고 있다.

에드워드 : (목소리) 애시턴에서 나가는 길은 두 갈래였는데, 포장된 새 길과 포장이 안 된 오래된 길. 사람들은 더는 오래된 길을 사용하지 않았는데 거기에는 귀신이 다닌다는 소문이 자자했지.

에드워드와 칼은 커브 길에 이르는데, 거기에는 포장된 도로는 곧장 나 있고 식물이 너무 자란 황폐한 길은 오른쪽으로 방향이 바뀌어 나 있다. 오래된 길에는 "주의: 공사 중, 사냥 금지, 들어가지 마시오, 뱀 조심…" 등 간판과 위험하다는 경고문이 가로막고 있다

에드워드 : (목소리) 어쨌든 애시턴으로 다시 돌아갈 생각은 없었으니까 그 오래된 길에 뭐가 있는지 알아보기엔 더할 나위 없이 좋은 기회인 것 같았지.

에드워드와 칼은 조심스럽게 비포장 도로를 바라본다.

- **unheeded**
  무시된, 고려되지 않은
  that is heard, seen or noticed but then ignored
- **tilt**
  상하로 움직이다
  to move, or make something move, into a position with one side or end higher than the other
- **reputation**
  평판, 세평, 명성
  the opinion that people have about what somebody/something is like, based on what has happened in the past
- **haunt**
  자주 가다, (유령 등이) ~에 출몰하다, 자주 나타나다
- **bend**
  (길의) 굴곡부, 커브
- **veer**
  방향이 바뀌다
  (especially of a vehicle) to change direction suddenly

Beats me.
몰라.
이는 '전혀 모르겠다, 금시초문이다'의 뜻으로 It beats me.의 준 말이다.

Zoom In

Beats me.

몰라.

KARL : You know anyone who's taken it?

EDWARD : (turning back) That poet, Norther Winslow did. He was going to Paris, France. I guess he liked it. No one ever heard from him again.

Beat.

EDWARD : I'll tell you what. You go the other way. I'll cut through here, and I'll meet you on the far side.

A little paranoid ...

KARL : You're just trying to run away, aren't you?

Edward takes off his backpack.

EDWARD : Here. Just to be sure, you can take my pack.

He hands his backpack to Karl and Karl takes it.
Karl perks up, even though it means more for him to carry.
Edward starts walking along the dirt road and Karl starts walking along the paved one.

53. EXT. DIRT ROAD. DAY
The road is overgrown, but not altogether creepy. The sun is still shining, and the birds still chirping. But the forest is a little dark.

54. EXT. FURTHER ALONG. ROUGH PATH
The road has narrowed to a rough path. Spikes of sunlight break through the thick canopy, catching particles in the air.
Coming around a bend, he sees thick, thorny vines growing across the path. He stops. He waves off various stinging bugs flying at him.

칼 : 지나간 사람은 있어?

에드워드 : (돌아서며) 시인 노더 윈슬로가 갔지. 프랑스의 파리로 갔다는데 그곳이 마음에 들었나봐. 그 후 그가 어떻게 됐는진 아무도 몰라.

잠시.

에드워드 : 저 말이야. 넌 다른 길로 가. 난 숲을 통과할 테니 반대편에서 만나자고.

약간 피해 망상이 되어…

칼 : 도망칠 속셈이군?

에드워드는 배낭을 벗는다.

에드워드 : 여기. 못 믿겠으면 내 배낭 가져가.

그는 자신의 배낭을 칼에게 주고 칼은 그것을 받는다.
칼은 자신이 더 짐을 날라야 함을 의미하는 데도 곧 생기가 난다.
에드워드는 더러운 길을 따라 걷기 시작하고 칼은 포장된 도로를 따라 걷기 시작한다.

53. 외부. 비포장 도로. 낮
길 전면에 숲이 우거져 있지만 완전히 소름이 끼치는 것은 아니다. 태양은 여전히 반짝거리고 새들도 여전히 짹짹 울어댄다. 하지만 숲은 약간 어둡다.

54. 외부. 더 나아간 장소. 울퉁불퉁한 오솔길
길은 거친 오솔길로 좁아졌다. 햇빛의 돌출이 울창한 차양을 뚫고 새들어와서는 공중의 입자를 잡는다.
커브 길에 와서 그는 오솔길을 가로질러 울창하고 가시가 달린 포도넝쿨이 자라는 것을 본다. 그는 멈춰 서서 자기에게 달려드는 다양한 쏘는 벌레들을 손을 흔들어 쫓는다.

- **paranoid**
  편집증의, 피해 망상의, 편집증 환자
  a person who suffers from paranoia
- **perk up**
  생기가 나다, 활발해지다, 기운이 나다
  to become or to make somebody become more cheerful or lively, especially after they have been ill/sick or sad
- **creepy**
  소름이 끼치는
- **spike**
  곡선의 삐죽한 끝, 급격한 상승
- **canopy**
  하늘 차양, 천개
  a cover that is fixed or hangs above a bed, seat, etc. as a shelter or decoration; a layer of something that spreads over an area like a roof, especially branches of trees in a forest

I'll tell you what.
저 말이야.
'실은 말이지, 있잖아, 이야기할 게 있는데, 저 말이야'의 뜻. 그냥 Tell you what.이라고도 한다.

Zoom In

I'll tell you what.

저 말이야.

55. EXT. FURTHER ALONG

Just then a cawing crow swoops down and grabs his hat and flies away with it.

EDWARD : Why, you son of a ...

He stops his swearing, but grabs a rock and throws it. The stone ricochets off a tree and into a bee's nest. The swarm roars out.
Edward high-tails it, each step still precarious.

56. EXT. THE DARK FOREST

Edward is bruised, battered and bee-stung.
A half-broken sign lies in the road. Edward picks it up. Reads it: WARNING! JUMPING SPIDERS!
Sure enough, up ahead he sees the path is overgrown with thick cobwebs, heavy from the rain.

EDWARD : (V.O.) Now, there comes a point where a reasonable man will swallow his pride and admit that he's made a terrible mistake. The truth is, I was never a reasonable man.

Edward tosses the sign and forges ahead, into the spiderwebs.

EDWARD : (V.O.) And what I recall of Sunday School was that the more difficult something became, the more rewarding it was in the end.

57. EXT. CLEARING/THE ROAD. DAY

Edward emerges from the forest, brushing the last cobwebs off and shaking the spiders from his shirt. One is stuck in his sleeve, and he has to dance to get it out.
Even then, he still keeps twitching, convinced another one is left behind.
At his feet, the gravel road has returned, smooth and dusty and comforting.

55. 외부. 더 나아간 장소
바로 그때 까악까악 우는 까마귀가 낮게 날아와 그의 모자를 채서는 날아간다.

에드워드 : 이런, 저 빌어먹을…

그는 욕을 멈추고 돌을 집어 까마귀에게 던진다. 그 돌은 나무에 부딪쳐 날아 꿀벌의 둥지를 친다. 벌떼가 왕왕거리며 나온다.
에드워드는 서둘러 도망을 치는데 발을 옮길 때마다 여전히 위험하다.

56. 외부. 어두운 숲
에드워드는 타박상을 입고, 뭉거졌으며 벌에 쏘였다.
반 정도 부서진 간판이 길에 누워 있다. 에드워드는 그것을 집어들고 읽는다. '경고! 뛰어오르는 거미!'
그 앞쪽에 오솔길은 비를 머금고 있는 빽빽한 거미줄로 꽉 둘러져 있다.

에드워드 : (목소리) 분별 있는 사람이란 자존심을 참고 자기가 저지른 엄청난 실수를 인정하는 사람이란다. 문제는 한번도 난 그런 사람이 아니었단 거지.

에드워드는 그 간판을 집어던지고 앞으로 서서히 나아가 거미줄 속으로 들어간다.

에드워드 : (목소리) 주일 학교 때를 돌아보면 어려운 일일수록 결국에는 보람이 컸던 것 같아.

57. 외부. 공터/길. 낮
에드워드는 마지막 거미줄을 걷어 없애고 셔츠에서 거미들을 흔들어 떨어뜨리며 숲에서 나온다. 한 놈이 소매 안에 붙어 있어 그 놈을 빼내기 위해 춤을 춰야만 한다. 그때까지도 그는 다른 놈이 뒤에 남아 있다는 것을 확신하면서 계속 몸을 흔든다.
그의 발치에 자갈 길이 나타났는데 그것은 우둘두둘하지 않고 무미건조하며 편안하다.

- **cawing**
  까악까악 우는
- **swoop**
  (공중으로부터) 내리 덮치다, 달려들다, 덤벼들다
- **ricochet**
  뛰며 날다, 튀며 날다
- **high-tail**
  서둘러 가다, 돌진하다
- **precarious**
  불확실한, 믿을 수 없는, 위험한, 근거가 불확실한
  (of a situation) not safe or certain; dangerous
- **bruised**
  타박상을 입은
- **battered**
  뭉거진, 위험한
- **twitch**
  경련을 일으키다, 홱 잡아당기다
- **gravel**
  〈집합적〉 자갈

you son of a ...
빌어먹을…
you son of a bitch에서 bitch가 생략된 것이다.

Zoom In

you son of a ...

빌어먹을…

Ahead lies a tiny one-street town—smaller even than Ashton—with powerlines emerging from the woods to feed it. Dangling from the line above he sees two dozen pairs of shoes, their laces tied together.
Edward walks through the street looking around.

58. EXT. THE TOWN OF SPECTRE. DAY
It's a main street with stores on each side.
Everything is old, but this isn't a ghost town.
An old man is playing the banjo sitting on a bench.
He just looks at Edward without saying a word.
Edward continues walking.
Just then a forty-year old man named Beamen comes out of the seed store to greet Edward. Friendly but a little drunk. He's carrying a clipboard. A little girl follows him. They are barefoot.

BEAMEN : Friend! Welcome to you. What's your name?

EDWARD : Edward Bloom.

Beamen checks the clipboard. Not finding the name, he flips forward a few pages. Still looking ...

BEAMEN : Bloom like a flower?

EDWARD : Yes.

BEAMEN : Oh. Here! Here you are, right here, Edward Bloom. Hmm, we weren't expecting you yet.

There's a group of about 20 citizens spilling out to see Edward. Most are smiling. All of these people are also barefoot.
Still confused ...

EDWARD : You were expecting me?

BEAMEN : Not yet.

A helpful woman named Mildred chimes in.

앞쪽으로 자그마한 거리가 하나 있는 마을—애시턴보다 더 작다—전선줄이 숲에서 나와 있는 마을이 놓여 있다. 위쪽 전선에는 12 켤레의 구두가 매달려 있는데 그 구두끈은 서로 묶여져 있다.
에드워드는 이리저리 살피면서 거리를 걸어내려 간다.

58. 외부. 유령 마을. 낮
주 거리에는 양쪽에 상점이 있다.
모든 것이 오래됐지만 유령 마을은 아니다.
한 노인이 벤치에 앉아 밴조를 연주하고 있다.
그는 말 한 마디 없이 에드워드를 쳐다보기만 한다.
에드워드는 계속 걷는다.
그때 비멘이라 불리는 40세의 남자가 씨앗 가게에서 뛰어나와 에드워드에게 인사를 한다. 다정하지만 약간 술 취한 그는 종이 집게가 달린 필기판을 갖고 있다. 어린 소녀가 그를 따른다. 그들은 다 맨발이다.

비 멘 : 어서 와요! 잘 오셨소. 이름이 뭐죠?
에드워드 : 에드워드 블룸.

비멘은 필기판을 살핀다. 이름을 찾지 못하자 몇 장을 넘긴다. 여전히 살피면서…

비 멘 : '꽃이 핀다' 의 블룸?
에드워드 : 네.
비 멘 : 아. 여기! 바로 여기 있네요, 에드워드 블룸. 흠, 아직 올 때가 아닌데.

20명 가량의 일단의 사람들이 에드워드를 보기 위해 나온다. 대부분이 미소를 짓고 있다. 이 사람들 또한 모두 맨발이다.
여전히 어리둥절하며…

에드워드 : 절 기다렸나요?
비 멘 : 아직은요.

밀드레드라 불리는 도움이 되는 여자가 끼어 든다.

- **spectre**
  유령, 망령, 귀신, 요괴
  specter; ghost
- **clipboard**
  클립보드(종이 집게가 달린 필기판)
  a small board with a clip at the top for holding papers, used by somebody who wants to write while standing or moving around
- **chime in**
  (노래 등에) 가락을 맞추다, 참여하다, (찬성의 뜻을 가지고) 대화에 끼어들다
  to join or interrupt a conversation

Here you are, right here.
바로 여기 있네요.
여기에서 Here you are.는 물건을 내주면서 하는 '여기요'의 뜻이 아니다.

Zoom In

Here you are, right here.
바로 여기 있네요.

MILDRED : You must've taken a shortcut.

EDWARD : Why, yes, I did. It almost killed me.

BEAMEN : Mmm-hmm. Life will do that to you. And truthfully, the long way is easier, but it's longer.

MILDRED : Much longer.

BEAMEN : And you're here now, and that's what matters.

Beamen's daughter Jenny (8) hides behind her father, peering around to look at the handsome stranger.

EDWARD : Well, what is this place?

BEAMEN : The town of Spectre. Best-kept secret in Alabama! Now it says here you're from Ashton, right? Yeah, last person we had from Ashton was Norther Winslow.

EDWARD : The poet? Whatever happened to him?

BEAMEN : He's still here. Let me buy you a drink. I'll tell you all about it. Hell, I'll have him tell you.

EDWARD : I have to meet somebody and I'm already running late.

He didn't mean it as a joke, but for some reason, everyone's laughing.

BEAMEN : Now, son, I already told you. You're early.

He takes Edward with himself. Mildred and Jenny walk together.

59. INT. BEAMEN'S HOUSE. DAY

Sitting at the kitchen table, Edward takes a second slice of apple pie. He and Beamen are joined by Norther Winslow(30), who fancies himself a cultured artist, though he's never left the state.

Norther and Beamen rock their rocking chairs smiling at each other. Edward follows suit.

밀드레드 : 지름길로 왔군요.

에드워드 : 네, 맞아요. 거의 죽을 뻔했죠.

비 멘 : 음. 삶이란 게 그래요. 먼 길이 더 쉬울 때가 있지, 오래 걸리지만.

밀드레드 : 훨씬 오래 걸리죠.

비 멘 : 어쨌든 여기 왔잖소, 그게 중요하죠.

비멘의 딸인 제니(8살)가 아버지 뒤에 숨어서 잘생긴 이방인을 보기 위해 주위를 살핀다.

에드워드 : 저, 여기가 어디죠?

비 멘 : 유령 마을이오. 앨라배마에서 가장 비밀스런 곳이지! 목록을 보니 애시턴에서 오셨군요. 거기선 노더 윈슬로가 마지막이었소.

에드워드 : 그 시인요? 그는 어떻게 된 거죠?

비 멘 : 아직 여기 있어요. 내가 술 한 잔 살게요. 모든 얘기 들려 드리죠. 윈슬로도 부르고.

에드워드 : 누굴 만나야 하는데, 벌써 늦었어요.

그는 그 말을 농담으로 하지 않았는데 무슨 이유에선지 모두가 웃는다.

비 멘 : 이봐요, 아까 말했잖소. 당신은 일찍 왔다고.

그는 에드워드를 안내한다. 밀드레드와 제니가 같이 걷는다.

59. 내부. 비멘의 집. 낮

부엌의 테이블에 앉아서 에드워드는 두 번째의 사과 파이를 먹는다. 그와 비멘에게 노더 윈슬로(30세)가 합세하는데 그는 비록 주를 떠난 적이 없지만 자신이 교양 있는 예술가라 자부하고 있다.

노더와 비멘은 서로에게 미소를 던지며 흔들의자에 앉아 흔들고 있다. 에드워드가 그들을 따라서 의자를 흔들고 있다.

- **shortcut**
  지름길, 손쉬운 방법
- **peer**
  자세히 들여다보다, 응시하다, 주의해서 보다
  to look closely or carefully at something, especially when you cannot see it clearly
- **fancy**
  ~을 …이라고 믿다
  to think that you are very popular, attractive or intelligent
- **follow suit**
  남이 하는 대로 따라 하다, 선례에 따르다, (카드놀이에서) 남이 낸 패와 같은 짝패를 내다
  to act or behave in the way that somebody else has just done

Let me buy you a drink.
내가 술 한 잔 살게.
I'll buy you a drink.의 뜻임. drink는 '마실 것의 한 잔'을 말한다.

Zoom In

Let me buy you a drink.

내가 술 한 잔 살게.

Short cut: UNDER THE TABLE
Norther and Beamen are barefoot.
Mildred walks over and puts some apple pie on Edward's plate.

Short cut: UNDER THE TABLE
Jenny crawls about Edward's feet.

BEAMEN : Now, tell me if that isn't the best pie you ever ate.

EDWARD : It truly is.

He smiles. Mildred smiles at him.

Short cut: UNDER THE TABLE
Jenny is stealthily untying the laces on Edward's shoes.

NORTHER WINSLOW : Well, everything tastes better here. Even the water is sweet.

Mildred offers some more apple pie, but he doesn't want it any more.

NORTHER WINSLOW : Never gets too hot, too cold, too humid. At night the wind goes through the trees and you'd swear there was a whole symphony out there, playing just for you.

Short cut: UNDER THE TABLE
Suddenly, Jenny yanks off Edward's shoes. She races for the door.
Edward looks embarrassed.

NORTHER WINSLOW : Oops!

EDWARD : (rising) Hey! Jenny!

짧은 장면: 테이블 아래
노더와 비멘은 맨발이다.
밀드레드가 다가와 에드워드의 접시에다 사과 파이를 놓는다.

짧은 장면: 테이블 아래
제니가 에드워드의 발치로 기어온다.

비 멘 : 당신이 먹어본 것 중 최고일 거요.
에드워드 : 정말 그렇네요.

그는 미소를 짓는다. 밀드레드가 그를 보고 웃는다.

짧은 장면: 테이블 아래
제니가 몰래 에드워드의 구두끈을 풀고 있다.

노더 윈슬로 : 여긴 모든 게 맛이 좋아요. 물조차 달죠.

밀드레드가 사과 파이를 더 권하나 그는 더 이상 먹고 싶지 않다.

노더 윈슬로 : 너무 덥지도, 춥지도, 눅눅하지도 않죠. 밤에 나무에서 부는 바람은 당신만을 위해 연주하는 완벽한 교향곡처럼 들려요.

짧은 장면: 테이블 아래
갑자기 제니가 에드워드의 구두를 홱 잡아당겨 벗긴다. 그녀는 문으로 달린다.
에드워드는 당황한 표정이다.

노더 윈슬로 : 저런!
에드워드 : (일어서며) 이봐! 제니!

- **stealthily**
  몰래, 은밀히
  - stealthy
    doing things quietly or secretly; done quietly or secretly

- **yank off**
  ~을 벗기다
  - yank
    to pull something/somebody hard, quickly and suddenly

Oops!
저런!
이는 감탄사로 '저런, 야단났군, 아이고'의 뜻이다.

Zoom In

Oops!

저런!

He chases after her.

EDWARD : Come back here!

All the others just smile.

60. EXT. TOWN/MAIN STREET. DAY
Jenny runs through the main street and Edward follows her.

EDWARD : Jenny!

As she runs, Jenny ties Edward's laces together. Reaching the edge of town, she tosses the shoes up and around the power line—a perfect throw. There's no way he's ever getting them down.
The gathered citizens of Spectre look at Edward, who is confused and overwhelmed.
Still focused on his shoes ...

EDWARD : Hey! I need those!

NORTHER WINSLOW : (V.O.) There is no softer ground than town.

Edward turns back to look at him.
Norther Winslow, Beamen and Mildred stand in front of Edward.

MILDRED : That almost rhymes!

BEAMEN : He is our poet laureate. Come on.

Edward smiles at them.
They take Edward back to town.
He follows them with no shoes on.

EDWARD : (V.O.) I agreed to spend the afternoon, if only to understand the mystery of how a place could feel so strange and yet so familiar.

그는 제니를 추격한다.

에드워드 : 이리 돌아와!

다른 사람들은 모두 미소를 짓기만 한다.

60. 외부. 읍내/주 거리. 낮
제니가 큰 길을 달리고 에드워드가 그녀 뒤를 따른다.

에드워드 : 제니!

달리면서 제니는 에드워드의 구두끈을 묶는다. 읍내 언저리에 도달하자 그녀는 구두를 전선줄 위로 던져 걸리게 한다. 완벽한 던짐이다. 그가 구두를 아래로 내릴 방법이 없다.
유령 마을의 모여든 시민들은, 당황하고 압도된 에드워드를 본다. 여전히 자신의 구두에 몰두하면서…

에드워드 : 이봐! 난 신발이 필요해!
노더 윈슬로 : (목소리) 마을보다 더 솜털 같은 대지는 없어요.

에드워드는 뒤돌아서 그를 바라본다.
노더 윈슬로, 비멘 그리고 밀드레드가 에드워드 앞에 서 있다.

밀드레드 : 그거 거의 운이 맞네요!
비 멘 : 명색이 계관 시인이잖소. 갑시다.

에드워드는 그들에게 미소를 던진다.
그들은 에드워드를 다시 읍내로 데려간다.
그는 구두를 신지 않은 채 그들을 따라간다.

에드워드 : (목소리) 매우 낯설면서도 매우 친숙한 그곳의 정체가 궁금해진 난 오후 잠깐 머물기로 했다.

- **chase**
뒤쫓다, 추적하다, 추구하다
to run, drive, etc. after somebody/something in order to catch them

- **overwhelm**
압도하다, 당황하게 하다, 어찌할 줄 모르게 하다
to have such a strong emotional effect on somebody that it is difficult for them to resist or know how to react
  - overwhelmed
  압도된, 어찌할 줄 모르는, 질린

- **laureate**
(종종 명사 뒤에 두어) (시인이) 명예〔영관〕를 받은, 월계관을 쓴
of a person who has been given an official honor or prize for something important they have achieved

That almost rhymes!
그거 거의 운이 맞네요!
rhyme은 '운이 맞다, 운을 달다, 압운시키다'의 뜻이다.

Zoom In

That almost rhymes!

그거 거의 운이 맞네요!

61. EXT. UNDER A TREE. DUSK
Edward sits with Norther Winslow.

NORTHER WINSLOW : I've been working on this poem for 12 years.

EDWARD : Really?

NORTHER WINSLOW : There's a lot of expectation. I don't wanna disappoint my fans.

A beat.

EDWARD : May I?

The fireflies are out. Thousands of them.
Norther hands him his notebook.
Edward takes it and looks.
It shows: The grass so green
Skies so blue
Spectre is really great!

EDWARD : It's only three lines long.

Norther grabs his notebook back.

NORTHER WINSLOW : This is why you should never show a work in progress.

He sits down on the trunk of a tree.

61. 외부. 나무 아래. 황혼
에드워드가 노더 윈슬로와 앉아 있다.

노더 윈슬로 : 난 12년 간 이 시를 쓰고 있소.
에드워드 : 그래요?
노더 윈슬로 : 팬들의 기대가 커요. 그들을 실망시키고 싶진 않소.

잠시.

에드워드 : 봐도 돼요?

개똥벌레가 난다. 수천 마리다.
노더는 그에게 공책을 건넨다.
에드워드가 그것을 받아 본다. 거기에는
다음과 같은 글이 보인다: '아주 짙은 잔디
아주 파란 하늘
유령 마을은 정말 멋지다!'

에드워드 : 딱 3행이네요.

노더는 자신의 공책을 움켜쥐어 가져간다.

노더 윈슬로 : 이래서 중간에 보여주면 안 된다니까.

그는 나무 기둥에 앉는다.

- **firefly**
〈곤충〉 반딧불이, 개똥벌레

- **progress**
전진, 진행, 발전, 진보, 향상
the process of improving or developing, or of getting nearer to achieving or completing something; movement forwards or towards a place

- **trunk**
(나무) 줄기, 몸통, 몸뚱이
the thick main stem of a tree, that the branches grow from

MOVIE TALK

할리우드의 악동 팀 버턴의 화려한 영상 동화!

3백여 명의 제작진과 7천여 명의 엑스트라, 6개 서커스단과 150마리 동물들… 그리고 1만 송이 황수선화! 컴퓨터 그래픽을 철저히 배제한 자연주의 판타지…

이 작품에는 화면만 보아도 절로 감탄이 흘러 나올 정도로 팀 버턴의 전작을 뛰어넘는 판타지의 진수를 보여준다. 화려한 화면 구성과 색채감, 그리고 기발한 상상력과 캐릭터 등 여러 가지 요소로 완성도가 높은 작품으로 평가되고 있으며, 특수 효과로는 절대 자아낼 수 없는 실감나는 영상들이 몽환적이고 매력적으로 펼쳐진다. 보고 난 후에도 가슴에 남아 따뜻한 가족애가 마음을 설레게 하는 걸작으로 2004년 아카데미상에서는 음악상 부문에 노미네이트되었다.

이 작품의 원작은 다니엘 월리스(Daniel Wallace)의 소설(Big Fish: A Novel Of Mythic Proportions, 한국판 제목은 〈큰 물고기〉이다)이며, 할리우드의 악동 팀 버턴 감독이 〈행성 탈출〉 이후 2년 만에 메가폰을 쥔

가족용 판타지 우화다. 이 소설은 7년 전 미국에서 출간된 뒤 세계 12개 언어권에서 번역되어 인기를 누려온 작품이다. 원래 스티븐 스필버그가 영화화에 관심을 나타내었으나 〈마이노리티 리포트〉 때문에 고사하는 바람에 뛰어난 비주얼리스트인 팀 버턴의 손에 돌아가게 되었다. 2003년 브루스 코헨(Bruce Cohen)과 댄 징크스(Dan Jinks)가 제작하였으며, 존 오거스트(John August)가 각본을 쓰고, 〈흐르는 강물처럼〉의 필립 루슬로가 촬영을 담당했다. 〈스타워스 에피소드 3〉의 이완 맥그리거(Ewan McGregor), 다섯 차례나 오스카상에 노미네이트되었던 앨버트 피니(Albert Finney), 빌리 크루덥(Billy Crudup), 오스카상을 두 번이나 수상한 명배우 제시카 랭(Jessica Lange), 헬레나 본햄 카터(Helena Bonham Carter) 등이 출연하여 연기 대결을 펼친다. 헬레나 본햄 카터는 팀 버턴 감독과 실제 연인 사이이며, 몇 달 전 첫 아이를 출산한 그녀는 이 영화에서 3가지 독특한 역할을 하고 있다. 유리 눈을 가진 마녀와 에드워드를 흠모하는, 젊은 시절과 노년의 제니를 멋지게 연기한다. 또 원작자인 다니엘 월리스가 교수 역을 맡아 잠깐 출연하기도 한다.

미국 현지에선 2003년 12월, 뉴욕과 L.A., 그리고 토론토에서 먼저 개봉하여 평론가들로부터 좋은 반응을 얻었으나, 2004년 초 북미 전역 2,406개 극장으로 확대 개봉에 돌입하면서 1,381만 달러의 수입을 기록하

는데 그쳤고, 북미 주말 박스오피스에서는 2위까지 부상하는 것으로 만족해야 했던 안타까운 작품이다. 아무래도 작품이 표방하는 다소 무거운 주제가 일반 관객에게 부담으로 작용한 것이 아닌가 생각된다.

미국 개봉 시 평론가들의 반응은 대체로 우호적이었다. USA 투데이의 마이크 클라크는 "팀 버턴의 기상천외하게 아름다운 〈빅 피쉬〉는 길게 늘어선 버턴 팬, 앨버트 피니 팬, 전문가들이 멋지게 자아낸 허풍을 즐기는 팬 같아 보이지 않는 영화 팬들을 만족시키는 맛깔 나는 미끼를 충분히 지니고 있다.(Tim Burton's fancifully sweet Big Fish (***$\frac{1}{2}$ out of four) has enough tasty bait to satisfy an array of moviegoers: Burton fans, Albert Finney fans, fans of tall tales well spun by experts and fans of movies that don't look like any other.)"라고 말하면서 시각적인 기쁨 속에서 헤엄을 치고 있는 기발한 작품이라고 평했다. 뉴욕 타임스의 A. O. 스콧은 '낚싯바늘, 낚싯줄 그리고 추'란 제하에서 "팀 버턴은 확실히 가장 경이적으로 상상력이 풍부한 영화 제작자들 중 하나이다. 그의 최고의 영화들은 극심한 변덕으로부터 놀라운 괴팍함으로 무리 없이 나아간다. 그의 스토리텔링이 더듬거릴 때에도 그의 흉내낼 수 없을 정도로 낯선 시각적 감각은 기억 속에 잊혀지지 않는 유머러스한 흔적을 남긴다.(Tim Burton is surely one of the most prodigiously imaginative filmmakers around. His best movies glide effortlessly from devilish whimsy to startling perversity, and even when his storytelling falters his inimitably strange visual sensibility leaves its haunting, humorous traces on the memory.)"고 평했고, 워싱턴 포스트의 데슨 톰슨은 이 작품이 큰 매력은 없지만 "가장 좋은 점은 앨버트 피니이다. 주인공 에드워드 블룸으로서 그는 매력 있게 허풍을 치고 다닌다. 영국인인데 그는 대단한 남부 악센트를 구사한다.(The best thing in the movie is Albert Finney. As central character Edward

Bloom, he has an engaging swagger. And for an Englishman, he packs one heck of a Southern accent.)"라고 말하면서 주인공에게 높은 점수를 주고 있다. L.A. 타임스의 미놀라 다지스는 "큰 물고기(빅 피쉬)도 가끔씩 작은 연못을 헤엄치지만, 아버지와 아들, 그리고 그들 사이에 놓인 거짓말에 대한 팀 버턴의 동경 가득한 신작 〈빅 피쉬〉에 작은 연못이란 없다. 크고 밝기만 한 영화가 감독의 상상력과 함께 빛을 발할 뿐이다. (Big fish often swim in small ponds, but in Tim Burton's wistful new film about a son, a father and the lies that come between them there are no small ponds—just big, bright movie sets shimmering and bubbling with the director's imagination.)"라고 애정을 나타내었다. 또, 시카코 트리뷴지의 마이클 윌밍턴은 "〈빅 피쉬〉가 매우 낯설고 매우 문학적이기 때문에 인습적인 상연물을 찾는 관객들은 이 작품에 짜증이 날 수도 있다. 하지만 큰 작품을 이해하는 데는 항

상 노력이 든다. 이 영화는 그만한 가치가 있다. (Big Fish is so strange and so literary that audiences seeking conventional fare may get impatient with it. But it always takes effort to catch the big ones. This one is worth it.)"라고 말함으로써 이 작품이 문학적 향취가 나는 대작임을 피력하고 있다.

작가 자신이 북부 앨라배마의 작은 마을에 계신 조부모님을 방문한 경험에 기초하여 이 작품을 썼다고 했는데 이런 이야기나 실화는 전설이나 동화가 된다. 그는 보통 남자의 이야기를 전설처럼 이야기하고 싶었다. 그래서 자신이 가장 잘 아는 아버지를 주인공으로 삼았다. 그는 말한다. "이 작품의 특징은 특정한 것에 보편성을 준다는 것이다. 이 책을 읽은 사람들은 제게 '우리 아빠 얘기예요' 라고. 여기에는 현실성과 비현실성이 동시에 존재하고 물리적인 것 이상으로 정신적인 것이 존재하고 있는데 마치 미국의 극작가 손턴 와일더의 〈우리 읍내(Our Town)〉가 제시하는 메시지와 같다. 우리가 하는 모든 일은 하루 하루의 사소한 일까지도 보편성을 띠고 있어 작은 마을의 사건이지만 우주로 퍼져 나가며 거기에는 영원성이 있다는 것이다. 인간은 어리석어서 어떤 일의 중요성이나 순간의 중요성, 그리고 세상의 아름다움을 모르고 살아가고 있기에 비극이 된다. 아버지가 펼치는 허구와 진실 속에서 거짓이 진실이 되는 순간, 아들은 다시 그 아들이 되어 다시 자기 아들에게 허구와 진실을 통해 삶을 살아가는 지혜를 건네주는데…. 과연 진실은 무엇이며 아버지란 누구인가?

Chapter 4

아무도 자기 삶의 끝을 피할 순 없지

No Man Can Avoid Reaching the End of His Life

시간 00:34:36 ~ 00:49:46

62. EXT. BY THE RIVER. NIGHT

By the light of the full moon, Edward soaks his feet in the water, trying to make sense of it all. The Key to the City dangles around his neck.

He stares at himself in the reflection.

It's then that a naked woman emerges at the far side of the river.

No telling where she came from—she must have been swimming underwater. We never see her face.

She stands in the river with her bare back to Edward, squeezing the water out of her golden hair, oblivious to his presence. Edward is breathless. It's the first woman he's seen in her natural state, and he doesn't dare move lest he frighten her away.

Then he sees the snake.

It's a cottonmouth, has to be. It leaves a break in the water, its small reptilian head aiming for her flesh.

There's no decision to be made. On pure instinct, Edward dives in. He swims as hard as can, grabbing the snake, just as it's about to strike.

EDWARD : I got him!

62. 외부. 강 가. 밤

보름달의 빛을 받으며 에드워드가 물에 발을 담그고 그 감촉을 느끼려고 한다. 도시의 열쇠가 그의 목에 걸려 있다.
그는 물에 비친 자신의 모습을 바라본다.
바로 그때 옷을 벗은 여자가 강 저쪽에 나타난다.
그녀가 어디서 왔는지는 알 수 없다—그녀가 물속에서 헤엄을 치고 있었음에 틀림없다. 그녀의 얼굴은 보이지 않는다.
그녀는 벗은 등을 에드워드 쪽으로 향한 채 강에 서서 황금 빛 머리칼에서 물을 짜내면서 에드워드의 존재를 잊고 있다. 에드워드는 숨이 가파르다. 그녀는 자연 상태에서 그가 본 최초의 여자다. 그래서 그는 그녀가 놀라 가버리지 않도록 감히 움직이지를 못한다.
그때 그는 뱀을 본다.
그것은 늪 살모사이다. 그 놈은 물을 가르면서 그녀의 맨 살을 향해 작은 파충류 머리를 움직인다.
결정을 내릴 여유가 없다. 순전한 본능에서 에드워드는 물속에 뛰어든다. 그는 죽어라 헤엄을 쳐서 막 공격하려는 뱀을 붙잡는다.

에드워드 : 잡았어요!

■ squeeze ... out of
~에서 …을 짜내다

■ oblivious
염두〔안중〕에 없는, 잘 잊어버리는, 건망증이 있는
not aware of something

■ cottonmouth
늪 살모사

■ reptilian
파충류의, 파충류 같은
- reptile
any animal that has cold blood and skin covered in scales, and that lays eggs

As the splashing subsides, Edward looks at what he holds in his hands. Which isn't a snake at all, but rather a common stick. And a non-threatening one at that. While Edward ponders his mistake, he looks around to discover that the girl in the river is gone. He never even saw her face.
Edward keeps expecting her to surface, somewhere, but she never does. He stands alone in the river, wondering what tricks his eyes are playing on him.

63. EXT. BY THE RIVER. NIGHT

A GIRL'S VOICE : (O.S.) There's leeches in there!

Edward looks to the bank, where young Jenny Hill is watching him.
He walks out of the water.

EDWARD : Did you see that woman?

JENNY : What did she look like?

EDWARD : Well, she was, uh ...

JENNY : Was she naked?

Embarrassed to admit it ...

EDWARD : Yeah, she was.

JENNY : (matter-of-fact) It's not a woman, it's a fish. No one ever catches her.

Given the day he's had so far, Edward isn't inclined to follow up on the issue. He starts to wade back to the bank.

JENNY : Fish looks different to different people. My daddy said it looked like the coon dog he had when he was kid, back from the dead.

물결이 잦아들자 에드워드는 자신이 손에 잡고 있는 것이 무엇인지 본다. 그것은 뱀이 아니라 평범한 막대기다. 그것도 전혀 위협을 주지 않는 막대기다. 에드워드가 자신의 실수를 곰곰이 생각하면서 주위를 돌아보니 강물에 있던 여자가 사라졌음을 알게 된다. 그는 그 여자의 얼굴을 보지 못했다.
에드워드는 그녀가 수면 위, 어딘가로 나오기를 계속 기대하나 나타나지 않는다. 그는 강물에 홀로 서 있으면서 자신의 눈이 무슨 속임수를 썼는지를 궁금해 한다.

63. 외부. 강 가. 밤

여자의 목소리: (무대 밖) 거기 거머리 있어요!

에드워드는 강둑을 바라보는데 거기에는 어린 제니 힐이 자신을 보고 있다.
그는 물에서 걸어나온다.

에드워드 : 그 여자 봤니?
제 니 : 어떻게 생긴 여자요?
에드워드 : 저, 그게…
제 니 : 벗고 있었어요?

당황하여 그 사실을 받아들인다…

에드워드 : 그래, 벗고 있었어.
제 니 : (사무적으로) 여자가 아니라 물고기예요. 아무도 못 잡죠.

그가 지금까지 경험한 하루로 볼 때 에드워드는 이 문제에 계속 매달리고 싶은 마음이 없다. 그는 강둑으로 나가기 시작한다.

제 니 : 그 물고기는 사람들마다 보는 모습이 달라요. 우리 아빤 자신이 어렸을 때 길렀던 너구리 사냥용 개랑 닮았다고 했어요. 소생한 것이라고요.

- **subside**
가라앉다, 진정되다, 내려앉다, 함몰하다
to become calmer or quieter; (of water) to go back to a normal level; (of land or a building) to sink to a lower level; to sink lower into the ground

- **leech**
〈동물〉 거머리, 흡혈귀, 기생충
a small worm that usually lives in water and that attaches itself to other creatures and sucks their blood

- **wade**
(개천 등을) 걸어서 건너다, 도섭하다, 고생하며 나아가다
to walk with an effort through something, especially water or mud

- **coon dog**
너구리 사냥용 개
coonhound

What did she look like?
그 여자 어떻게 생긴 거죠?
How did she look?과 같은 표현이다.

Zoom In

What did she look like?

그 여자 어떻게 생긴 거죠?

Edward climbs up onto the shore, completely drenched. He pulls up his pant legs to reveal three shiny leeches clinging to his skin.

EDWARD : Oh, darn!

64. EXT. PATH BACK TO TOWN. NIGHT
Edward and Jenny walk back.

JENNY : How old are you?

EDWARD : Eighteen.

JENNY : I'm eight. That means when I'm eighteen, you'll be 28. And when I'm 28, you'll only be 38.

EDWARD : (a little wary) You're pretty good at arithmetic.

JENNY : And when I'm 38, you'll be 48. That's not much difference at all.

Eager to get off this subject ...

EDWARD : Sure is a lot now, though, huh?

65. EXT. MAIN STREET. NIGHT
As Edward and Jenny approach Main Street, they find "downtown" has been transformed. Lanterns and streamers hang on cables across the street, and a small stage has been built at one end to hold fiddlers.
The whole town is there in celebration of its newest citizen, Edward Bloom. People are dancing to the rhythmical music.

MAN : Hey, Edward!

에드워드는 완전히 젖은 채 강 가로 올라간다. 그가 바짓가랑이를 걷어올리자 세 마리의 거머리가 살갗에 붙어 있는 것이 보인다.

에드워드 : 아, 제길!

64. 외부. 읍내로 돌아오는 길. 밤

에드워드와 제니가 걸어서 돌아온다.

제 니 : 몇 살이에요?

에드워드 : 열여덟.

제 니 : 난 8살이에요. 내가 18살이면 아저씬 28살이에요. 그리고 내가 28살이면 아저씬 38살이 되고요.

에드워드 : (약간 경계하며) 산수를 아주 잘하네.

제 니 : 그리고 내가 38살이면 아저씬 48살이 될 거고요. 그거 별 차이 없어요.

이 주제로부터 벗어나고 싶어서…

에드워드 : 하지만 지금은 많은 거 아냐?

65. 외부. 주 도로. 밤

에드워드와 제니가 주 도로에 다가서자 '시내'가 변했음을 알게 된다. 등불과 펄럭이는 기 장식이 거리를 가로질러 케이블에 걸려 있다. 그리고 작은 무대가 한쪽에 세워져 있는데 바이올리니스트들이 앉아 있다.

마을 전체가 가장 새로운 시민인 에드워드 블룸을 축하하기 위해 거기 모여 있다. 사람들은 경쾌한 음악에 맞추어 춤을 추고 있다.

남 자 : 이보게, 에드워드!

- **drench**
  흠뻑 물에 적시다, 액체에 담그다, 완전히 싸다
  to make somebody/something completely wet

- **transform**
  ~을 변형시키다, 변모시키다, 일변시키다
  to change the form of something; to completely change the appearance or character of something, especially so that it is better

- **streamer**
  기 드림, 펄럭이는 장식, 장식 리본
  a long narrow piece of colored paper, used to decorate a place for a party or other celebration

- **fiddler**
  바이올리니스트

You're pretty good at arithmetic.
산수를 아주 잘하네요.
be good at은 '~을 잘하다, 능숙하다'의 관용구이다.

Zoom

You're pretty good at arithmetic.

산수를 아주 잘하네요.

Before he can protest, a woman has grabbed him by the arms, pulling him in to dance with her.
Norther looks at his notebook surrounded by some pretty women.

NORTHER WINSLOW : Roses are red
Violets are blue
I love Spectre ...

He shakes his head, as if a good line doesn't come to mind.

NORTHER WINSLOW : Excuse me.

He rises to dance with townspeople.
The resulting dance number seems both choreographed and complete chaos.
Jenny grabs both hands of Edward, and they spin wildly.

MILDRED : Jenny thinks you're quite a catch. We all do.
EDWARD : (not hearing) What?
MILDRED : I said, you're quite a catch!

Beamen plucks his laughing daughter away to dance with him.
Edward is unwilling to dance with Beamen.
Then Mildred cuts in to dance with Edward.
Beamen and Norther are very cheerful in dancing.
Then Edward stops dancing.

EDWARD : I ... I have to leave!

A beat.
The music stops and all the people stop dancing.

그가 저항하기도 전에 한 여자가 그의 팔을 잡고 자신과 춤을 추자고 당긴다.
노더는 몇 사람의 예쁜 여자들에게 둘러싸여 자신의 공책을 보고 있다.

노더 윈슬로 : **장미는 빨갛고**
제비꽃은 파랗다
난 유령 마을을 사랑해…

그는 마치 좋은 시행이 떠오르지 않는 것처럼 고개를 흔든다.

노더 윈슬로 : **실례.**

그는 마을 사람들과 춤을 추기 위해 일어선다.
그 결과 춤을 추는 패는 공연하기 위해 춤이 편성되어 있기도 하고 완전히 혼란한 것 같기도 하다.
제니는 에드워드의 두 손을 잡고 미친 듯이 빙빙 돈다.

밀드레드 : **제니는 당신을 좋은 결혼 상대로 생각해요. 우리 모두도 그렇죠.**
에드워드 : (듣지 못하여) **네?**
밀드레드 : **당신은 좋은 결혼 상대라고 했어요!**

비멘이 에드워드와 춤을 추기 위해 자기의 웃는 딸을 끌어 낸다.
에드워드는 비멘과 마지못해 춤을 춘다.
그때 밀드레드가 끼어 들어 에드워드와 춤을 춘다.
비멘과 노더는 매우 즐겁게 춤을 춘다.
그러다가 에드워드가 춤을 멈춘다.

에드워드 : **전… 전 떠나야 돼요!**

잠시.
음악이 멈추고 모두가 춤을 중지한다.

- **violet**
〈식물〉 제비꽃, 제비꽃 무리의 식물
a small wild or garden plant with purple or white flowers with a sweet smell that appear in spring

- **choreograph**
안무를 담당하다, 공연하기 위해 발레를 편성〔구성〕하다
to design and arrange the steps and movements for dancers in a ballet or a show

- **chaos**
(천지 창조 이전의) 혼돈, 무질서, 대혼란
a state of complete confusion and disorder

- **pluck**
~을 잡아당기다, 잡아 뜯다, 물어 뜯다

You're quite a catch.
당신은 좋은 결혼 상대자예요.
catch는 '얻고 싶은 사람, 대어'의 뜻이다.

Zoom In

You're quite a catch.

당신은 좋은 결혼 상대자예요.

EDWARD : Tonight.

BEAMEN : Why?

EDWARD : This town is more than any man could ask for. And if I were to end up here, I would consider myself lucky. But the truth is, I'm just not ready to end up anywhere.

BEAMEN : But no one's ever left.

JENNY : How are you gonna make it without your shoes?

EDWARD : Well, I suspect it will hurt. A lot.

The townspeople stand looking at him blankly.

EDWARD : Now, I'm sorry, but ... Well, good-bye.

The townspeople watch him go, disbelieving, some shaking their heads. Poor Edward Bloom's gone crazy.

BEAMEN : (calling after him) You won't find a better place!

EDWARD : I don't expect to.

And with that, Edward walks down Main Street picking up his jacket from the lawn ground.
Jenny runs to him. She'd tackle him if she could.

JENNY : Promise me you'll come back.

Edward bends his knees.

EDWARD : I promise. Someday. When I'm really supposed to.

에드워드 : 오늘 밤에요.

비 멘 : 왜죠?

에드워드 : 이 마을은 낙원이에요. 이런 데서 평생 살 수 있다면 행복하겠지만 전 어디에도 정착할 준비가 안 돼 있어요.

비 멘 : 하지만 여길 떠난 사람은 없소.

제 니 : 신발도 없이 어떻게 떠날 건데요?

에드워드 : 발이 아프겠지. 많이.

마을 사람들은 멍하니 서서 그를 바라본다.

에드워드 : 죄송해요, 하지만… 안녕히 계세요.

마을 사람들은 믿지 못하겠다는 듯이 그가 떠나는 것을 지켜본다. 일부는 머리를 가로젓는다. 불쌍한 에드워드 블룸이 미친 것이다.

비 멘 : (그를 부르며) 더 나은 곳을 찾을 수 없을 거요!

에드워드 : 기대 안 해요.

그 말과 함께 에드워드는 잔디밭에서 상의를 들어서는 주 도로를 걸어간다.
제니가 그에게 달려간다. 그녀는 그럴 수 있다면 그에게 달려들 태세다.

제 니 : 돌아올 거라고 약속해요.

에드워드는 무릎을 구부린다.

에드워드 : 약속할게. 언젠간. 정말 돌아와야 할 때.

- **end up**
  끝나다, 〈구어〉 마침내는 ~으로 되다
  to find yourself in a place or situation that you did not intend or expect to be in

- **tackle**
  ~에 부딪치다, ~에게 달려들다, 붙잡다
  to make a determined effort to deal with a difficult problem or situation; (in football, hockey, etc.) to try and take the ball from an opponent; (in rugby or American football) to make an opponent fall to the ground in order to stop them running

- **bend**
  ~을 구부리다, 고개를 숙이다
  (especially of somebody's body or head) to lean, or make something lean, in a particular direction

Promise me you'll come back.
돌아오겠다고 약속해요.
Promise me to come back.과 같은 표현이다.

Zoom In

Promise me you'll come back.

돌아오겠다고 약속해요.

He throws his eyes upon the townspeople.
It's not good enough, but it will have to do. Edward keeps walking without his shoes.

66. EXT. THE DARK FOREST. NIGHT
VARIOUS SHOTS: Edward negotiates the thorns in his bare feet. It's horrible. Almost unendurable.
And then it gets worse.

EDWARD : (V.O.) That night, I reached two conclusions. The first was that a dangerous path is made much worse by darkness. The second was that I was hopelessly and irrevocably lost. These woods would become my graveyard.

The trees ahead are moving. At first, it just seems to be the wind blowing the branches, but as we hear the wood cracking and groaning, there's no mistaking it: they're trying to block him.
Snakelike white roots shoot out of the ground, grabbing for his ankles. He leaps up, kicking off one tree trunk to grab another one's branches. He swings off, lands and rolls. Now all the trees are moving to block him, their dark shapes towering over him in the flashes of lightning.

EDWARD : (V.O.) As difficult as it was to reach Spectre, I was fated to get there eventually. After all, no man can avoid reaching the end of his life.

As he ducks under branches, the chain holding the Key to the City gets caught. He's almost strangled, but the chain finally breaks. The silver key disappears into the mud.
Scrambling forward, he looks for a way out. But the trees have encircled him, their spiky crowns bending down to crush him.
He screams up at the night, until his breath is gone.

그는 마을 사람들에게 시선을 던진다.
그건 충분치는 않지만 해야만 할 일이다. 에드워드는 신발 없이 계속 걷는다.

66. 외부. 어두운 숲. 밤
여러 장면: 에드워드는 맨발로 가시밭길을 뚫고 나아간다. 그건 끔찍하다. 거의 견딜 수 없을 정도다.
그런데 상황은 더 악화된다.

에드워드 : (목소리) **그날 밤 난 두 가지 결론에 다다랐다. 첫째는 위험한 길은 어두울수록 더욱 나빠진단 것이고, 둘째는 내가 절망적으로 길을 잃었단 사실이었다. 그 숲이 내 묘지가 될 수도 있었어.**

앞쪽에 있는 나무가 움직인다. 처음에 그것은 바람에 나뭇가지가 움직이는 것처럼 보이지만 숲이 갈라지고 신음하는 듯한 소리가 들리는데 그건 나무들이 그를 못 가게 막으려는 것임이 틀림없다.
뱀 같은 흰 뿌리가 땅에서 불쑥 솟아오르면서 그의 발목을 움켜쥔다. 그는 뛰어오르며 다른 가지를 잡기 위해 나무줄기를 걷어찬다. 그는 휙 돌아서면서 쓰러져 구른다. 이제 모든 나무들이 움직여 그를 막는다. 그것들의 시커먼 형상이 번갯불 속에서 그 위로 솟아오른다.

에드워드 : (목소리) **유령 마을에 그렇게 어렵게 들어갔던 만큼 난 결국 거기에 갈 운명이었다. 결국 아무도 자기 삶의 끝을 피할 순 없지.**

그가 나뭇가지 아래 몸을 숙이자 도시의 열쇠를 지탱하고 있던 사슬이 가지에 걸린다. 그는 거의 목이 졸리지만 끝내 사슬이 끊어진다. 그 은색의 열쇠는 진흙 속으로 사라진다.
앞으로 기어나가면서 그는 나갈 길을 찾는다. 하지만 나무들이 그를 에워싸며 대못 같은 덧꽃부리가 구부러지며 그를 압착한다.
그는 숨이 막힐 때까지 밤을 향해 소리를 지른다.

- **negotiate**
〈구어〉 (곤란, 장애 등을) 빠져 나가다, 뛰어 넘다, 뚫고 나가다
to try to reach an agreement by formal discussion; to arrange or agree something by formal discussion; to successfully get over or past a difficult part on a path or route

- **irrevocably**
취소〔변경〕할 수 없게, 되부를 수 없게

- **strangle**
~을 질식시키다, 목졸라 죽이다, 조르다, 죄다
to kill somebody by squeezing or pressing on their throat and neck; to prevent something from growing or developing

- **scramble**
(민첩하게) 기어오르다, 기어다니다
to move quickly, especially with difficulty, using your hands to help you

I was fated to get there eventually.
난 결국 거기에 갈 운명이었다.
fate는 보통 수동형으로 써서 '~할 운명이다, 운명 지우다'의 뜻이다.

Zoom In

I was fated to get there eventually.
난 결국 거기에 갈 운명이었다.

EDWARD : (V.O.) And then I realized this wasn't the end of my life.

With a sudden calm ...

EDWARD : (aloud) This isn't how I die.

Suddenly the trees are back where they've always been. Edward is lying shoeless and torn in a muddy puddle, staring up at the trees. And he starts leaving.

67. EXT. THE ROAD. DAY
His bare foot steps onto dry leaves and then asphalt.

A DEEP VOICE : (V.O.) Friend!

Edward looks up to see Karl.

KARL : What happened to your shoes?

Edward smiles at him.

EDWARD : They kind of got ahead of me.

With that, the men start walking down the larger road.

68. INT. DINING ROOM. NIGHT
Will and Josephine sit at opposite ends of the table, with Sandra and Edward in the middle. Although Edward has a small plate of food in front of him, he hasn't touched it. He's exhausted from the trip downstairs, but determined to maintain the family dinner ritual.
The other three eat awkwardly, each clink and scrape of a knife or fork resonating. Will finally breaks the silence.

에드워드 : (목소리) 그리고 그때 난 이것이 내 삶의 끝이 아니란 걸 깨달았다.

갑자기 고요해지면서…

에드워드 : (큰 소리로) 난 이렇게 죽는 게 아냐.

갑자기 나무들은 늘 있었던 자리로 돌아간다. 에드워드는 진흙 웅덩이에 맨발로 상처를 입은 채 누워서 나무들을 쳐다본다. 그리고 그는 다시 걷기 시작한다.

67. 외부. 도로. 낮
그의 맨발이 마른 잎 위로, 다음에는 아스팔트 위로 올라선다.

낮고 굵은 목소리 : (목소리) 친구!

에드워드는 칼을 보기 위해 위를 쳐다본다.

칼 : 신발은 어떻게 된 거야?

에드워드는 그에게 미소를 짓는다.

에드워드 : 그것들은 나보다 먼저 갔어.

그 말과 함께 두 사람은 더 큰 길을 걸어내려 간다.

68. 내부. 식당. 밤
윌과 조세핀은 테이블 반대편 끝에 마주 보고 앉아 있고 산드라와 에드워드가 가운데에 있다. 에드워드가 앞쪽에 작은 음식 접시를 놓고 있지만 그것에 손도 대지 않았다. 그는 아래층으로 내려오는 일로 지쳤지만 가족 간의 정찬 분위기를 유지하는 데 확고하다.
나머지 세 사람은 어색하게 식사를 하는데 각각이 칼이나 포크가 부딪치는 소리와 긁는 소리만이 울린다. 윌이 마침내 침묵을 깬다.

- **puddle**
(빗물 등의) 작은 웅덩이
a small amount of water or other liquid, especially rain, that has collected in one place on the ground

- **ritual**
종교적인 의식, 제사의 차례, 의식적인 행사, 예의 풍습
a series of actions that are always carried out in the same way, especially as part of a religious ceremony; something that is done regularly and always in the same way

- **clink**
땡그랑 소리(얇은 금속 조각, 유리 등의)

- **resonate**
공명하다, 울려 퍼지다
(of a voice, an instrument, etc.) to make a deep, clear sound that continues for a long time; (of a place) to be filled with sound; to make a sound continue longer

They kind of got ahead of me.
그것들은 나보다 먼저 갔다.
get ahead of는 '~에서 벗어나다, ~보다 낫다'의 뜻이다.

Zoom In

They kind of got ahead of me.

그것들은 나보다 먼저 갔다.

WILL : I don't know if you've seen it, but Josephine has some photos in the most recent *Newsweek*.

SANDRA : Really! That's just wonderful.

JOSEPHINE : I spent a week in Morocco for the story. It was incredible.

SANDRA : Oh, we'll have to pick up a copy.

She puts her hand on Will's hand.
A beat. As Will scoops out another serving of potatoes, Edward suddenly speaks.

EDWARD : I don't know if you're aware of this, Josephine, but African parrots, in their native home of the Congo, they speak only French.

All three stop to listen.

JOSEPHINE : (amused) Really?

EDWARD : You're lucky to get four words out of them in English. But if you were to walk through the jungle, you'd hear them speaking the most elaborate French. Those parrots talk about everything: politics, movies, fashion —everything but religion.

Taking the bait...

WILL : Why not religion, Dad?

EDWARD : It's rude to talk about religion. You never know who you're gonna offend.

윌 : 보셨는지 모르지만 가장 최근의 뉴스위크지에 조세핀이 찍은 사진이 실렸어요.

산드라 : 그래! 그거 대단하구나.

조세핀 : 그것 때문에 일주일을 모로코에 있었어요. 놀라운 일이었죠.

산드라 : 아, 사서 봐야겠는걸.

그녀는 윌의 손 위에 자신의 손을 놓는다.
잠시. 윌이 자신의 감자를 퍼 올리자 에드워드가 갑자기 말한다.

에드워드 : 조세핀, 알고 있는지 모르겠다만, 아프리카산 앵무새들은 자기들 고향인 콩고에선 오직 프랑스어만 한단다.

세 사람은 모두 듣기 위해 하던 일을 멈춘다.

조세핀 : (놀라며) 정말요?

에드워드 : 네 마디라도 그들에게서 영어가 들리면 운 좋은 거야. 너도 정글을 걷게 되면 앵무새들의 섬세한 프랑스어를 들을 수 있을 게다. 그 앵무새들은 모든 걸 얘기하지. 정치, 영화, 패션—종교만 빼고 전부.

미끼를 물면서…

윌 : 종교는 왜 안 되죠, 아버지?

에드워드 : 종교에 대해 말하는 건 무례한 거야. 누구 맘을 상하게 하게 될지 전혀 모르니까.

- **incredible**
  〈구어〉 놀라운, 믿기 어려울 만큼 훌륭한, 믿어지지 않는
  impossible or very difficult to believe; extremely good or extremely large
- **elaborate**
  정교한, 섬세한, 공들인
  very complicated and detailed; carefully prepared and organized
- **offend**
  남의 감정을 해치다, 과오를 범하다, 어긋나다
  to make somebody feel upset because of something you say or do that is rude or embarrassing

Why not religion, Dad?
종교는 왜 안 되죠, 아버지?
Why don't they talk about religion, Dad?가 준말이다.

Zoom In

Why not religion, Dad?

종교는 왜 안 되죠, 아버지?

Josephine and Will smile quietly.

WILL : Josephine actually went to the Congo last year.

EDWARD : Oh, so you know.

69. INT. GUEST BEDROOM. NIGHT

Turned low, the radio on the nightstand is playing music. Edward lies asleep on his back.

Josephine enters and switches off the radio and pulls out a book from Edward's hands quietly, but Edward stirs from the silence—he wasn't fully asleep—and sees Josephine stretched over him.

EDWARD : (playfully lecherous) Hello.

She smiles.

JOSEPHINE : Hi. How are you feeling?

EDWARD : Oh, I was dreaming.

He takes off his glasses.

JOSEPHINE : What were you dreaming about?

He tries to recollect, but it's already gone. Josephine motions, is it okay for her to sit on the bed? He nods. She sits down on the edge of the bed.

EDWARD : Oh, I don't usually remember unless they're especially portentous. Do you know what that word means?

Josephine shakes her head.

조세핀과 윌은 조용히 웃는다.

윌 : 조세핀도 작년에 콩고에 갔었어요.

에드워드 : 아, 그럼 너도 알겠구나.

69. 내부. 손님용 침실. 밤

낮은 소리로 침대 옆 소탁자 위의 라디오에서 음악이 흘러나온다. 에드워드는 누워서 잠을 자고 있다.

조세핀이 들어와 라디오를 끄고 에드워드의 손에서 조용히 책을 빼는데 에드워드는 침묵으로부터 움직이며—그는 완전히 잠을 자지 않았다—조세핀이 자신의 위로 몸을 뻗치고 있는 것을 본다.

에드워드 : (장난기로 음란하게) 안녕.

그녀는 웃는다.

조세핀 : 안녕하세요. 기분이 좀 어떠세요?

에드워드 : 아, 꿈을 꾸고 있었지.

그는 안경을 벗는다.

조세핀 : 무슨 꿈을 꾸고 있었어요?

그는 기억해 내려고 하나 이미 잊혀졌다. 조세핀은 자신이 침대에 앉아도 되겠는지 몸짓을 한다. 그는 고개를 끄덕인다. 그녀는 침대 끝 부분에 앉는다.

에드워드 : 아, 특별히 나쁜 꿈 아니면 대개 잘 기억 안 나. 그게 무슨 뜻인지 아니?

조세핀은 고개를 가로젓는다.

- **lecherous**
  호색의, 음란한, 도발적인, 색욕을 자극하는
  having too much interest in sexual pleasure

- **recollect**
  회상하다, 생각해 내다
  (not used in the progressive tenses) to remember something, especially by making an effort to remember it

- **portentous**
  전조의, 불길한, 흉조의
  important as a sign or a warning of something that is going to happen in the future, especially when it is something unpleasant; very serious and intended to impress people

How are you feeling?
기분이 좀 어때요?
How do you feel?과 같은 표현이다.

Zoom In

How are you feeling?

기분이 좀 어때요?

EDWARD : It means when you dream about something that's gonna happen. (beat, gathering) Like one night, I had a dream where this crow came and said: "Your aunt is gonna die." I was so scared, I woke up my parents, but they said it was just a dream and to get back to bed. But the next morning my aunt Stacy was dead.

JOSEPHINE : That's terrible.

EDWARD : Terrible for her, but think about me, young boy with that kind of power. Wasn't three weeks later when the crow came back to me in a dream and said, "Your Daddy's gonna die." I didn't know what to do. I finally told my father. But he said: "Oh, not to worry." But I could see he was rattled. The next morning, he wasn't himself. Kept looking around, waiting for something to drop on his head. Because the crow didn't say how it was gonna happen, just those words: "Your Daddy's gonna die." Well, he left home early and was gone a long time. When he finally came back, he looked terrible, like he was waiting for the axe to fall all day. He said to my mother: "I've just had the worst day of my life." (beat) "You think you've had a bad day?" she said. "This morning the milkman dropped dead on the porch!"

Josephine smiles, a half-laugh, which gets him smiling too.
A long beat. Then, deadpan ...

에드워드 : 나쁜 꿈은 실제 일어난다는 거다. (잠시, 헤아리면서) 예전에 어느날 밤 난 까마귀가 날아와 "숙모가 죽을 거라"고 말하는 꿈을 꾼 적이 있지. 난 아주 무서웠지. 부모님을 깨웠지만 꿈일 뿐이니 그냥 자라고만 말씀하셨어. 하지만 다음 날 아침 스테이시 숙모가 돌아가셨다.

조세핀 : 끔찍하군요.

에드워드 : 끔찍하지, 하지만 어린 소년이 그런 종류의 힘을 가졌던 내 생각도 한번 해보렴. 3주도 안 돼서 그 까마귀가 꿈에 내게 다시 나타나서 "네 아버지가 죽을 거라"고 한 거야. 난 속수무책이었지. 마침내 아버지한테 말씀드렸더니 "아, 걱정 마라"고 하셨지만 평소와 다르게 당황하는 눈치셨어. 다음날 아침 아버진 제정신이 아니었어. 머리 위에 뭔가가 떨어지길 기다리듯 계속 두리번거리셨지. 까마귀는 "네 아버지가 죽을 거라"고만 했지 어떻게 죽는지는 말 안했으니까. 아버진 일찍 밖으로 나가 한참 후에 돌아오셨는데 하루 종일 도끼가 떨어지길 기다렸던 사람처럼 끔찍해 보이더구나. 아버지가 어머니에게 "내 인생의 최악의 날이었다"고 하시자 (잠시) 어머닌 "당신만 나쁜 날인 줄 아세요? 오늘 아침에 우유 배달부가 현관에서 급사했어요!"라고 하신 거야.

조세핀이 반쯤 웃으며 미소를 짓자 에드워드도 따라 미소를 짓는다. 한동안, 그리고는 무표정한 얼굴로…

- **rattled**
  〈구어〉 난처한, 낭패인, 만취한
  - rattle
    〈구어〉 ~을 흥분시키다, 당황하게 하다, 놀라게 하다
    to make somebody nervous or frightened

- **drop dead**
  푹 쓰러져 죽다, 급사하다
  to die suddenly and unexpectedly; used to tell somebody, rudely, to stop annoying you, interfering, etc.

- **deadpan**
  〈구어〉 무표정한〔하게〕, 무표정한 얼굴을 하다
  without any expression or emotion; often pretending to be serious when you are joking

Not to worry.
걱정 마라.
이것은 '문제 없다(No problem.), 걱정 마라'의 관용 표현이다.

Zoom In

Not to worry.

걱정 마라.

EDWARD : Because, see, my mother was banging the milkman.

Josephine smiles again.

JOSEPHINE : Can I take your picture?

EDWARD : Oh, you don't need a picture. Just look up the word "handsome" in the dictionary.

JOSEPHINE : Please?

He rolls his eyes, why not.

EDWARD : All right.

Josephine starts to leave, heading down the hall to get her camera.

JOSEPHINE : I have photos of the wedding to show you. There's a great one of you and my father.

She exits.
We stay with Edward in bed.
Edward grimaces, a flash of pain. Around others, he's hiding how much it hurts, but alone we can see how bad it is. He controls his breathing, trying to push through it.

JOSEPHINE : I want to see pictures of your wedding.

She returns with her camera.

에드워드 : 왜냐하면 내 어머닌 그 우유 배달부랑 그렇고 그런 사이였거든.

조세핀이 다시 웃는다.

조세핀 : 사진 좀 찍어도 돼요?

에드워드 : 아, 사진이 필요 없잖니. 사전에서 '핸섬' 이란 단어만 찾아라.

조세핀 : 부탁 드려요.

그는 못 찍을 거 뭐 있냐는 듯이 눈을 굴린다.

에드워드 : 알았다.

조세핀이 카메라를 가져오기 위해 나가면서 복도로 향한다.

조세핀 : 결혼식 사진 보여드리려 가져왔어요. 아버님과 제 아버지가 같이 찍은 멋진 사진이 있어요.

그녀가 방을 나간다.
에드워드는 혼자 침대에 누워 있다.
에드워드는 갑자기 통증을 느끼며 얼굴을 찌푸린다. 다른 사람들한테는 자신이 얼마나 아픈지를 감추고 있지만 혼자 있을 때는 얼마나 고통스러운지를 알 수 있는 것이다. 그는 그 고통을 뚫고 나아가려고 애를 쓰면서 호흡을 조절한다.

조세핀 : 아버님 결혼식 사진을 보고 싶어요.

그녀는 카메라를 들고 돌아온다.

- **bang**
  〈비어〉 ~와 성교하다
  (of a man) to have sex with a woman

- **grimace**
  얼굴을 찌푸리다, 찡그리다
  to make an ugly expression with your face to show pain, disgust, etc.

- **flash**
  번쩍임, 섬광, 순간, 번득임
  a sudden bright light that shines for a moment and then disappears; the act of shining a light on something, especially as a signal

Can I take your picture?
사진 좀 찍어도 돼요?
take a picture처럼 사진을 찍는다는 표현에는 take를 쓴다.

Zoom In

Can I take your picture?

사진 좀 찍어도 돼요?

JOSEPHINE : I've never seen any.

Edward smiles, doing a good job masking the pain.

EDWARD : That's because we didn't have a proper wedding. Your mother-in-law was never supposed to marry me. She was engaged to somebody else.

JOSEPHINE : I never knew.

EDWARD : Will never told you that?

She shakes her head.

EDWARD : Oh, probably just as well.

She loads a roll of film in her camera, sitting on the edge of the bed.

EDWARD : He would have told it wrong, anyway. All the facts, none of the flavor.

JOSEPHINE : Oh, so this is a tall tale.

EDWARD : Well, it's not a short one.

A devilish smile.

70. EXT. CALLOWAY CIRCUS. NIGHT
The second-rate carnival is parked for the moment in an Alabama field.

EDWARD : (V.O.) I'd just left Spectre, and was on my way to discover my destiny. Not knowing what that would be exactly ...

조세핀 : 한 장도 본 적이 없거든요.

에드워드는 미소를 지으며 고통을 가리는 데 좋은 일이라 여긴다.

에드워드 : 결혼식이라고 할 만한 게 없었으니까. 네 시어머닌 나랑 결혼할 생각이 없으셨지. 다른 남자랑 약혼한 상태였거든.

조세핀 : 몰랐어요.

에드워드 : 윌이 아무 얘기 안 하던?

그녀는 고개를 젓는다.

에드워드 : 차라리 잘된 일일지도 몰라.

그녀는 침대 언저리에 앉아서 카메라에 필름 한 통을 넣는다.

에드워드 : 얘기했어도 다르게 했겠지. 하지만 전부 사실이란다, 정취란 없는.

조세핀 : 아, 그러니까 이건 거창한 얘기군요.

에드워드 : 글쎄, 평범하진 않지.

악마 같은 미소.

70. 외부. 캘러웨이 서커스. 밤
이류급 서커스가 앨라배마의 한 들판에 잠시 멈추고 있다.

에드워드 : (목소리) 난 유령 마을을 떠나 내 운명을 찾아 나섰다. 그게 뭔진 정확히 몰랐지만…

- **load**
(카메라에 필름을) 넣다, 시작하다, 올리다
to put something into a weapon, camera or other piece of equipment so that it can be used

- **flavor**
풍미, 맛, 향미, 정취, 운치
how food or drink tastes; a particular type of taste; a particular quality or atmosphere

- **devilish**
악마 같은, 흉악한, 〈구어〉 지독한, 극도의
cruel or wicked; morally bad, but in a way that people find attractive

- **carnival**
(서커스 따위의) 순회 흥행, 이동 유원지

So this is a tall tale.
그러니까 이건 거창한 얘기군요.
tall은 '거창한, 과장된, 믿을 수 없는'의 뜻이다.

Zoom In

So this is a tall tale.

그러니까 이건 거창한 얘기군요.

71. INT. BIG TOP. NIGHT
We spot Edward, twentyish, in the spectators.

EDWARD : (V.O.) I explored every opportunity that presented itself.

A big brown cat jumps down softly from a wooden board which hangs high in the air. A tremendous applause.
A little dog walks on two feet and follows a woman performer. An applause again.
As the carnies clear away, the circus' owner-and-ringmaster Amos Calloway (50) approaches the stands. He may only be four feet tall, but Amos has a titanic presence.

AMOS : Popo! Coco! There they are. Ladies and gentlemen, you may think you've seen the unusual. You may think you've seen the bizarre. But I've traveled to the five corners of the world, and let me tell you, I've never seen anything like this!

From behind the curtain, a carriage enters the stage.

AMOS : When I met this man, he was picking oranges in Florida. His fellow workers called him El Penumbra—The Shadow—because when you worked beside him, he blocked out the daylight!

Amos comes up to a middle-aged woman in the first row, a quieter moment.

AMOS : Not to alarm you, Ma'am. But if this man wanted to, he could crush your head between his toes like a tiny walnut

71. 내부. 서커스의 큰 천막. 밤
관중 속에서 20세 정도의 에드워드가 눈에 띈다.

에드워드 : (목소리) 난 주어진 모든 기회를 받아들였지.

커다란 갈색 고양이가 공중 높이 걸려 있는 나무판으로부터 부드럽게 뛰어내린다. 굉장한 박수갈채.
한 작은 개가 두 발로 걸으며 여성 곡예사를 따라간다. 다시 박수. 곡예사들이 다 나가자 서커스의 주인 겸 연기 주임인 아모스 캘러웨이(50세)가 스탠드에 다가선다. 그의 키는 단지 121㎝ 밖에 안 되지만 자태는 거대하다.

아모스 : 포포와 코코였습니다. 신사 숙녀 여러분, 여러분 중엔 살면서 유별난 걸 보신 분도 계실 테고 기이한 걸 보신 분도 계실 겁니다. 하지만 제가 세상의 모든 구석을 여행해 본 후 자신 있게 말씀드리건대 지금껏 이런 걸 본 적은 없었습니다!

커튼 뒤로부터 마차 한 대가 무대로 들어온다.

아모스 : 이 남자를 만났을 때 그는 플로리다에서 오렌지를 따고 있었습니다. 그의 동료들은 그를 엘 페늄브라—그림자—라 불렀죠. 그의 곁에서 일할 때면 햇볕이 하나도 안 들었거든요!

아모스는 조용한 순간에 첫 줄의 중년 여성에게 다가간다.

아모스 : 놀라지 마십시오, 부인. 하지만 이 남자가 마음만 먹으면 여러분의 머리를 작은 호두알처럼 자기 발가락 사이에 끼고 뭉갤 수도 있을 겁니다.

- **ringmaster**
(서커스의) 연기 주임
a person in charge of a circus performance

- **titanic**
거대한, 강력한
very large, important, strong or difficult

- **bizarre**
기괴한, 이상야릇한
very strange or unusual; weird

- **walnut**
호두(열매), 호두 나무

Not to alarm you.
당신을 놀라게 하려는 게 아닙니다.
It's not to alarm you. I'm not going to alarm you.의 의미이다.

Zoom In

Not to alarm you.
당신을 놀라게 하려는 게 아닙니다.

She trembles.

AMOS : But he won't do it. No. No, ladies and gentlemen... He will not hurt her, because he's our own gentle Giant. Ladies and gentlemen, I give you Colossus!

A beat.
Suddenly the carriage explodes and Colossus appears from inside.
From a very low angle, we look up to see just how massive he is. He seems to fill the Heavens. With his shaved head, he seems more ogre than man.
As a fire-breather he finishes his act to tremendous applause.
In the stands, a young boy's jaw drops in awe. But Edward seems unimpressed. He leans with the spotlight, whistling to get a spotlight man's attention. He points to the edge of the stands, where his friend, Karl the Giant is walking in the big top. He is so big the spotlight has to widen just to hold him. He's a good foot taller than Colossus. There's a gasp from the crowd, along with nervous anticipation—what will happen next?
Angle on Colossus, looking up at Karl, he realizes that a one-horse carriage is standing in front of him.
Angle on Amos, he is stunned. He stands forward to see Karl and Colossus walks away into the shadows.
Soggybottom, a carny, signs the band to play and they begin to play music.
Then the carnies put things on stage in order hurriedly to begin other shows.

MAN : (V.O.) Ladies and gentlemen, boys and girls, thank y'all for coming. Drive home safely, everyone. Thank you for coming.

그녀는 떤다.

아모스 : 하지만 이 남자는 그러지 않을 겁니다. 아뇨. 아뇨, 신사 숙녀 여러분… 여성분을 해치진 않습니다. 그는 우리 모두의 다정한 거인이니까요. 신사 숙녀 여러분, 콜로서스를 소개합니다!

잠시.
갑자기 그 마차가 폭발하며 콜로서스가 안에서 나타난다.
낮은 각도로부터 올려다보니 그가 얼마나 거대한 사람인지를 알게 된다. 그는 하늘을 다 채우는 것 같다. 머리를 박박 밀어서 사람이라기보다는 오히려 괴물 같다.
불을 내뿜으면서 그는 자신의 연기를 끝내고 박수를 받는다.
스탠드에서는 경외감에 사로잡혀 한 소년의 턱이 벌어진다. 하지만 에드워드는 크게 감동받지 않은 것 같다. 그는 스포트라이트쪽으로 몸을 기울여 조명인의 주의를 끌기 위해 휘파람을 분다. 그는 스탠드의 가장자리를 가리킨다. 거기에는 그의 친구인 칼 거인이 큰 텐트 안으로 걸어 들어온다. 그는 하도 커서 스포트라이트가 그를 다 비추기 위해서는 넓어져야 한다. 그는 콜로서스보다 훨씬 더 크다. 관객으로부터 불안한 기대와 더불어 헐떡이는 숨 소리가 들리고—다음엔 무슨 일이 벌어질까?
카메라가 칼을 올려다 보고 있는 콜로서스를 비추자 그는 말 한 필이 끄는 마차가 앞에 서 있다는 것을 깨닫는다.
카메라가 아모스를 비추자, 그는 말문이 막힌다. 그는 칼을 보기 위해 앞으로 나선다. 콜로서스는 어둠 속으로 사라진다.
곡예사인 소기보텀이 악단에게 연주할 것을 지시하자 그들은 음악을 연주하기 시작한다.
그러자 곡예사들은 무대 위를 정리하고 급히 다른 쇼를 시작한다.

남 자 : (목소리) 신사 숙녀 여러분, 소년 소녀 여러분, 와 주셔서 감사합니다. 모두들 안녕히 돌아가십시오. 와주셔서 감사합니다.

- **colossus**
  거상, 거인, 거대한 것, 큰 인물
  a person or thing that is extremely important or large in size
- **ogre**
  (동화 등의) 사람 잡아먹는 도깨비
  (in stories) a cruel and frightening giant (= a very large strong person) who eats people
- **fire-breather**
  불을 내뿜는 사람, 불을 호흡하는 사람

Truthfully, I do want you to leave, Karl.
But I want to leave with you.
I mean, you think this town is too small for you?
Well, it's too small for a man of my ambition.
So, what do you say? Join me?

This town is more than any man could ask for.
And if I were to end up here, I would consider myself lucky.
But the truth is, I'm just not ready to end up anywhere.

Chapter 5

그 여잔 오르지 못할 나무야

She's Out of Your League

시간 00:49:47 ~ 01:00:47

72. INT. BIG TOP

Edward smiles in perfect content.

EDWARD : (V.O.) It was on that night Karl met his destiny. And I met mine. Almost.

Edward notices a beautiful young woman (16) leaving with her family.
She's wearing a blue dress. For no good reason, she looks back at Edward.

EDWARD : (V.O.) They say when you meet the love of your life, time stops. And that's true.

73. INT. BIG TOP. NIGHT

The two make eye contact. And as they do, all motion freezes.
A fiery baton remains mid-twirl, flames locked in place. A spilled box of popcorn hangs in mid-air, each kernel like a snowflake. Even the elephant is mid-poop.
Only Edward is free to move, winding his way between the frozen bodies, ducking underneath arms to get closer and closer to this woman.
Edward stands in front of the woman and stares at her for a while.

72. **내부. 큰 천막**
에드워드는 아주 만족해서 미소를 짓는다.

에드워드 : (목소리) 칼은 그날 자신의 운명을 만났고 나도 거의 그랬단다.

에드워드는 한 아름다운 젊은 여자(16세)가 가족과 함께 서커스를 나가는 것을 목격한다.
그녀는 푸른 드레스를 입고 있다. 썩 좋지 못한 이유에서 그녀는 에드워드를 뒤돌아본다.

에드워드 : (목소리) 인생의 사랑을 만나게 되면 시간이 멈춘단 말이 있는데 그건 진실이야.

73. **내부. 큰 천막. 밤**
두 사람은 눈이 서로 마주친다. 그들이 그러는 순간 모든 동작이 얼어붙은 듯이 멈춘다.
불타는 곤봉은 허공에 걸려 있고, 불꽃은 그 자리에 고착되어 있다. 팝콘의 엎질러진 상자는 공중에 걸려 있고, 각 알맹이는 눈송이와 같다. 코끼리조차도 중간에서 움직이지 않고 있다.
에드워드만이 자유로 움직이는데, 그는 얼어붙은 사람들의 몸 사이를 빠져 나가면서 이 여자에게 더 가까이 다가가기 위해 팔들 아래로 몸을 숙인다.
에드워드는 그 여자 앞에 서서 한동안 그녀를 바라본다.

- **baton**
  곤봉, 경찰봉
  a short thick stick that police officers carry as a weapon

- **mid-twirl**
  중간에서 도는
  • twirl
  빙빙 돌다, 투구하다, 휘두르다

- **kernel**
  낟알, 곡식알, 열매, 핵
  the inner part of a nut or seed, or of the stone/pit of a fruit; the central, most important part of an idea or a subject

- **mid-poop**
  중간에서 작동을 그만둔
  • poop
  작동을 멈추다, 고장나다

EDWARD : (V.O.) What they don't tell you, is that once time starts again, it moves extra fast to catch up.

Suddenly, everything rushes. The crowd becomes a blur, and the young woman is lost in its wake. Now it's Edward who's frozen, helpless in time.
Finally there's no one but Edward himself in the big top. All are gone.
He rushes out.

74. EXT. PARKING LOT. NIGHT
All the cars leave in a flash.
Edward runs out to see the young woman, but can't find her anywhere.

75. EXT. PARKING LOT
Edward checks in windows as cars pull out, searching for his fated love. Not finding her, he becomes more frantic.
Colossus is thumbing for a ride. The last pickup truck stops and lets him climb in back.
As the truck pulls out, it passes a dejected Edward. He'll never find that girl, the love of his life.

76. INT. BIG TOP. NIGHT
Amos looks up at Karl.

AMOS : What's your name?

KARL : It's Karl.

AMOS : Karl.

He signs Soggybottom to bring something.
Soggybottom opens his briefcase and takes out some papers.

AMOS : Tell me, Karl, have you ever heard of the term "involuntary servitude"?

KARL : No.

에드워드 : (목소리) 사람들이 말하지 않은 사실은, 그러다 시간이 다시 흘러가기 시작하면 잡을 수 없는 정도로 빨리 지나간다는 거야.

갑자기 모든 것이 부산하게 움직인다. 관객은 흐릿해지고 그 젊은 여자는 그 와중에서 사라졌다. 이제 시간 속에서 얼어붙은 채 무력해진 사람은 에드워드다.
마침내 큰 천막 속에는 에드워드 이외에는 아무도 없다. 모두가 사라졌다.
그는 달려 나간다.

74. 외부. 주차장. 밤
차들이 모두 눈 깜짝할 사이에 사라진다.
에드워드는 그 젊은 여자를 보기 위해 달려 나오지만 어디서도 그녀를 발견할 수 없다.

75. 외부. 주차장
에드워드는 차들이 떠나갈 때 차창 안을 살핀다. 그의 운명적인 사랑을 찾아서. 그녀를 발견하지 못하자 미칠 지경이 된다.
콜로서스가 차를 태워달라고 엄지로 신호를 하자, 마지막 픽업 트럭이 멈춰 서 그를 뒷자리에 태운다.
트럭이 빠져 나가면서 낙심한 에드워드를 지나친다. 그는 자기 인생의 사랑인 그 여자를 다시는 찾지 못할 것이다.

76. 내부. 큰 천막. 밤
아모스가 칼을 올려다본다.

아모스 : 이름이 뭔가?
칼 : 칼이오.
아모스 : 칼.

그는 소기보텀에게 뭔가를 가져오라고 신호한다.
소기보텀은 서류 가방을 열어 서류를 꺼낸다.

아모스 : 칼, '비자발적 노예 상태' 란 말 들어봤어?
칼 : 아뇨.

- **blur**
  흐림, 침침함, 얼룩
  a shape that you cannot see clearly, often because it is moving too fast; something that you cannot remember clearly

- **frantic**
  (흥분, 공포, 고통 등으로) 광란의, 미친 사람 같은, 극도로 흥분한
  done quickly and with a lot of activity, but in a way that is not very well organized; unable to control your emotions because you are extremely frightened or worried about something

- **involuntary**
  본의 아닌, 마음이 내키지 않는, 무의식 중의

- **servitude**
  노예 상태, 예속, 고역, 강제 노동
  the condition of being a slave or being forced to obey another person

It moves extra fast to catch up.
그것은 잡을 수 없을 정도로 빨리 지나간다.
extra는 '각별히, 특별히'의 뜻이다.

Zoom In

It moves extra fast to catch up.

그것은 잡을 수 없을 정도로 빨리 지나간다.

AMOS : "Unconscionable contract"?

KARL : Uh ... Nope.

AMOS : Great.

He takes a paper from Soggybottom.

AMOS : Here you go.

He offers the paper to Karl.

AMOS : Here you are.

Karl takes the paper from Amos and reads it.

AMOS : Mr. Soggybottom, come down this here ... so he can use your back to sign on it.

Soggybottom leans over so Karl can sign a contract on his back.
Karl leans over and signs a contract on Soggybottom's back.
Then Edward walks back into the tent.

AMOS : Okay. Thank you. Yeah.

He hands the paper to Soggybottom.
He finds Edward and says to him.

AMOS : Hey, kid! Your friend just made himself a star.

Karl smiles.

아모스　　: '불공정 계약'은?

칼　　: 아뇨.

아모스　　: 좋아.

그는 소기보텀으로부터 서류를 받는다.

아모스　　: 자, 여기 있네.

그는 서류를 칼에게 건넨다.

아모스　　: 여기.

칼은 아모스에게서 서류를 받아 읽는다.

아모스　　: 소기보텀 씨, 이리 와요… 칼이 등에 대고 사인할 수 있게 해줘.

소기보텀이 몸을 기울여 칼이 등에 대고 서명을 할 수 있게 한다.
칼은 몸을 숙여 소기보텀의 등에 대고 계약서에 서명을 한다.
그때 에드워드가 텐트로 돌아온다.

아모스　　: 그래. 고맙네.

그는 서류-소기보텀에게 건넨다.
그는 에드워드를 발견하고 말한다.

아모스　　: 이봐, 젊은이! 자네 친구는 이제 스타야.

칼이 미소를 짓는다.

- **unconscionable**
  양심이 없는, 파렴치한, 악질인, 부당한
  (of an action, etc.) so bad, immoral, etc. that it should make you feel ashamed

- **contract**
  계약, 약정, 계약서
  an official written agreement

Here you go.
여기 있네.
Here you are.와 같은 뜻으로 쓰이며, 물건을 내주면서 하는 표현이다.

Zoom

Here you go.

여기 있네.

EDWARD : Oh, that's great.

Edward sits down on the stand.

AMOS : (introducing) My attorney, Mr. Soggybottom.

EDWARD : Good to meet you.

SOGGYBOTTOM: Pleased to meet you.

They shake hands.
Then Amos notices Edward looks sad.

AMOS : (to Edward) What's the matter, kid? I haven't seen a customer so depressed since the elephant sat on that farmer's wife.

He laughs.
A beat.

AMOS : "Depressed"?

Karl chuckles.

AMOS : See! The big guy likes it.

EDWARD : I just saw the woman I'm gonna marry, I know it. But I lost her.

AMOS : Oh, tough break. Well, most men have to get married before they lose their wives.

에드워드 : 아, 그거 잘됐군요.

에드워드는 스탠드에 앉는다.

아모스 : (소개를 하면서) 내 변호사 소기보텀 씨네.
에드워드 : 안녕하세요.
소기보텀 : 만나서 반가워요.

그들은 악수를 한다.
그때 아모스는 에드워드의 표정이 슬픈 것을 알아챈다.

아모스 : (에드워드에게) 왜 그러나, 젊은 양반? 마누라가 코끼리 엉덩이에 깔린 것 같은 우울한 표정이군.

그는 웃는다.
잠시.

아모스 : '우울해'?

칼은 킬킬 웃는다.

아모스 : 봤지! 이 거인이 농담을 좋아하는군.
에드워드 : 좀 전에 그 여자를 봤어요. 결혼할 여잔데 놓쳤다고요.
아모스 : 아, 안됐군. 놓친 고기가 더 커 보이는 법이지.

- **attorney**
(위임장으로 정식 위임받은) 대리인, 변호사
a lawyer, especially one who can act for somebody in a court of law

- **customer**
(상점의) 고객, 단골, 거래처
a person or an organization that buys something from a shop/store or business

- **depressed**
의기소침한, 낙담한, 부진한
very sad and without hope

Oh, tough break.
아, 안됐군.
break는 '기회, 운'의 뜻이고, tough는 '고달픈, 사나운, 불쾌한'의 뜻이다.

Zoom In

Oh, tough break.

아, 안됐군.

EDWARD : (with absolute conviction) I'm gonna spend every day the rest of my life looking for her. That or die alone.

AMOS : Damn, kid. (realizing) Let me guess. Real pretty?

Edward nods.

AMOS : Reddish-blondish hair?

Edward nods.

AMOS : Blue dress?

Edward nods again and then ...

EDWARD : Yeah!

AMOS : I know her uncle. Friends of the family.

Edward rises quickly.

EDWARD : Who is she? Where does she live?

AMOS : Forget it, kid. Don't waste your time. She's out of your league.

EDWARD : What do you mean? You don't even know me.

AMOS : Sure I do. You were hot shit back in Hickville, but here in the real world, you got squat. You don't have a plan. You don't have a job. You don't have anything except the clothes on your back.

에드워드 : (절대적으로 확신을 하며) 내 인생은 매일 그녀를 찾는 데 쓸 겁니다. 안 되면 죽어버릴 거예요.

아모스 : 저런, 젊은이. (상황을 인식하면서) 어디 보자. 정말 예쁜가?

에드워드는 고개를 끄덕인다.

아모스 : 붉은 빛의 금발?

에드워드는 고개를 끄덕인다.

아모스 : 푸른 드레스?

에드워드는 다시 고개를 끄덕이고는…

에드워드 : 네!

아모스 : 내가 그 애 삼촌을 알아. 가족 친구들도.

에드워드는 재빨리 일어선다.

에드워드 : 그녀가 누구에요? 그녀가 어디 살죠?

아모스 : 잊어버리게, 젊은이. 시간 낭비하지 말게나. 그녀는 오르지 못할 나무야.

에드워드 : 무슨 뜻이죠? 아저씬 절 전혀 모르잖아요.

아모스 : 잘 아네. 힉빌 같은 촌 구석에선 최고였지만 여기 진짜 세상에선 아무것도 아닌 존재지. 계획도 없고, 직업도 없고, 몸에 걸친 것 말곤 아무것도 없잖아.

- **absolute**
  절대적인, 완전한, 전면적인
  total and complete; used, especially in spoken English, to give emphasis to what you are saying; definite and without any doubt or uncertainty

- **conviction**
  (사실에 입각한) 확신, 신념
  the act of finding somebody guilty of a crime in a court of law; the fact of having been found guilty; a strong opinion or belief; the feeling or appearance of believing something strongly and of being sure about it

- **blondish**
  블론드 빛을 띤

- **squat**
  땅딸막한, 쪼그리고 앉은
  short and wide or fat, in a way that is not attractive

She's out of your league.
그녀는 네 부류가 아니야.
league는 '부류, 범주, 조'의 뜻이다.

Zoom In

She's out of your league.

그녀는 네 부류가 아니야.

EDWARD : Well, I have a whole backpack full of clothes.

He points to the bleachers, where no backpack is to be found.

EDWARD : (V.O.) (realizing) Oh, someone stole my backpack.

Amos and Soggybottom look at each other.

AMOS : You were a big fish in a small pond, but this here is the ocean, and you're drowning. Take my advice and go back to Puddleville. You'll be happy there.

Getting in front of Amos, Edward stops him.

EDWARD : Now you say I don't have a plan, but I do have a plan. I'm gonna find that girl and marry her and spend the rest of my life with her.

Amos looks at Edward, amused.

EDWARD : I don't have a job, but I would have a job if you gave me one. And I may not have much, but I have more determination than any man you're likely to meet.

Amos thinks for a while ...

AMOS : I'm sorry, kid. I don't do charity. (to Karl) Come on, big boy.

에드워드 : 배낭에 옷 많아요.

그는 관람석을 가리키는데 그곳에는 배낭을 찾을 수가 없다.

에드워드 : (목소리) (알아채면서) 아, 누가 내 배낭을 훔쳐 갔나봐요.

아모스와 소기보텀이 서로 바라본다.

아모스 : 자넨 작은 연못에선 대어였지만 여기 이곳은 큰 바다야. 여기선 빠져 죽을 거야. 내 충고대로 퍼들빌로 돌아가게. 거기선 행복할 거야.

아모스 앞에 서며 에드워드는 그를 세운다.

에드워드 : 나한테 계획이 없다고 했지만 나도 계획이 있어요. 난 그 여자를 찾아 결혼해서 평생 같이 살 거예요.

아모스는 재미있어 하며 에드워드를 바라본다.

에드워드 : 직업이 없지만 댁이 일자릴 주면 직업도 생길 거고요. 가진 건 적지만 결단력만큼은 누구보다도 뛰어나요.

아모스는 잠시 생각한다…

아모스 : 미안하네, 젊은이. 난 자선 사업가가 아냐. (칼에게) 가자고, 빅 보이.

- **bleacher**
  〈야구 속어〉 지붕 없는 관람석, 야외석
- **determination**
  결심, 결단, 결정, 종결
  the quality that makes you continue trying to do something even when it is difficult
- **charity**
  자애, 사랑, 자비심, 동정심
  the aim of giving money, food, help, etc. to people who are in need; kindness and sympathy towards other people, especially when you are judging them

But I do have a plan.
하지만 나도 계획이 있다.
do는 have를 강조하는 말임. 동사를 강조할 때에는 do, does, did를 쓴다.

Zoom In

But I do have a plan.

하지만 나도 계획이 있다.

Karl nods and starts to follow Amos.

EDWARD : Wait. Look, I'll work night and day for you, and you won't have to pay me. You just have to tell me who she is.

Amos takes a long look at him. Ultimately, there's no way he can say no. What the hell.

AMOS : Every month you work for me, I'll tell you one thing about her. That's my final offer.

Edward smiles. He shakes Amos's hand before he can retract the offer.

AMOS : Let's get started.

They start to move together.
We move into a montage:

77. INT. BIG TOP CENTER RING. NIGHT
Close on Edward, smiling nervously. His head is tilted to the side, and as we pull back, we see why: he's holding it in a massive lion's open mouth. The beast's sharp teeth are just poking his skin. If the lion so much as flinches, Edward is dead.
The crowd applauds, which makes the lion antsy. Which makes Edward antsier.

EDWARD : (V.O.) From that moment on, I did everything Mr. Calloway asked. I'd go three days without stopping to eat, and four days without sleeping.

칼은 고개를 끄덕이고 아모스를 따라가기 시작한다.

에드워드 : **기다려요. 당신을 위해 죽어라 일할게요. 돈은 안 주셔도 돼요. 단지 그녀가 누군지만 말해 주세요.**

아모스는 한참 그를 바라본다. 마침내 그가 거절할 수 있는 방법이 없다.

아모스 : **날 위해 일하는 달마다 그녀에 대해 하나씩 얘기해 주지. 그게 최종 제안일세.**

에드워드는 미소 짓는다. 그는 아모스가 제안을 철회하기 전에 그와 악수를 한다.

아모스 : **시작하자고.**

그들은 함께 움직이기 시작한다.
몽타주가 시작된다:

77. 내부. 큰 천막 중앙 무대. 밤
카메라가 초조하게 미소를 짓는 에드워드를 비춘다. 그의 머리는 옆으로 기울어 있는데 카메라가 후진하면서 그 이유가 드러난다. 그는 거대한 사자의 열린 입에 머리를 집어넣고 있다. 그 사자의 날카로운 이빨이 막 그의 살갗을 찌르려 하고 있다. 만일 그 사자가 사실상 움찔하기만 화면 에드워드는 죽은 목숨이다.
관중은 박수갈채를 보낸다. 그것으로 사자는 안절부절못하게 된다. 그러니까 에드워드는 더욱 안절부절못한다.

에드워드 : (목소리) **그 순간부터, 난 캘러웨이 씨가 시키는 모든 일을 했단다. 안 먹고 안 자고 사흘 나흘씩 연속 일한 적도 있었어.**

- **ultimately**
  최후로, 마침내, 궁극적으로
- **retract**
  (한 말을) 취소하다, 철회하다
  to say that something you have said earlier is not true or correct or that you did not mean it; to refuse to keep an agreement, a promise, etc.
- **poke**
  (손가락, 막대기 등으로) ~을 찌르다, 쑤시다, 들이대다
- **flinch**
  (고통, 공포 등 때문에) 주춤하다, 기가 꺾이다
  to make a sudden movement with your face or body as a result of pain, fear, surprise, etc.
- **antsy**
  〈구어〉 침착하지 못한, 좀이 쑤시는
  impatient; not able to keep still

from that moment on
그 순간부터 쭉
on은 계속을 나타내는 부사임. from now on은 '지금부터 쭉'의 뜻이다.

Zoom In

from that moment on

그 순간부터 쭉

78. EXT. THE HYDRA. DAY

His eyes droopy from lack of sleep, Edward mans the whirling amusement park ride.

EDWARD : (V.O.) The only thing that kept me going was the promise of meeting the girl who would be my wife.

Nodding off, Edward falls backward, into the path of the spinning arms. One of the Hydra cars hits him square in the gut, throwing him up and away, sailing 200 feet through the air.
Thump! He falls down on the ground.

79. EXT. BEHIND A TENT. DAY

Amos and Soggybottom walk together.

AMOS : Stick together, that's the way it's gonna be.

They pass by Edward who is bathing the giant in the big bathtub.

AMOS : The way it was, and the way it will be.

EDWARD : Mr. Calloway, sir? It's been a month today.

Amos stops, looks at the young man. Finally ...

AMOS : This girl, the love of your life. Her favorite flowers are daffodils. (to Soggybottom) So get that stuff ...

He walks away. We push in on Edward, enraptured by the concept.

EDWARD : (to himself) Daffodils. Daffodils!

78. 외부. 히드라 모양의 기구. 낮
에드워드는 눈이 잠이 부족해서 축 늘어져 있는데 빙빙 돌아가는 놀이공원 히드라 모양의 기구에 사람을 태운다.

에드워드 : (목소리) 내 아내가 될 여자를 만난다는 신념 하나로 버텼지.

깜빡 졸다가 에드워드는 빙빙 돌아가는 히드라 기구의 팔이 가는 길에 나가 자빠진다. 히드라 모양의 차 하나가 그의 배를 쥐어박으며 내 던져 하늘로 높이 날려보낸다.
쿵! 그는 땅 바닥에 떨어진다.

79. 외부. 천막 뒤. 낮
아모스와 소기보텀이 함께 걷는다.

아모스 : 우린 일심동체가 돼야 해.

그들은 큰 욕조에 들어 있는 거인을 목욕시키고 있는 에드워드 옆을 지나간다.

아모스 : 과거에도 그랬고 앞으로도 그래야 해.
에드워드 : 캘러웨이 씨? 오늘이 한 달 짼데요.

아모스가 멈춰 서며 젊은이를 본다. 마침내…

아모스 : 자네 인생의 사랑인 이 여자가 가장 좋아하는 꽃은 황수선화라네. (소기보텀에게) 그것들을 가져다가…

그는 걸어간다. 카메라는 그 생각에 빠져 있는 에드워드를 비춘다.

에드워드 : (혼잣말로) 황수선화. 황수선화!

- **droopy**
  축 늘어진, 〈구어〉 지친, 의기소침한
  - droop
    축 늘어지다, 처지다, 숙이다, 시들다
    to bend, hang or move downwards, especially because of being weak or tired
- **whirl**
  빙글빙글 돌리다, 빙빙 돌다, 회전하다
  to move, or make somebody/something move, around quickly in a circle or in a particular direction
- **enrapture**
  황홀하게 하다, 기뻐서 어쩔 줄 모르게 하다, ~에 넋을 잃다
  to give somebody great pleasure or joy

Stick together.
일심동체가 돼라.
이것은 '일심동체가 되다, 딱 들러붙다, 이해를 같이 하다'는 뜻의 관용 표현이다.

Zoom In

Stick together.
일심동체가 돼라.

80. INT. STABLES. DAY
Edward shovels shit in the nastiest stables you've ever seen.
But all he can think about is ...

EDWARD : (to himself) Daffodils!

The wonder of it. He goes back to shoveling, a smile on his face.

EDWARD : (V.O.) True to his word, every month Amos would tell me something new about the woman of my dreams.

81. INT. CALLOWAY CIRCUS. DAY
Edward is blowing up a balloon in front of many balloons.
Amos walks through the crowd.

MAN : (V.O.) Enjoy yourselves, enjoy yourselves.

Amos finds Edward and walks over.

AMOS : She's going to college!

82. INT. A DARK PLACE. NIGHT
Close on Edward, lost in quiet reverie, pondering his latest bit of information.

EDWARD : College! She's going to college!

83. INT. CALLOWAY CIRCUS. DAY
A sudden explosion as Edward is shot out of a giant cannon.

80. 내부. 마구간. 낮
에드워드는 지금까지 본 것 중에서 가장 더러운 마구간에서 배설물을 삽으로 푼다.
하지만 그가 생각할 수 있는 거라곤 오직…

에드워드 : (혼잣말로) 황수선화!

그것의 경이. 그는 얼굴에 미소를 머금고 다시 삽질을 시작한다.

에드워드 : (목소리) 그의 약속대로 아모스는 내 꿈의 여인에 관해 새로운 것들을 한 달에 하나씩 얘기해줬지.

81. 내부. 캘러웨이 서커스. 낮
에드워드는 많은 풍선 앞에서 풍선 한 개를 입으로 불고 있다.
아모스가 사람들 틈으로 걸어온다.

남자 : (목소리) 즐거운 시간 보내세요, 즐거운 시간 보내세요.

아모스는 에드워드를 발견하고 다가온다.

아모스 : 그녀는 대학에 갈 거야!

82. 내부. 어두운 장소. 밤
카메라는 조용히 공상에 빠져 가장 최근의 정보를 곰곰이 생각하는 에드워드를 비춘다.

에드워드 : 대학! 그녀가 대학에 간다!

83. 내부. 캘러웨이 서커스. 낮
갑자기 폭발이 일어나며 에드워드는 거대한 대포에서 튀어나간다.

- **nasty**
  더러운, 불쾌한, 추잡한, 역겨운
  very bad or unpleasant; unkind; unpleasant; dangerous or serious; offensive; in bad taste

- **reverie**
  몽상, 공상, 백일몽, 환상적인 생각
  a state of thinking about pleasant things, almost as though you are dreaming

- **cannon**
  대포, 비행기 탑재용 기관포
  an old type of large heavy gun, usually on wheels, that fires solid metal or stone balls

true to his word
그의 약속대로
true to는 '~에 충실하게, 어긋나지 않게'의 뜻이다.

Zoom In

true to his word

그의 약속대로

84. INT. CALLOWAY CIRCUS. DAY
Edward is blowing up a balloon.
Amos approaches him. Edward is glad to see him.

AMOS : She likes music.

85. INT. BIG TOP. NIGHT
Edward is in the round bars. Two motorcycles are running around him.

EDWARD : (to himself) Music! She likes music.

86. INT. CALLOWAY CIRCUS. NIGHT
Edward walks to see Calloway.

EDWARD : (V.O.) Over the months, I learned a lot about the woman I was gonna marry, but not her name, and not where to find her. That time had come. I couldn't wait any longer.

87. EXT. AMOS CALLOWAY'S TRAILER. NIGHT
Under a full moon, Edward walks up to the battered camper passing by some carnies, and is about to knock when he notices it's rocking. A lot.

EDWARD : Mr. Calloway!

Edward knocks anyway.

EDWARD : It's Edward Bloom. I need to talk to you.

Suddenly, the rocking stops.

84. 내부. 캘러웨이 서커스. 낮
에드워드가 풍선을 불고 있다.
아모스가 그에게 다가온다. 에드워드는 그를 보니 반갑다.

아모스 : 그녀는 음악을 좋아해.

85. 내부. 큰 천막. 밤
에드워드는 둥근 창살 안에 있다. 두 대의 오토바이가 그 주위를 맴돈다.

에드워드 : (혼잣말로) 음악! 그녀는 음악을 좋아해.

86. 내부. 캘러웨이 서커스. 밤
에드워드는 캘러웨이를 만나러 간다.

에드워드 : (목소리) 몇 달간 내가 결혼할 여자에 대해 꽤 많은 정보를 얻었지만 정작 이름이나 주소를 알 수 없었다. 드디어 때가 됐지. 난 더는 기다릴 수가 없었어.

87. 외부. 아모스 캘러웨이의 이동 주택. 밤
보름달이 비추는 가운데 에드워드는 몇몇 곡예사들 곁을 지나 오래 써서 낡은 캠프용 자동차로 걸어간다. 그가 막 노크를 하려 하자 그것이 흔들리는 것을 목격한다. 심하게 흔들린다.

에드워드 : 캘러웨이 씨!

어쨌든 에드워드는 문을 두드린다.

에드워드 : 에드워드 블룸입니다. 드릴 말씀이 있는데요.

갑자기 흔들림이 멈춘다.

- **trailer**
  (자동차의) 트레일러, 차로 끄는 이동 주택(사무소, 실험소)
  a truck, or a container with wheels, that is pulled by another vehicle; a vehicle without an engine, that can be pulled by a car or truck or used as a home or an office when it is parked
- **battered**
  오래 써서 낡은, 뭉겨진, 박살 난
  old, used a lot, and not in very good condition; attacked violently and injured; attacked and badly damaged by weapons or by bad weather
- **carny**
  〈속어〉 순회 흥행 배우, 순회 오락장에서 일하는 사람
- **rock**
  (앞뒤, 좌우로) 흔들다, 요동시키다, 진동시키다

I couldn't wait any longer.
난 더는 기다릴 수 없었다.
I could wait no longer.로 말할 수도 있다.

Zoom In

I couldn't wait any longer.
난 더는 기다릴 수 없었다.

EDWARD : Mr. Calloway?

A beat, Edward turns the knob.
Suddenly, the door bursts open. Edward is knocked down by a massive black dog, biggest you've ever seen. It has green glowing eyes and a lick of fire for a tongue.
Edward wrestles with the beast, its mouth snapping at his throat.
Blocking with an arm, Edward tries to push himself free, but the creature's hands —it has hands instead of paws—hold on tight.
Entwined, they roll across the dirt. The other nearby carnies scatter for cover. Mr. Soggybottom pulls a revolver out of his clown suit. Loads a silver bullet.
Edward finally succeeds in throwing the beast off. He rolls to his feet.
The hell hound squares back on its haunches, growling, ready for another leap.
Mr. Soggybottom sheds a clown tear, aiming the revolver at the dog.
At the last moment ...

EDWARD : No, wait!

Edward moves just as Mr. Soggybottom fires. The bullet catches Edward in the shoulder, knocking him down.
The carnies gasp.
Edward feels the ground around him, looking for some kind of weapon. He finds only a small stick. He waves it at the dog, ready to strike it.
Like magic, the dog's whole demeanor changes. It bounces excitedly, ready to play fetch.
Seeing an opportunity, Edward throws the stick as far as he can. The dog bounds after it. It returns a beat later with the flaming stick, which it drops at Edward's feet. Its tail whips back and forth.

EDWARD : (V.O.) It was that night I discovered that most things you consider evil or wicked are simply lonely, and lacking in social niceties.

에드워드 : 캘러웨이 씨?

잠시, 에드워드는 문 손잡이를 돌린다.
갑자기 문이 쾅 열리면서 지금까지 본 것 중 가장 큰 검은 개 한 마리가 튀어나와 에드워드를 쓰러뜨린다. 그 개의 눈은 초록색 불이 번쩍인다.
에드워드는 그 야수와 뒹구는데 그 놈의 입이 그의 목을 덥석 문다.
팔로 막으면서 에드워드는 그 놈을 밀어 풀려 나오려는데 그 놈의 손—녀석은 발 대신에 손을 지니고 있다—이 꽉 붙든다.
서로 엉켜서 그들은 먼지 속을 뒹군다. 근처에 있던 다른 흥행 배우들은 피하기 위해 흩어진다. 소기보텀 씨는 자신의 어릿광대 옷에서 총을 뺀다. 은 총알을 장전한다.
에드워드는 마침내 그 야수를 물리치는 데 성공한다. 그는 일어선 상태로 구른다.
그 악마 같은 사냥개는 등을 구부리며 으르렁거리며 뛰어들 자세를 취한다. 소기보텀 씨는 어릿광대의 눈물을 흘리며 개를 향해 총을 겨눈다.
최후의 순간에…

에드워드 : 안 돼요, 기다려!

에드워드는 소기보텀 씨가 총을 발사할 때 움직인다. 총알은 에드워드의 어깨를 스치며, 에드워드를 쓰러뜨린다.
흥행 배우들은 숨을 몰아쉰다.
에드워드는 무기를 찾아서 자기 주위의 땅을 더듬는다. 그는 단지 자그마한 막대기를 발견하고는 개를 때리기 위해 그를 향해 던진다.
마술처럼 그 개의 태도가 돌변한다. 그는 흥분해서 뛰어오르며 그 막대기를 물고 올 준비를 한다.
그 기회를 틈 타 에드워드는 될 수 있는 한 그 막대기를 멀리 던진다. 개는 뛰며 그것을 쫓아간다. 잠시 뒤에 그 개가 타는 듯이 붉은 막대기를 물고 돌아와서는 에드워드의 발 밑에 그것을 놓는다. 꼬리를 흔들면서.

에드워드 : (목소리) 그날 밤 나는 보통 악마라 불리는 것들의 대개가 실은 외롭고 약한 존재라는 걸 알았단다.

- **entwine**
  엉키게 하다, 혼란시키다, 감게 하다
  to twist or wind something around something else
- **square**
  〈권투〉 시합 자세를 취하다, 시합 자세로 전진하다
  to fight or prepare to fight somebody
- **demeanor**
  처신, 거동, 행실, 품행, 태도
  the way that somebody looks or behaves
- **fetch**
  (가서) 가져옴, 데려옴
- **nicety**
  (취미, 감정의) 섬세, 결벽, 우아한 것, 미묘

It was that night I discovered that ...
내가 …라는 것을 깨달은 것은 바로 그날 밤이었다.
It was that night that I discovered that ...로 it ... that 강조 구문이다.

Zoom In

It was that night I discovered that ...

내가 …라는 것을 깨달은 것은 바로 그날 밤이었다.

Edward throws the stick again. The dog takes off in a new direction. Smashing down three cars.
Edward nods quietly.

88. EXT. FIELD. PRE-DAWN
The stick is gone for a long time, long enough that Edward becomes concerned. Exhausted from playing fetch all night, Edward follows the stick into the woods.

89. INT. WOODS. DAWN
Amos Calloway stands up behind a bush, buck naked and hairy.
He still has the stick in his mouth, which he takes out as Edward approaches.

AMOS : Didn't kill anything, did I?

EDWARD : A few rabbits, but I think one of them was already dead.

AMOS : Oh. That would explain the indigestion.

Edward tosses him his jacket to cover his privates.

AMOS : Thank you.

He takes it and covers his privates.
He sits down on a fallen tree.

AMOS : I was wrong about you, kid. You may not have much, but what you got, you got a lot of. You could get any girl.

EDWARD : There's only one I want.

A beat.
Amos nods slowly.

에드워드는 다시 막대기를 던진다. 그 개는 새 방향으로 달려나간다. 세 대의 자동차를 세게 치면서.
에드워드는 조용히 고개를 끄덕인다.

88. 외부. 벌판. 동 트기 전
막대기는 사라진 지 오래다. 에드워드가 걱정할 정도로 오래 되었다. 밤새도록 막대기 물고 오는 놀이로 지친 채, 에드워드는 숲 속으로 가 막대기를 찾아 들어간다.

89. 내부. 숲. 새벽
아모스 캘러웨이가 덤불 뒤에 서 있는데, 이 남자는 나체 상태이고 털이 무성하다.
그는 여전히 입에 막대기를 물고 있다가 에드워드가 다가가자 내뱉는다.

아모스 : 나 아무것도 안 죽였지?
에드워드 : 토끼 몇 마리요. 한 마린 이미 죽어 있었고요.
아모스 : 아. 그래서 소화가 안 되는 거군.

에드워드는 그의 은밀한 곳을 가리도록 자신의 재킷을 던져준다.

아모스 : 고맙네.

그는 그 옷을 받아서 은밀한 부분을 가린다.
그는 넘어진 나무 위에 앉는다.

아모스 : 내가 자넬 잘못 생각했어, 젊은이. 자네는 가진 건 적지만 대단한 걸 가졌어. 어떤 여자라도 얻을 수 있을 거야.
에드워드 : 전 한 사람이면 돼요.

잠시.
아모스는 천천히 고개를 끄덕인다.

- **smash**
  격하게 때리며 부수다, 강타하다
  to break something, or to be broken, violently and noisily into many pieces hit very hard; to move with a lot of force against something solid; to make something do this: to hit something very hard and break it, in order to get through it
- **indigestion**
  소화 불량(증), 위약
  pain caused by difficulty in digesting food
- **privates**
  〈속어, 완곡〉 음부
  a polite way of referring to the sexual organs without saying their names

I was wrong about you.
내가 널 잘못 생각했다.
wrong about은 '~에 관해서 행동〔판단, 의견, 방법〕이 틀린'의 뜻이다.

Zoom In

I was wrong about you.
내가 널 잘못 생각했다.

AMOS : Her name ... is Sandra Templeton. She goes to Auburn. Semester's almost over, so you better hurry.

EDWARD : Thank you. Thank you.

Edward jumps for joy.

AMOS : Good luck, kid!

Edward walks away. Then starts running. He has to get there as soon as possible.

EDWARD : (shouting) Thank you, sir!

Amos sits down and scratches his ear with his foot.

90. EXT. BIG TOP. DAY

Edward waves his hand to some carnies.

EDWARD : Bye, now.

A CARNY : Bye, Edward.

EDWARD : Good-bye.

EDWARD : (V.O.) After saying my good-byes, I hopped three trains to get to Auburn that afternoon.

91. EXT. AUBURN UNIVERSITY. DAY

We descend on the main quad, to find Edward Bloom in front of a fountain.

He is in full dress. It's the mid-1960's, but by the conservative dress of the passing students, it could be any era. He walks over to the sorority house with a bouquet in his hand.

아모스 : 그 여자 이름은… 산드라 템플턴이야. 오번 대학교에 다녀. 학기가 거의 끝나가니까 서두르는 게 좋을 거야.

에드워드 : 감사합니다. 감사해요.

에드워드는 좋아서 날뛴다.

아모스 : 잘해 봐, 젊은이!

에드워드는 걸어간다. 그러다가 뛰기 시작한다. 그는 될수록 빨리 거기에 가야만 한다.

에드워드 : (소리를 지르면서) 감사합니다!

아모스는 앉아서 자신의 발로 귀를 긁는다.

90. 외부. 큰 천막. 낮

에드워드는 몇몇 흥행 배우들에게 손을 흔든다.

에드워드 : 안녕.

흥행 배우 : 잘 가, 에드워드.

에드워드 : 안녕.

에드워드 : (목소리) 작별 인사를 한 후, 난 그날 오후 오번에 닿기 위해 기차를 세 번이나 탔단다.

91. 외부. 오번 대학교. 낮

카메라가 대학 건물의 안뜰로 내려오면서 에드워드 블룸이 분수 앞에 서 있는 것을 비춘다.

그는 정장 차림이다. 때는 1960년대 중반이지만 지나가는 학생들의 보수적인 옷차림으로 봐서 어떤 시대일 수도 있다. 그는 손에 꽃다발을 들고 여학생 클럽 회관으로 간다.

- **scratch**
  ~을 할퀴다, (가려운 데를) 긁다, 비비다, 슬근슬근 긁다
- **quad**
  (특히 대학 등의 건물이 둘러싸인) 안뜰
  quadrangle; an open square area that has buildings all around it, especially in a school or college
- **era**
  (역사, 정치상의) 연대, 시대, 시기
- **sorority**
  (특히 대학의) 여학생 클럽
  a club for a group of women students at an American college or university

MOVIE TALK

팀 버턴의 행복한 판타지, 동화 같은 영상미!

〈가위손〉의 팀 버턴… 한데 여기에선 음울하고 괴기스런 상상력이 완전 배제된 온화 버전으로 탈바꿈한다. 그러면서 모든 것을 가지고 있는 영화가 된다. 판타지, 휴먼, 로맨스, 개그, 액션, 등등… 〈빅 피쉬〉는 이 모든 것을 가지고 있으면서 전혀 산만하지 않은 대단한 결집력을 발휘하는 걸작이다. 팀 버턴 감독 영화답게 매우 동화적이면서도 현실적인 냉정함이 묻어나는 영화인 것이다.

영화는 결국 가정을 위해 기꺼이 자신을 희생해야 했던 모든 아버지들에 관해 노래한다. 팀 버턴 또한 이 영화를 두고 얼마 전 세상을 떠난 자신의 아버지에 대한 헌사라 말하고 있다. 당시 그 영화의 아들처럼 감독은 아버지가 곧 될 시기였고 또 아버지를 잃을 시기를 공통으로 가지던 시기였던 것이다. 아버지의 죽음과 아들의 탄생으로 그 중간에서 고민을 하는 셈이다. 아버지의 모든 말이 거짓이라고 생각했지만 사실은 그것이 거짓이 아닌 자신과 소통하고 싶었던 거라는 걸 깨닫게 되는 그 순간을 이야

기하는 것이다. 팀 버턴 자신도 한 인터뷰에서 이 작품을 선택한 이유에 대해서 이렇게 밝히고 있다.

"진실과 과장이 멋지게 뒤섞인 이야기 구조가 좋았다. 또 멋진 판타지를 보여주다가도 아버지를 잃게 된다는 가슴 아픈 현실로 다시 돌아와야 하는 구조가 마음에 와 닿았다. 얼마 전 아버지가 돌아가셔서 더 절실하게 느꼈던 것 같다."

영화는 이전 어떤 작품보다 기발한 상상력과 독특한 이미지를 통해 팀 버턴식 판타지를 선사하고 있다. 등장하는 캐릭터 또한 신비로움이 가득하다. 늑대 인간 서커스 단장과 하반신이 서로 붙어 있는 샴쌍둥이 자매, 족히 4미터는 넘어 보이는 거인, 유리 눈을 가진 마녀 등 이 작품을 장식하고 있는 캐릭터들은 이전 SF 영화나 동화에서 보아 온 그것들과는 또 다른 매력을 지닌다. 기발한 상상력에 그걸 덧붙이는 팀 버턴식의 동화 같은 영상들이 이 영화를 보는 내내 믿을 수 없이 쏟아진다. 특히 이 영화에서는 컴퓨터 그래픽의 사용이 많지 않은데 그 이유에 대해서 팀 버턴은 이렇게 말하고 있다.

"이번 촬영 중 특수 효과를 제한하는 것이 나에게는 중요했다. 좀 더 사실에 가깝게 '살아 있는 모습'을 그대로 표현하고 싶어서 블루 스크린을 전혀 사용하지 않았다. 나무 위에 차가 걸려 있는 장면도 실제로 촬영했다. 차 내에 무거운 부속품들을 빼낸 뒤 크레인으로 올려 찍었다."

실제로 여기에는 화면만 보아도 절로 감탄이 흘러 나올 정도로 팀 버턴의 진수를 보여준다. 보고 난 후에도 가슴 설레게 하는 명장면들이 특히 많은데 이는 6개의 서커스단을 총 출동시킨 연합 무대를 만든 결과였다. 특수 효과로는 절대 자아낼 수 없는 실감나는 영상을 위해 기린, 낙타, 사자, 코끼리, 곰 등 150여 마리의 동물들이 동원되었고 1만 송이 황수선화가 공수

되어 전 제작진이 참여한 가운데 직접 1만 송이 황수선화 심기 대작전이 펼쳐지기도 했다고 한다.

화려한 영상의 이야기꾼인 팀 버턴 뒤에는 물론 완벽한 조화를 이루는 이완 맥그리거가 있다. 영화의 핵심인 주인공 에드워드 블룸을 소화해 낼 두 명의 세계적인 배우를 찾던 제작진은 청년 에드워드에 일찌감치 〈물랭루주〉에서 매력적인 연기를 보여준 이완 맥그리거를 낙점했다. 남은 것은 이완 맥그리거와 닮은 노년의 에드워드를 찾아내는 것이었다. 이 어려운 숙제는 한 장의 사진으로 해결되었는데 앨버트 피니의 젊은 시절 사진이 이완 맥그리거와 놀랍도록 닮았던 것. 이들을 포함해 수많은 주연, 조연 배우들은 탄탄한 연기력으로 팀 버턴의 판타지를 뒷받침해 주고 있는 것이다. 에드워드의 운명의 여인이자 동반자인 산드라역에 제시카 랭, 마녀와 에드워드를 사랑한 제니퍼의 1인 2역에 헬레나 본햄 카터, 서커스단 단장에 팀 버턴과 절친한 대니 드비토, 괴짜 시인역에 스티브 부세미 등 화려한 조연들이 '팀 버턴과 〈빅 피쉬〉' 라는 그물에 안성맞춤으로 걸려들어 그야말로 대어를 낚은 셈이다.

Chapter 6

운명은 잔인하게 주위를 맴돈단다

Fate Has a Cruel Way of Circling around on You

시간 01:00:48 ~ 01:12:00

92. EXT. SORORITY HOUSE. DAY

Edward stands with a bouquet of daffodils in front of the door.
Finally, a decision is reached. He knocks at the door.
The door opens to reveal the woman of Edward's dreams, Sandra Kay Templeton. She's effortlessly beautiful, pure and simple as sunlight. He can't believe he's finally reached her. He half-laughs, nervous. That makes her laugh, not sure what's going on.

EDWARD : You don't know me, but my name is Edward Bloom and I love you. I've spent the last three years working to find out who you are. And I've been shot and stabbed and trampled a few times. I broke my ribs twice, but it's all been worth it to see you here, now, and to finally get to talk to you. Because I am destined to marry you. I knew it from the first moment I saw you at the circus. And I know it now more than ever.

92. 외부. 여학생 클럽 회관. 낮

에드워드는 문 앞에 황수선화 꽃다발을 들고 서 있다.
마침내 결정을 내린다. 그는 문을 두드린다.
문이 열리면서 에드워드가 꿈에 그리던 여자인 산드라 케이 템플턴이 나타난다. 그녀는 애써 가꾸지 않고서도 아름답고, 햇빛처럼 순수하고 소박하다. 그는 자신이 마침내 그녀에게 왔다는 것을 믿을 수 없다. 그는 불안한 상태로 반쯤 미소를 짓는다. 그러자 그녀는 무슨 일이 진행되고 있는지 잘 납득이 안 가는 듯 웃는다.

에드워드 : 절 모르시겠지만 제 이름은 에드워드 블룸이고 전 당신을 사랑합니다. 당신이 누군지를 알아내기 위해 지난 3년이나 일했어요. 총에 맞고 칼에 찔리고, 밟히기도 여러 번 했죠. 두 번이나 갈빗대가 부러지기까지 했지만 이렇게 만나서 말을 하고 보니 그럴 만한 가치가 있었네요. 왜냐하면 우린 결혼할 운명이거든요. 서커스에서 당신을 처음 본 순간부터 그걸 알았는데 지금 더욱 확실해졌어요.

- **effortlessly**
  힘들이지 않고, 노력하지 않고, 쉽게
- **stab**
  ~을 찌르다, 찔러 죽이다
  to push a sharp, pointed object, especially a knife, into somebody, killing or injuring them
- **trample**
  ~을 내리밟다, 밟아 뭉개다, 거칠게 대하다
  to step heavily on somebody/something so that you crush or harm them/it with your feet; to ignore somebody's feelings or rights and treat them as if they are not important

On Sandra, overwhelmed. All she can finally think of to say is ...

SANDRA : I'm sorry.

EDWARD : You don't have to apologize to me. I'm the luckiest person you're gonna find today ...

She puts her hand up. On her left ring finger, we see a diamond.

SANDRA : No, I'm sorry, I ... I'm engaged to be married.

On Edward as his heart falls 20 floors. He tries to suppress the reaction, put on a brave front.

EDWARD : Oh.

SANDRA : But you're wrong. I do know you, at least by reputation. Edward Bloom from Ashton. See, I'm actually engaged to a boy from Ashton. Don Price. He was a few years older than you.

FLASH CUTS TO:

VARIOUS H.S. ATHLETIC COMPETITIONS
Recapping earlier football, baseball and basketball highlights, we find Edward beats Don every time.

BACK TO:

93. EXT/INT. SORORITY HOUSE. THE DOORWAY
Edward is dumbstruck. With all the strength he can muster ...

산드라가 압도된 모습이다. 결국 그녀가 생각할 수 있는 말이란…

산드라 : 미안해요.

에드워드 : 제게 사과하지 마세요. 당신을 만나다니 전 오늘 최고의 행운아예요…

그녀는 손을 들어보인다. 왼쪽 약손가락에서 다이아몬드가 보인다.

산드라 : 아뇨, 미안해요, 전… 전 결혼하기로 약속했어요.

에드워드는 가슴이 철렁 내려앉는다. 그는 반응을 억제하려고 노력하면서 용감한 태도를 취한다.

에드워드 : 아.

산드라 : 하지만 당신이 틀렸어요. 난 당신에 관해선 잘 알아요. 명성이 높더군요. 애시턴의 에드워드 블룸. 제 약혼자도 거기 출신이에요. 돈 프라이스라고. 당신보다 두세 살 많더군요.

순간적인 장면들이 비친다:

고등학교 시절의 다양한 운동 경기 장면
이른 시절의 미식축구, 야구 그리고 농구 시합의 중요한 장면들을 재현하는 동안 에드워드는 매번 돈을 격퇴한다.

다시 돌아간다:

93. 외부/ 내부. 여학생 클럽 회관. 현관
에드워드는 말문이 막혀 있다. 그가 불러 일으킬 수 있는 모든 힘을 다해서…

- **suppress**
  (반란, 폭동 등을) 진압하다, 억압하다, 억누르다
  (of a government, ruler, etc.) to put an end, often by force, to a group or an activity that is believed to threaten authority; to prevent something from being published or made known; to prevent yourself from having or expressing a feeling or an emotion; to prevent something from growing, developing or continuing
- **dumbstruck**
  놀라서 말도 못하는
- **muster**
  (용기 등을) 불러 일으키다, 분기시키다
  to find as much support, courage, etc. as you can

I'm engaged to be married.
난 결혼하기로 약속했다.
engaged는 '약혼한, 약혼 중인'의 뜻이다.

Zoom In

I'm engaged to be married.

난 결혼하기로 약속했다.

EDWARD : Well. Congratulations. I ... I'm sorry to have bothered you.

He hands the bouquet to Sandra, turns and walks down the front steps.
She stays in the doorway for a few beats, feeling genuinely horrible for what's happened. But eventually she goes back inside. We hear giggles from inside as her sorority sisters get to the bottom of this.

SANDRA : Stop it! It's not funny. (watching Edward walk away) That poor boy.

She shuts the door.
We lead Edward as he walks away, tears just starting to form.

EDWARD : (V.O.) Fate has a cruel way of circling around on you. After all this work to leave Ashton, the girl I love was now engaged to one of its biggest jerks.

He exits frame, leaving only the sorority house in the background.

EDWARD : (V.O.) There's a time when a man needs to fight, and a time when he needs to accept that his destiny is lost, the ship has sailed, and that only a fool will continue.

A beat. Edward steps back into frame, looking at the sorority house.

EDWARD : (V.O.) Truth is, I've always been a fool.

에드워드 : 그럼, 축하해요. 괴롭혀서 미안해요.

그는 산드라에게 꽃다발을 건네고는 돌아서서 몇 발자국 걸어간다. 그녀는 무슨 일이 일어났는지에 대해 진심으로 끔찍하게 느끼면서 잠시 문간에 서 있다. 하지만 결국 그녀는 안으로 들어간다. 안으로부터 킬킬대는 소리가 들리는데 그녀의 여학생 클럽의 여학생들이 층계 밑에서 그녀를 바라본다.

산드라 : 그만 해! 뭐가 우스워. (에드워드가 가는 것을 바라보면서) 안됐어.

그녀는 문을 닫는다.
에드워드는 막 눈물을 글썽이며 걸어간다.

에드워드 : (목소리) 운명은 잔인하게 주위를 맴돈단다. 애시턴을 떠나 갖은 고생 끝에 만난 내 여자가 애시턴 최고의 멍청이랑 약혼했다니.

그는 배경으로 여학생 클럽 회관만을 남겨 놓은 채 화면 밖으로 사라진다.

에드워드 : (목소리) 싸울 때가 있으면 질 때가 있고 그걸 인정해야 될 때도 있는데 바보들만은 멈출 줄을 모르지.

잠시. 에드워드는 여학생 클럽 회관을 바라보면서 다시 화면 속으로 들어온다.

에드워드 : (목소리) 사실 난 늘 바보였단다.

- **bouquet**
  부케, 꽃다발, 향기
  a bunch of flowers arranged in an attractive way so that it can be carried in a ceremony or presented as a gift

- **genuinely**
  진정으로, 성실하게

- **giggle**
  낄낄 웃음, 재미있는 것
  a slight silly repeated laugh

- **jerk**
  〈속어, 경멸〉 세상 물정을 모르는 사람, 바보
  a stupid person who often says or does the wrong thing

I'm sorry to have bothered you.
괴롭혀서 미안해요.
I'm sorry that I have bothered you.
의 뜻이다.

Zoom

I'm sorry to have bothered you.

괴롭혀서 미안해요.

We circle as he shouts.

EDWARD : Sandra Templeton! I love you! And I will marry you!

94. INT. SORORITY HOUSE FOYER. DAY
Sandra opens the window and look out through the curtains. Is this guy crazy?

95. INT. LECTURE HALL. DAY
The tweedy economics professor continues his explanation.

PROFESSOR : So as you can see, if we apply these rules to our everyday life, supply and demand makes much more sense.

Sandra isn't paying a lot of attention.

PROFESSOR : Take a look at the next graph, and I think the import of this will be even stronger ...

He switches on the overhead projector without looking at it.
There's a titter from the students, but he doesn't notice.
A classmate nudges Sandra, who looks up. Written on the projector is "I Love Sandra Templeton." She's horrified and excited at the same time. The professor finally notices what's written there.

96. EXT. QUAD. DAY
Sandra walks with her books with friends.

FRIEND #1 : ... for three hours.

카메라가 돌면서 그는 소리를 친다.

에드워드 : 산드라 템플턴! 당신을 사랑해요! 난 당신이랑 결혼할 거예요!

94. 내부. 여학생 클럽 회관 현관 방. 낮
산드라가 창문을 열고 커튼을 통해 내려다본다. 이 친구가 미쳤나?

95. 내부. 강의실. 낮
트위드 차림의 경제학 교수가 계속 설명을 하고 있다.

교 수 : 그러니까 이 규칙들을 일상 생활에 적용해 보면 공급과 수요가 훨씬 이해가 잘 될 겁니다.

산드라는 주의를 많이 기울이지 않고 있다.

교 수 : 다음 그래프를 보세요. 내 생각에는 수입이 훨씬 더 강해질…

그는 오버헤드 프로젝터를 보지 않으면서 그 스위치를 켠다.
학생들한테서 킥킥 웃음소리가 들리지만 그는 눈치 채지 못한다.
한 학생이 산드라를 팔꿈치로 쿡 찌르자 그녀가 쳐다본다. 프로젝터 위에는 '산드라 템플턴을 사랑합니다'란 글자가 쓰여 있다. 그녀는 놀라기도 하고 동시에 흥분되기도 한다. 교수가 마침내 거기 쓰여진 글자를 알아본다.

96. 외부. 대학 건물의 안뜰. 낮
산드라가 친구들과 함께 책을 들고 걸어온다.

친구1 : …세 시간 동안이나.

- **tweedy**
  트위드의, 트위드를 즐겨 입는
  used to describe the sort of person who often wears tweeds and therefore shows that they belong to the social class of rich people who live in the country

- **import**
  수입, 수입품, 수입액

- **titter**
  킥킥 웃음, 소리를 죽여 웃음

- **nudge**
  (주의를 끌기 위해 팔꿈치로) ~을 슬쩍 찌르다, 주의를 환기시키다, 조금씩 움직이다
  to push somebody gently, especially with your elbow, in order to get their attention; to push somebody/something gently or gradually in a particular direction; to move forward by pushing with your elbow; to reach or make something reach a particular level

Take a look at the next graph.
다음 그래프를 보세요.
Look at the next graph.와 같은 표현이다.

Zoom In

Take a look at the next graph.
다음 그래프를 보세요.

She points at the sky.

FRIEND #2 : (to Sandra) Look!

We look up to the blue sky, where a giant sky-written heart floats in the wind. "I love Sandra" is written in it. Sandra shakes her head, disbelieving.

97. INT. SANDRA'S BEDROOM. MORNING

Just-woken Sandra walks out her bed and opens the window. She looks out the second-story window to find the lawn filled with ten thousand daffodils.
Edward stands amid the sea of yellow flowers.
She smiles brightly.

98. EXT. SORORITY HOUSE. DAY

Sandra walks out to him. She's smiling, confused, joyful and scared.

SANDRA : Daffodils!

EDWARD : They're your favorite flower.

SANDRA : How did you get so many?

EDWARD : I called everywhere in five states. I told them it was the only way to get my wife to marry me.

A tear almost drops down Sandra's cheek.

SANDRA : You don't even know me.

EDWARD : I have the rest of my life to find out.

From down the street ...

A MAN'S VOICE : Sandra!

그녀는 하늘을 가리킨다.

친구 2 : (산드라에게) 저기 봐!

푸른 하늘을 바라보니 거기에는 큰 글자로 하트 모양이 그려져 있는 것이 바람에 떠다닌다. '산드라를 사랑합니다'란 글자가 그 안에 쓰여져 있다. 산드라는 믿을수 없다는 듯이, 고개를 가로젓는다.

97. 내부. 산드라의 침실. 아침
막 잠에서 깨어난 산드라가 침대를 빠져 나와 창문을 연다. 그녀는 이층 창문 밖을 바라보다가 잔디밭이 무수히 많은 황수선화로 가득 차 있는 것을 발견한다.
에드워드가 노란 꽃의 바다 가운데 서 있다.
그녀는 밝게 웃는다.

98. 외부. 여학생 클럽 회관. 낮
산드라가 그에게 걸어나간다. 그녀는 혼란스럽고, 기쁘며 두렵지만 미소를 띠고 있다.

산드라 : 황수선화!
에드워드 : 당신이 좋아한다기에.
산드라 : 이거 다 어디서 났어요?
에드워드 : 다섯 개 주에 전화했어요. 그들에게 내가 결혼할 아내를 얻을 유일한 방법이라고 했죠.

눈물이 산드라의 볼 아래로 떨어질 듯하다.

산드라 : 당신은 날 모르잖아요.
에드워드 : 이제부터 알면 돼요.

거리 아래로부터…

남자의 목소리: 산드라!

- **float**
  뜨다, (물 위, 공중에서) 떠돌다, (허공에) 걸리다
  to move slowly on water or in the air; to stay on or near the surface of a liquid and not sink

- **second-story**
  2층의, 2층 창으로 침입하는

- **amid**
  ~의 한복판에, ~이 한창일 때에
  in the middle of or during something, especially something that causes excitement or fear; surrounded by something

How did you get so many?
이렇게 많은 걸 어떻게 구했어요?
many는 명사로 How did you get so many flowers?의 의미이다.

Zoom In

How did you get so many?
이렇게 많은 걸 어떻게 구했어요?

The adult Don Price and his friends walk over to them.

SANDRA : It's Don. Promise you won't hurt him.

EDWARD : If that's what you want, I swear to it.

Don Price approaches. He's 230 pounds of football-playing, Skynyrd-loving, fraternity-proud muscle. And he's pissed. A gang of his brothers walk behind him.

DON PRICE : Bloom!

EDWARD : Don.

DON PRICE : What the hell are you doing? This is my girl. Mine!

EDWARD : I wasn't aware that she belonged to anyone.

Don Price punches him on the chin. But Edward makes no move to defend himself. Sandra feels embarrassed.

DON PRICE : What's the matter? Are you too scared to fight back?

EDWARD : I promised I wouldn't.

Don Price decks him, knocking him down.
A beat. Don shrugs, fine. Then proceeds to kick Edward's ass nine ways to Sunday.

SANDRA : Stop it!

Don Price continues beating Edward.

SANDRA : Don, stop!

성인이 된 돈 프라이스와 그의 친구들이 그들에게 걸어온다.

산드라 : 돈이군요. 그와 싸우지 않겠다고 약속해요.
에드워드 : 그게 당신이 원하는 것이라면, 맹세하죠.

돈 프라이스가 다가온다. 그는 100 킬로그램이 넘는 미식축구 선수로 스키너드 록 그룹을 좋아하고 남학생 사교 클럽이 자랑하는 근육의 소유자다. 그는 화가 나 있다. 그의 일당들이 그 뒤에 따라온다.

돈 프라이스 : 블룸!
에드워드 : 돈.
돈 프라이스 : 대체 여기서 뭐 하는 거야? 이 여잔 내 여자야. 내 여자라고!
에드워드 : 그녀가 애인이 있는 줄은 몰랐어.

돈 프라이스는 그의 턱을 주먹으로 친다. 하지만 에드워드는 자신을 방어하기 위해 움직이지 않는다. 산드라는 당황스런 표정이다.

돈 프라이스 : 왜? 무서워서 못 싸우겠어?
에드워드 : 안 싸운다고 약속했어.

돈 프라이스가 그를 때려눕힌다.
잠시. 돈은 어깨를 으쓱한다. 좋다. 그리고는 에드워드의 엉덩이를 걷어차기 시작한다.

산드라 : 그만!

돈 프라이스는 계속해서 에드워드를 때린다.

산드라 : 돈, 그만해!

- **Skynyrd**
미국의 록 밴드 이름. 원명은 Lynyrd Skynyrd이다.
Lynyrd Skynyrd is an iconic U.S. Southern rock band. The band reached prominence during the 1970s under the leadership of vocalist and primary songwriter Ronnie Van Zant until he died, along with several other members of the band, in a plane crash in 1977 in McComb, Mississippi.

- **fraternity**
(대학, 고교의) 남학생 사교 클럽

- **deck**
~을 때려눕히다
to hit somebody very hard so that they fall to the ground

I swear to it.
그거 맹세한다.
I swear.나 I swear to God.(신에게 걸고 맹세한다)도 사용할 수 있다.

Zoom In

I swear to it.

그거 맹세한다.

EDWARD : (V.O.) While I took the beating of a lifetime, it was Don Price who was ultimately defeated.

As the ass-whupping continues, we INTERCUT WITH:

99. INT. FRATERNITY HOUSE BATHROOM. DAY(FLASHFORWARD)
Sitting on the can, Don Price pinches a loaf while reading the new *Playboy*.

EDWARD : (V.O.) All the physical activity had worsened a congenital valve defect. Put simply, his heart wasn't strong enough.

Don Price squeezes down hard, trying to shit the unshittable.
Suddenly, he grasps his chest and collapses face-first on the tile.

100. EXT. WITCH'S HOUSE/GATE. NIGHT(FLASHBACK)
The same image of Don's dead face on the tile is reflected in The Eye.
RETURNING BACK TO:

101. EXT. SORORITY HOUSE. DAY
The thrashing continues. Edward somehow fights his way back to his feet, ready to be knocked down again.

SANDRA : Don!

Don is about to slug Edward again when he turns.
Sandra pulls off her engagement ring.

SANDRA : I will never marry you.

A beat. Don stands stunned, his mind reeling.
Edward, whose eyes are swollen almost shut, keeps waiting for the next punch. Where is it? What's going on?

에드워드 : (목소리) 난 평생 맞을 매를 다 맞았지만 결국 패배한 사람은 돈이었단다.

엉덩이를 계속 걷어차는데 장면이 끼어든다:

99. 내부. 남학생 사교 클럽 회관의 화장실. 낮(이야기 중에 미래의 한 장면이 삽입)

변소에 앉아서 돈 프라이스는 새 플레이보이 잡지를 읽으며 대변을 본다.

에드워드 : (목소리) 그런 과격한 행동이 선천적인 심장병을 악화시켰지. 간단히 말하자면 그 녀석은 원래 심장이 약했거든.

돈 프라이스는 나오지 않는 대변을 보기 위해 힘을 준다.
갑자기 그는 가슴을 움켜쥐면서 타일 바닥에 얼굴을 대며 쓰러진다.

100. 외부. 마녀의 집/대문. 밤(회상)
타일 위에서 돈의 죽은 얼굴과 같은 모습이 마녀의 눈에 비친다.
다시 장면으로 돌아온다:

101. 외부. 여학생 클럽 회관. 낮
계속 두들겨 맞는 일이 계속된다. 에드워드는 일어나 반격을 하려고 하나 다시 쓰러질 태세이다.

산드라 : 돈!

돈은 다시 에드워드를 막 강타하려다가 돌아선다.
산드라는 자기의 약혼 반지를 뺀다.

산드라 : 난 너랑 결혼 안 해.

잠시. 돈은 어이가 없어 선다. 그의 마음이 비틀거린다.
에드워드는 눈이 부풀어 거의 감길 상태로 다음 펀치를 기다린다. 어디 갔어? 무슨 일이 생긴 거야?

whup
〈구어〉 쳐 부수다, 완패시키다
to defeat somebody easily in a game, a fight, an election, etc.

congenital
(병, 결함 등이) 타고난, 선천적인
(of a disease or medical condition) existing since or before birth; existing as part of a person's character and not likely to change; (of a person) born with a particular illness

shit
뒤 보다, 똥을 누다
to empty solid waste matter from the bowels

unshittable
뒤를 볼 수 없는

thrashing
타작, 탈곡, 도리깨질, 채찍질
an act of hitting somebody very hard, especially with a stick
- thrash
  (몽둥이, 채찍 등으로) 마구 때리다, 채찍질하다

reel
비틀거리다, 갈지자걸음으로 걷다, 동요하기 시작하다
to move in a very unsteady way, for example because you are drunk or have been hit

put simply
간단히 말하자면
분사구문으로 if it is put simply의 뜻.
put은 express의 뜻이다.

Zoom In

put simply

간단히 말하자면

DON PRICE : What? You mean, you love this guy?

SANDRA : He's almost a stranger and I prefer him to you.

She hands him the ring. Another beat, then Don storms off.
But not before decking Edward one last time.
Sandra leans over Edward's broken body. His head lies on the daffodils.
He smiles, his teeth bloody.

EDWARD : (V.O.) As it turned out, Sandra was able to keep her same date at the chapel. Only the groom had changed.

We crane up above the flowered battlefield.
As the music reaches a crescendo, we suddenly ...

102. INT. GUEST ROOM. NIGHT
Josephine pours water into a glass.

JOSEPHINE : I thought you said you didn't have a church wedding.

EDWARD : We were all set to, but there was a complication.

He reaches for his glass of water, but Josephine already has it for him. She watches him while he slowly drinks the entire glass, thirstier than he imagined. While he's drinking, we ...

103. INT. UPSTAIRS HALLWAY. NIGHT
Will, back from the grocery store, reaches the top of the stairs. He hears voices coming from the bedroom.

JOSEPHINE : (O.S.) Is it the medicine that's making you thirsty?

EDWARD : (O.S.) Truth is, I've been thirsty my whole life. Never really known why.

돈 프라이스 : 뭐야? 이 자식을 사랑한다고?
산드라 : 이 사람이 낯설지만 너보단 좋아.

그녀는 그에게 반지를 건넨다. 잠시 후, 돈이 미친 듯이 날뛴다. 하지만 마지막으로 에드워드를 때리고는 물러선다.
산드라는 에드워드의 상처난 몸 위로 몸을 수그린다. 그의 머리는 황수선화 위에 놓여 있다.
그는 미소를 짓는데 이빨에는 피가 고여 있다.

에드워드 : (목소리) 드러난 대로 산드라의 결혼식은 같은 날 그 예배당에서 지켜졌단다. 신랑이 바뀌었을 뿐이지.

카메라는 위쪽으로 올라가며 꽃으로 뒤덮인 전쟁터를 비춘다.
음악이 최고조에 다다르자, 갑자기…

102. 내부. 손님용 침실. 밤
조세핀이 유리 잔에 물을 따른다.

조세핀 : 따로 교회 결혼식을 하진 않으셨다면서요.
에드워드 : 준비는 해 놨는데 복잡한 일이 있었어.

그는 물이 담긴 잔에 손을 내밀지만 조세핀이 이미 그에게 그것을 집어준다. 그녀는 아버님이 천천히 그 물을 다 마실 때까지 옆에서 지켜본다. 자신이 생각했던 것보다 더 목이 말랐다. 그가 물을 마시는데…

103. 내부. 이층 복도. 밤
윌이 식료품점에서 돌아와 층계의 꼭대기에 다다른다. 그는 침실에서 목소리가 새어 나오는 것을 듣는다.

조세핀 : (무대 밖) 갈증 나게 만드는 약인가요?
에드워드 : (무대 밖) 사실은 난 평생 목이 말랐단다. 왜 그랬는지 몰라.

■ **storm**
미친 듯이 날뛰다, 돌진하다, 돌격하다
to suddenly attack a place; to go somewhere quickly and in an angry, noisy way; to say something in a loud angry way

■ **crescendo**
〈음악〉 점강음, 점점 세어지기, 최고조
a gradual increase in how loudly a piece of music is played or sung

as it turned out,
드러난 대로
관용 표현으로 turn out은 '~임이 판명되다, 드러나다'의 뜻이다.

Zoom In

as it turned out

드러난 대로

Will quietly approaches the door, not exactly sneaking, but not exactly announcing his presence. The door is open a few inches, letting him look in on his father and his wife.
INTERCUT HALLWAY/BEDROOM

104. INT. BEDROOM. NIGHT

EDWARD : (V.O.) There was a time when I was eleven ...

JOSEPHINE : (gently) You were talking about your wedding.

EDWARD : I didn't forget. I was just working on a tangent. You see, most men, they'll tell you a story straight through. It won't be complicated, but it won't be interesting, either.

JOSEPHINE : I like your stories.

EDWARD : And I like you.

He doesn't let the moment linger with undue sentimentality.

EDWARD : (V.O.) Well, when you work for the circus, you don't have a regular address. So after three years there was a lot of undelivered mail.

105. INT. HALLWAY. NIGHT
In the hallway, Will shifts to a new position, letting himself listen to the story one more time.

EDWARD : During the four weeks I was in the hospital, the postmaster finally caught up with me.

106. INT. HOSPITAL. DAY
Bruised and bandaged, Edward sorts through a big bag of mail with help from Sandra. They smile happily.

윌은 조용히 문에 다가간다. 살금살금 가는 것이 아니라 자신이 있다는 것을 정확히 알리고 싶지 않은 것이다. 문이 몇 인치 열려 있어서 아버지와 자신의 아내가 보인다.
카메라가 복도와 침실을 번갈아 비춘다.

104. 내부. 침실. 밤

에드워드 : (목소리) 한번은 내가 열한 살 때…
조세핀 : (상냥하게) 결혼식 얘기 중이셨는데요.
에드워드 : 나도 안다. 잠깐 옆길로 샜을 뿐이야. 사람들은 대부분 일관되게 얘길 하지. 복잡하진 않겠지만 재미있지도 않잖니.
조세핀 : 아버님 얘기가 좋아요.
에드워드 : 난 네가 좋다.

그는 그 순간이 부당한 감상으로 시간이 소비되게 하지 않는다.

에드워드 : (목소리) 서커스 사람들한텐 일정한 주소가 없단다. 나도 3년이 지나자 못 받는 우편물들이 많았지.

105. 내부. 복도. 밤
복도에서 윌이 한번 더 그 이야기를 듣기 위해 새 자리로 옮긴다.

에드워드 : 그런데 입원해 있는 4주 동안 마침내 우체국장이 날 찾아낸 거야.

106. 내부. 병원. 낮
타박상을 입고 붕대로 감은 채 에드워드는 산드라의 도움을 받으며 우편물 가방에서 우편물을 골라내고 있다. 그들은 행복하게 웃는다.

- **sneak**
  살금살금 들어오다〔나가다〕, 살짝 달아나다
  to go somewhere secretly, trying to avoid being seen; to do something or take somebody/something somewhere secretly, often without permission

- **tangent**
  정접, 탄젠트, (도로, 선로의) 직선 구간

- **undue**
  과도한, 심한, 부당한, 부적당한
  more than you think is reasonable or necessary

- **sentimentality**
  감상〔감정〕적임, 다정다감, 감상적인 생각〔행동, 의견〕

The postmaster finally caught up with me.
마침내 우체국장이 날 찾아냈다.
catch up with는 '~을 따라붙다, 찾아내다'의 뜻이다.

Zoom In

The postmaster finally caught up with me.

마침내 우체국장이 날 찾아냈다.

EDWARD : (V.O.) It seems that while my heart belonged to Sandra, the rest of my body belonged to the U.S. Government.

He rips open an official-looking letter. Reading it, his face drops.
Flute and drum, music rising to a military cadence. It is "Order to Report for Induction."
Edward shows it to Sandra. She sighs, looking at Edward.

107. EXT. NIGHT SKY
An airplane is flying in the night sky.

108. INT. ARMY AIRPLANE. NIGHT
With a buzz cut and paratrooper gear, Edward squats with a dozen other soldiers. The noise of the engines is deafening, but Edward is engrossed in an Asian phrasebook.

EDWARD : (V.O.) A hitch in the Army was up to three years at that point, and having waited three years just to meet Sandra, I knew I couldn't survive being away from her that long. So I took every hazardous assignment I could find, with the hope of getting my time down to less than a year.

The jump leader yells ...

JUMP LEADER : Go! Go!

One by one the men jump out, their chutes clipped to a main line.

EDWARD : (V.O.) When I was offered a secret mission, to steal the plans for the Wong Kai Tang power plant, I jumped at the chance to serve my country.

에드워드 : (목소리) 내 심장은 산드라 것이었어도 내 몸의 나머지는 미국 정부에 속해 있더구나.

그는 공적인 편지처럼 보이는 것을 개봉한다. 그것을 읽으면서 얼굴이 수그러진다.
플루트와 북 소리가 울리면서 음악은 군대식 리듬으로 바뀐다. 그 편지는 '징집 명령서'이다.
에드워드는 그 편지를 산드라에게 보여 준다. 그녀는 에드워드를 보면서 한숨을 짓는다.

107. 외부. 밤하늘
비행기 한 대가 밤하늘을 날아가고 있다.

108. 내부. 육군 항공기. 밤
비행기의 윙윙거리는 소리와 낙하산병 복장으로 에드워드는 다른 병사들과 웅크리고 앉아 있다. 엔진 소음은 귀를 멀게 할 정도지만 에드워드는 아시아 국가의 기본 회화 표현집에 몰두해 있다.

에드워드 : (목소리) 병역 복무 기간은 3년이었어. 산드라를 만나는 데 3년 걸렸는데 이제 와서 또 3년을 그녀와 떨어져 있을 순 없었지. 난 복무 기간을 일년 이내로 줄이기 위해 위험한 임무만 도맡아 했단다.

낙하산 강하 지휘관이 소리를 치는데…

낙하산 강하 지휘관 : 어서! 어서!

한 사람씩 병사들은 뛰어내렸는데 그들의 낙하산은 주선에 클립으로 고정되어 있으면서 떨어져 나갔다.

에드워드 : (목소리) 윙 카이 탱 발전소에서 설계도를 훔치라는 비밀 임무를 받았을 때 난 내 조국에 봉사할 기회를 기꺼이 받아들였지.

- **cadence**
  (일련의 소리나 말의) 율동적인 흐름, 리듬, 억양
  the rise and fall of the voice in speaking; the end of a musical phrase
- **induction**
  징병, 모병
- **paratrooper**
  낙하산병
- **engross**
  (주의, 시간을) 집중시키다, 몰두〔열중〕시키다
- **hitch**
  〈속어〉 병역〔복무〕 기간, (죄수의) 구치 기간
- **hazardous**
  모험적인, 위험한, 운에 맡기는
  involving risk or danger, especially to somebody's health or safety

I jumped at the chance.
난 그 기회를 기꺼이 받아들였다.
jump at은 '(일자리 등에) 혹하다, 쾌히 응하다'의 뜻이다.

Zoom In

I jumped at the chance.
난 그 기회를 기꺼이 받아들였다.

JUMP LEADER : Go! Go!

We can see the white parachutes disappearing into the darkness.
When his time comes, Edward waits for a second to see his wristwatch and then jumps from the plane.

109. EXT. OUTSIDE STAGE. NIGHT
A thousand Chinese soldiers sit, bored, watching the equivalent of a USO show.
A Chinese ventriloquist is on stage with his Communist puppet. We have no idea what they're saying to each other, but every act is fundamentally the same.
The emcee comes on to usher him off the stage before he's finished. The ventriloquist protests, but finally gives in.
The emcee speaks in Chinese to the audience.

110. EXT. HIGH ABOVE THE STAGE. NIGHT
We look down with Edward, who is drifting right for the stage. Edward can't steer. He's helpless.

111. EXT. ON STAGE. NIGHT
The band begins to play music.
The curtain rises to reveal Ping (27) at a microphone. She's as gorgeous a woman as you'll ever see.
She stands with her hips turned in profile. Her body is a knockout, dress cut to reveal skin.

112. EXT. ABOVE THE STAGE. NIGHT
Edward lands with a clang on the lighting catwalk above the stage. He barely grabs on, disconnecting his chute just as the curtain goes up.
Edward is surprised by an enemy soldier. The two men begin to scuffle.
Intercut between above the stage and on stage.

113. EXT. ON STAGE. NIGHT
Music starts, a vampy torch song. Ping sings melody while an off-stage voice carries perfect harmony.

낙하산 강하 지휘관 : 어서! 어서!

하얀 낙하산들이 어둠 속으로 사라지는 것이 보인다.
그의 차례가 왔을 때 에드워드는 자신의 손목시계를 보기 위해 잠깐 기다렸다가 항공기로부터 뛰어내린다.

109. 외부. 무대 밖. 밤
수천 명의 중국인 병사들이 따분하게 앉아서 미군 위문 협회 쇼와 같은 공연을 보고 있다. 한 중국인 복화술사가 자신의 공산주의자 작은 인형을 들고 무대에 있다. 그들이 서로 무슨 말을 하고 있는지는 모르지만 모든 행동이 근본적으로 똑같다.
사회자가 그 복화술사가 공연을 끝내기도 전에 다가와 그를 끌어내린다. 그 복화술사는 항의하지만 결국은 굴복한다.
사회자는 관객에게 중국어로 말한다.

110. 외부. 무대 위 높은 곳. 밤
에드워드와 함께 아래를 내려다보는데 그는 무대를 향해 바로 떠간다. 에드워드는 낙하산을 조종할 수 없다. 그는 어쩔 도리가 없다.

111. 외부. 무대. 밤
악대가 음악을 연주하기 시작한다.
막이 오르며 27세의 핑이 마이크에 나타난다. 그녀는 일찍이 본 적이 없을 정도로 매력이 있다.
그녀는 자신의 엉덩이를 옆으로 돌리고 서 있다. 그녀의 육체는 매력적이며 드레스는 살이 보일 정도로 잘려져 있다.

112. 외부. 무대 위쪽. 밤
에드워드는 무대 위쪽의 좁은 조명 통로에 뗑그렁 소리를 내며 착륙한다. 그는 간신히 움켜쥐어 막이 오르기 바로 직전에 낙하산에서 벗어난다.
에드워드는 한 적 병사를 보고 놀란다. 두 사람은 격투하기 시작한다.
무대 위쪽과 무대가 사이를 두고 비쳐진다.

113. 외부. 무대. 밤
음악이 시작되고 감상적인 블루스 곡이 흐른다. 핑은 무대 밖의 목소리가 완벽하게 화음을 내는 가운데 멜로디를 노래한다.

- **equivalent**
  동등물, 상당하는 것, 등가물
  a thing, amount, word, etc. that is equivalent to something else
- **ventriloquist**
  복화술사, 복화술자
- **knockout**
  〈구어〉 매력적인 사람
  a person or thing that is very attractive or impressive
- **catwalk**
  (항공기 안이나 다리 한 쪽에 마련된) 좁은 통로, 객석에 돌출한 좁다란 무대
- **scuffle**
  격투하다, 드잡이하다, 난투하다
- **vampy**
  매우 매혹적인
- **torch song**
  실연, 짝사랑 등을 읊은 감상적인 블루스 곡

emcee
사회자
구어체로 MC(Master of Ceremonies)를 발음 나는 대로 만든 단어이다.

Zoom In

emcee

사회자

PING : (sings) *Sometimes a girl can feel so alone*
Without a lover to call her own.
Sometimes it's so bad, she wants to explode.
Wants to grab the first man she sees and tear off his clothes.

114. EXT. ABOVE THE STAGE. NIGHT

Still fighting, Edward defeats his opponent. He throws him over the lighting catwalk.
He jumps for a rope on the far side of the catwalk, sliding down it to end up backstage.

115. EXT. ON STAGE. NIGHT

PING : (sings) *But she won't.*
No, she can't.
She needs a special different unusual man.
Because that girl,
Who looks like me,
She has wants, but she has needs.

She looks at the soldiers with a killing smile.

PING : (speaking) Any of you got needs?

For the first time, Ping turns, and now we see why she was standing in profile. Ping is one-half of Siamese twins. Her identical twin is Jing, who's been singing harmony all this time. They are two separate women who join at the waist, one set of perfect legs beneath them.

핑 : (노래한다) *때로 여잔 몹시 외롭답니다*
전화로 불러 낼 수 있는 애인이 없으면.
때로 그게 너무 심해서 폭발하고 싶죠.
처음 보는 남자를 붙들고 그의 옷을 찢어버리고 싶어하죠.

114. 외부. 무대 위쪽. 밤

여전히 격투를 벌이면서 에드워드는 상대를 격퇴시킨다. 그는 그 병사를 조명 통로 위로 던진다.
그는 그 좁은 통로 반대편에 있는 줄을 잡기 위해 뛰어올라서는 미끄러지며 내려가 무대 뒤로 내려간다.

115. 외부. 무대. 밤

핑 : (노래한다) *하지만 그녀는 안 그럴 거예요.*
아니, 그럴 수가 없어요.
그녀가 원하는 건 매우 특별한 비범한 남자거든요.
왜냐하면 그 여자는
나처럼 생겼는데,
탐나는 것도 있고 부족한 것도 있거든요.

그녀는 뇌쇄적인 미소를 지으며 병사들을 바라본다.

핑 : (말을 하며) 당신들 중 누가 부족한 게 있나요?

처음으로 핑이 돌아서는데 그녀가 왜 옆면으로 서 있었는지가 드러난다. 핑은 샴 쌍둥이의 반쪽 여자다. 그녀의 일란성 쌍둥이는 징으로 지금까지 화음을 맞춰온 여자다. 그들은 허리에서 합쳐져 두 사람의 여성으로 분리가 되어 있으며 그들 아래쪽으로는 완벽하게 두 다리만 있다.

- **explode**
  파열하다. 감정이 격발하다
  to burst or make something burst loudly and violently, causing damage
- **in profile**
  옆 모습으로, 측면에서 본 바로는
- **indentical twin**
  일란성 쌍생아(의 한쪽)

Any of you got needs?
당신들 중 누가 부족한 게 있나요?
Did any of you get needs?의 뜻으로 needs는 '필요한 것'의 뜻이다.

Zoom In

Any of you got needs?

당신들 중 누가 부족한 게 있나요?

PING : (chorus) *I've had twice the adventure,*

I've cried double the tears.

I've had two times the bad times in only half the years.

And now I need a man

With twice the will to give.

I need twice the man who's got

Twice the love to give.

116. INT. BARRACKS. NIGHT

Two North Korean soldiers are talking, sitting at the table.
Just then Edward draws aside the curtain and enters. Two soldiers are surprised to see him, rush forward and show off their Taekwondo art. Finally they are ready to fight.
Edward takes a night fluoroscope out of his pocket and puts it on with an easy and composed attitude. He puts the light off.
In the dark, Edward defeats them in an instant.
When Edward turns on the light, two soldiers are knocked down.
He finds the confidential document he wants and puts it into his pocket.

117. INT. ON STAGE. NIGHT

As Ping and Jing reach the last chorus, they strike a final pose in the shape of a heart, their arms forming the arches, their backs forming the curves.
The soldiers applaud. On each side of the stage, firecrackers are set off.
The curtain slowly lowers, revealing Edward's parachute.
The applause dies, replaced by a concerned rumble. The soldiers stand up altogether, with pistols at the ready.

핑 : (합창) *난 두 번 그런 경험을 했죠,*
눈물을 두 배로 흘렸죠.
여러 세월의 반 동안 나쁜 때가 두 번 있었죠.
이제 난 두 배로 줄 의지가 있는
남자가 필요해요.
난 두 배로 줄 사랑이 있는
사람을 두 배로 필요로 해요.

116. 내부. 막사. 밤

두 명의 북한 군인들이 테이블에 앉아서 이야기를 하고 있다.
바로 그때 에드워드가 커튼을 치우며 들어온다. 두 병사는 그를 보고 경악을 하면서 달려 나와 자신들의 태권도 무술을 과시한다. 마침내 그들은 싸울 자세를 취한다.
에드워드는 여유를 부리며 주머니에서 야간 형광 투시경을 꺼내 쓴다. 그는 전등을 끈다.
어둠 속에서 에드워드는 깜짝할 사이에 그들을 물리친다.
에드워드가 불을 다시 켜자, 두 병사는 뻗어 있다.
그는 자신이 원하는 기밀 서류를 발견하고는 그것을 주머니에 넣는다.

117. 내부. 무대. 밤

핑과 징이 마지막 합창에 이르렀을 때 하트 모양을 만들며 팔을 활처럼 굽히며, 자신들의 등은 곡선을 이룬다.
병사들은 박수갈채를 한다. 무대 양 옆 쪽에서 폭죽이 터진다.
막이 천천히 내려오다가 에드워드의 낙하산이 드러난다.
박수가 사라지고 대신 걱정스러운 소음이 들린다. 병사들은 함께 서서 권총을 발사할 준비를 갖춘다.

- **fluoroscope**
  형광 투시경
- **confidential**
  기밀의, 내밀한, 심복의
  meant to be kept secret and not told to or shared with other people; (of a way of speaking) showing that what you are saying is private or secret; trusted with private or secret information
- **firecracker**
  폭죽, 딱총
  a small firework that explodes with a loud noise
- **rumble**
  소음, 소문, 불평, 우르르 소리
  a long deep sound or series of sounds
- **at the ready**
  거총 자세로, 곧 행동할 수 있는 상태로

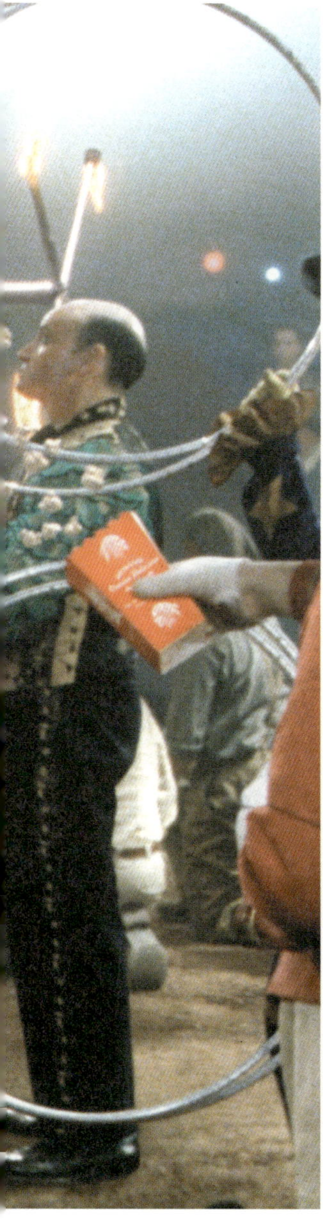

It was on that night Karl met his destiny.

And I met mine. Almost.

Chapter 7

'진실'이 뭔데?

Well, What Is "True"?

시간 01:12:01 ~ 01:23:25

118. INT. DRESSING ROOM. NIGHT
Ping and Jing walk in.
In Chinese, subtitled ...

PING : How could you miss your cue? You make me look like a fool, out there alone.

JING : You weren't alone!

Ping huffs, turning her back on her sister.
Jing reaches deeper into the closet to find a new dress, exposing Edward's hiding place. She gasps. Ping turns to look.

PING : Who the hell are you?

EDWARD : (in Chinese) I'm not going to hurt you.

PING : Damn right you're not. (yelling) Guard!

118. 내부. 분장실. 밤
핑과 징이 들어온다.
중국어로 말하는데 자막이 실린다…

핑 : 어떻게 시작을 놓칠 수 있어? 넌 날 혼자 그 곳에 두고 바보처럼 만들었어.

징 : 넌 혼자가 아니었잖아!

핑은 동생에게 등을 돌리면서 벌컥 성을 낸다.
징은 새 옷을 찾기 위해 옷장 속 깊이 다다르다가 에드워드가 숨어 있는 장소를 발견한다. 그녀는 헐떡거린다. 핑이 돌아서서 본다.

핑 : 대체 당신 누구야?

에드워드 : (중국어로) 난 당신들을 해칠 생각 없어요.

핑 : 못 해치지. (소리를 치며) 경비원!

- **subtitle**
  (영화에) 자막을 달다
  to give a subtitle or subtitles to a book, film/movie, etc.

- **cue**
  신호, 계기, (연극의) 큐(대사의 마지막 문구 또는 배우의 몸짓; 딴 배우의 등장이나 발언의 신호)
  an action or event that is a signal for somebody to do something; a few words or an action in a play that is a signal for another actor to do something

- **huff**
  호통치다, 야단치다, 거만한 태도를 취하다, 벌컥 성내다
  to say something or make a noise in a way that shows you are offended or annoyed

Jing grabs her, a hand over her mouth, but it's too late. A rifle-toting guard rushes in with a gun.
Pretending to be her bitchy sister—

JING : Tell your men not to bother us! And close that curtain!

The guard obeys. Ping shakes her sister off. They turn to look at Edward.

EDWARD : (in Chinese) Please, I need your help.

PING : What makes you think we'll help you?

Edward takes off his battle helmet and pulls a photo out of it. It's Sandra.
CROSSFADE TO:
VARIOUS SHOTS

EDWARD : (V.O.) Over the next hour, I described my love for Sandra Kay Templeton, and the ordeal that brought me before 'em. As it had always been, this love was my salvation. It was destined to be.

Hearing the story, Jing wipes away a tear. Even Ping is a little affected.

EDWARD : (V.O.) We put together an elaborate plan for escape, involving a whaling ship to Russia, a barge to Cuba and a small, dirty canoe to Miami. We all knew it would be dangerous.

Still subtitled:

징이 그녀 입에 손을 대면서 그녀를 움켜쥐지만 이미 늦었다. 총을 휴대한 경비병이 달려 들어온다.
자신의 심술궂은 언니인 척하면서—

징 : **부하들에게 우릴 방해하지 말라고 해요! 저 커튼도 닫고!**

경비병은 그대로 한다. 핑은 몸을 흔들어 동생에게서 벗어난다. 그들은 돌아서서 에드워드를 본다.

에드워드 : (중국어로) **제발 나 좀 도와줘요.**
핑 : **우리가 왜 당신을 도울 거라 생각하는 거죠?**

에드워드는 자신의 철모를 벗어 거기에서 사진 한 장을 꺼낸다. 그건 산드라다.
화면이 크로스페이드한다:
다양한 장면

에드워드 : (목소리) **다음에, 난 산드라 케이 템플턴에 대한 내 사랑과 내가 그들 앞에 나타나기까지의 시련에 대해 설명해 줬단다. 항상 그랬던 것처럼 내 사랑은 내 구세주였고, 그게 사랑의 운명이었지.**

이야기를 듣고서 징은 눈물을 닦는다. 핑조차 약간 감동을 받는다.

에드워드 : (목소리) **우린 함께 포경선을 타고 러시아로 가서 화물선을 타고 쿠바로, 거기서 작고 더러운 카누를 타고 마이애미로 가는 위험천만한 탈출 계획을 세웠어. 우리 모두는 그것이 위험하다는 걸 알고 있었지.**

여전히 자막이 실린다:

- **bitchy**
  (특히 여자가) 성질이 고약한, 심술궂은, 성마른, 육감적인
  saying unpleasant and unkind things about other people

- **ordeal**
  시련, 고난, 괴로운 체험
  a difficult or unpleasant experience

- **barge**
  (바닥이 편편한) 짐배, 부선, 바지선, 유람 객선
  a large boat with a flat bottom, used for carrying goods and people on canals and rivers

It was destined to be.
그것은 내 구세주가 될 운명이었다.
It was destined to be my salvation.의 의미이다.

Zoom In

It was destined to be.
그것은 내 구세주가 될 운명이었다.

PING : And what are we supposed to do when we get to America?

EDWARD : I can get you bookings. I know the biggest man in show business.

JING : Bob Hope?

EDWARD : Bigger.

Ping and Jing shout for joy.
Edward loads his pistol.

EDWARD : Ready?

Ping and Jing nod at the same time.

119. EXT. TEMPLETON FAMILY HOUSE. DAY
Sandra checks the mail, hoping for a letter from Edward.

EDWARD : (V.O.) And so the twins and I began our arduous journey halfway around the world. Unfortunately, there was no way to send a message back to America.

A black car pulls up. An army officer gets out.

EDWARD : (V.O.) And so it was no surprise that the Army believed I was dead.

The officer hands Sandra a note. Sandra collapses and cries out.

SANDRA : No, God!

핑 : 그런데 우리가 미국에 가면 뭘 하죠?

에드워드 : 내가 출연 계약을 해 드릴 수 있어요. 공연계 거물을 소개시켜 줄게요.

징 : 밥 호프?

에드워드 : 더 거물요.

핑과 징은 기뻐서 소리를 지른다.
에드워드는 자신의 권총을 장전한다.

에드워드 : 준비됐죠?

핑과 징은 동시에 고개를 끄덕인다.

119. 외부. 템플턴 가정 집. 낮
산드라가 에드워드로부터 편지를 기대하면서 우편물을 살핀다.

에드워드 : (목소리) 그래서 그 쌍둥이와 난 지구의 절반을 도는 힘든 여행을 시작했지. 불행히도 미국에 연락할 길은 없었어.

검은 자동차가 다가와 선다. 한 장교가 차에서 나온다.

에드워드 : (목소리) 그러니 군에선 내가 죽었다고 생각할 밖에.

그 장교는 산드라에게 쪽지를 준다. 산드라는 쓰러지며 소리를 친다.

산드라 : 안 돼!

- **arduous**
  (일 등이) 고된, 힘드는, 험한
  involving a lot of effort and energy, especially over a period of time

- **pull up**
  (말, 차가) 서다, 멈추다
  (of a vehicle or its driver) to stop

- **collapse**
  쓰러지다, 맥없이 주저앉다, 무너지다, 좌절되다
  to fall down (and usually become unconscious), especially because you are very ill/sick

I can get you bookings.
내가 출연 계약을 해줄 수 있다.
booking은 '(배우의) 출연 계약'의 뜻이다.

Zoom

I can get you bookings.
내가 출연 계약을 해줄 수 있다.

120. EXT. BEHIND THE TEMPLETON HOUSE. DAY

Sandra hangs sheets to dry on the clotheslines, forming a tunnel of fabric.

EDWARD : (V.O.) After four months, Sandra had gotten over the worst of the nightmares. When the phone rang, she didn't think it was somehow me calling her. When a car drove past, she didn't get up to check out the window.

Pulling a dress out of the basket, Sandra looks up to see A MAN'S SILHOUETTE on the sheet in front of her. She freezes, watching the shadow ripple across the white fabric, blowing so softly in the breeze. She knows it can't be him. He's dead.

She turns away. With all the strength she can gather, she hangs up that dress and digs another one out of the basket.

Looking up, she sees not a shadow but Edward himself standing before her. She gasps, disbelieving, but his hand is real.

It is destiny.

Without another moment's hesitation, she kisses him.

CROSSFADE TO:

121. EXT. WILL AND JOSEPHINE'S HOUSE. MORNING

Bright sunlight shines.

122. INT. WILL AND JOSEPHINE'S ROOM. DAY

We're on the bed, where a man's hand traces the curves of a woman's bare back.

A beat, then she turns over in bed, revealing her to be Josephine.

She blinks slowly, just waking up. Will is watching her.

He's been up for a while. We are actually ... where the couple stays cocooned under the sheets, a kind of limbo. Legs entangling. Neither wants to get up.

JOSEPHINE : I talked with your father last night.

Will kisses her shoulder.

120. 외부. 템플턴 집 뒤. 낮
산드라가 빨래를 말리기 위해 빨랫줄에 거는데 마치 천으로 굴을 만드는 것 같다.

에드워드 : (목소리) 산드라는 넉 달 후에야 최악의 악몽에서 진정할 수 있었단다. 전화 벨이 울려도 내가 전화를 걸 거라고 기대하지 않았고, 차가 지나가도 일어나 창밖을 보지 않았지.

바구니에서 옷을 끌어내다가 산드라가 앞을 쳐다보니 자기 앞의 빨래에 남자의 모습이 보인다. 그녀는 그 자리에 얼어붙어서는 흰 직물을 가로질러 그림자가 물결을 이루며 미풍에 부드럽게 날리는 것을 본다. 그녀는 그것이 에드워드일 리가 없다는 것을 안다. 그는 죽었다.
그녀가 돌아선다. 그녀가 모을 수 있는 모든 힘을 내서 그 옷을 걸고 바구니에서 또 하나의 옷을 꺼내려 한다.
위를 보다가 그녀는 그림자가 아니라 에드워드 자신이 자기 앞에 서 있는 것을 본다. 그녀는 믿을 수 없다는 듯이 숨을 헐떡이지만 남편의 손은 진짜다.
그것은 운명인 것이다.
일순간의 주저도 없이 그녀는 남편에게 키스를 한다.
화면이 크로스페이드된다:

121. 외부. 윌과 조세핀의 집. 아침
밝은 햇살이 비친다.

122. 내부. 윌과 조세핀의 방. 낮
침실에서 남자의 손이 여자의 벗은 등 곡선을 더듬는다.
잠시, 그녀가 침대에서 돌아누우며 조세핀임을 알린다.
그녀는 천천히 눈을 깜박이며 막 잠이 깼다. 윌이 그녀를 바라본다.
그는 조금 전에 깼다. 실제로 그 부부는 시트 밑에 고치처럼 누워 있다. 일종의 망각의 장소이다. 다리는 엉키고 둘은 일어나고 싶지 않다.

조세핀 : 어젯밤 아버님과 이야기를 나눴어.

윌은 그녀의 어깨에 키스를 한다.

- **trace**
  ~을 더듬다, 따라가다, 거슬러 올라가다
- **cocoon**
  ~을 (고치처럼) 휩싸다, 둘러싸서 호위하다, 고치로 싸다
  to protect somebody/something by surrounding them or it completely with something
- **limbo**
  망각의 구렁〔장소〕, 중간 상태〔장소〕, 지옥의 변방
  a situation in which you are not certain what to do next, cannot take action, etc., especially because you are waiting for somebody else to make a decision
- **entangle**
  뒤얽히(게 하)다, 얽어 감다, 걸리(게 하)다

Sandra had gotten over the worst of the nightmares.
산드라는 최악의 악몽을 극복했다.
get over는 '(장애, 혼란 등을) 극복하다, (병, 충격 등에서) 회복하다'의 뜻이다.

Zoom In Sandra had gotten over the worst of the nightmares.
산드라는 최악의 악몽을 극복했다.

WILL : Mmm.

JOSEPHINE : You never told me how your parents met.

WILL : They met at Auburn.

JOSEPHINE : What about the details? How they fell in love. The Circus. The War. You never told me any of that.

WILL : That's because most of it never happened.

JOSEPHINE : But it's romantic.

A beat.

WILL : (non-committal) Mmm.

JOSEPHINE : Mmm, what?

WILL : Mmm, what. I know better than to argue romance with a French woman.

She looks at him happily.

JOSEPHINE : Do you love your father?

WILL : Everyone loves my father. He's a very likeable guy.

JOSEPHINE : (repeating) Do you love him?

Will doesn't want to answer yes or no.

WILL : You have to understand. When I was growing up, he was gone more than he was there. And I started thinking—maybe he's got a second life somewhere else. Another family, another house. And he leaves us and goes to them. Or, or ...

윌 : 음.
조세핀 : 두 분이 어떻게 만나셨는지 자긴 얘기 안 해 주더라.
윌 : 오번에서 만나셨어.
조세핀 : 자세한 내막은? 그들이 어떻게 사랑하게 됐는지, 서커스나 전쟁 같은 거. 아무것도 얘기 안 해줬잖아.
윌 : 대개가 사실이 아니니까.
조세핀 : 그래도 로맨틱해.

잠시.

윌 : (뜻이 애매하게) 음.
조세핀 : 음, 뭐?
윌 : 음, 그거. 프랑스 여자랑은 로맨스를 논하는 게 아니래.

그녀는 남편을 행복하게 바라본다.

조세핀 : 아버지를 사랑해?
윌 : 누구나 내 아버지를 사랑하지. 아버지는 호감을 주는 사람이야.
조세핀 : (반복하며) 그를 사랑하냐고?

윌은 이렇다 저렇다 대답하고 싶지 않다.

윌 : 당신이 이해해. 내가 자랄 때에는 아버지는 집에 없는 시간이 더 많았어. 그래서 난 아버지가 어디선가 다른 삶을 살 거란 생각도 했지. 다른 가족, 다른 집. 우릴 떠나서 그들에게 갈 거라는. 아니면, 아니면…

■ **non-committal**
언질을 주지 않는, 뜻〔성격〕이 애매한, 이도저도 아닌
not giving an opinion; not showing which side of an argument you agree with

■ **argue**
논하다, 논쟁하다, 언쟁하다
to speak angrily to somebody because you disagree with them; to give reasons why you think that something is right/wrong, true/not true, etc., especially to persuade people that you are right

■ **likeable**
호감이 가는, 마음에 드는
pleasant and easy to like

How they fell in love.
그들이 어떻게 사랑하게 됐는지.
fall in love는 '사랑하다, 사랑하게 되다'의 뜻이다.

Zoom In

How they fell in love.

그들이 어떻게 사랑하게 됐는지.

He draws his pillow to his breast.

WILL : ... or maybe there is no second family. Maybe he never wanted a family. Whatever it is, he likes his second life better. And the reason he tells his stories is because he can't stand this boring place.

JOSEPHINE : But it's not true.

WILL : Well, what's "true"? He's never told me a single true thing.

Off her silence ...

WILL : Look, hey ... I know why you like him. I know why everyone likes him. But I need you to tell me that I'm not crazy.

JOSEPHINE : Oh, you're not. And I think you should talk to him.

123. INT. GUEST ROOM. DAY

The family finishes eating breakfast off TV trays set up around the bed. For his part, Edward is looking better. Certainly not recovered, but there's an optimism to his expression. And for the first time, he's actually hungry. Everyone is silent.

VOICE ON TV : Larry Puckett's Chevrolet lets the customer do the talking. Larry Puckett's GM-certified vehicles are under factory warranty. And you can save up to 40 percent off the original MSRP.

그는 자신의 베개를 가슴에 끌어당긴다.

윌 : …아니면 다른 가족이 없든가. 아마 그는 가족 자체를 원하지 않으셨든가. 아무튼 아버지는 자신의 두 번째 삶을 더 좋아하지. 아버진 이 지루한 곳을 견딜 수가 없어 이야길 만드시는 거야.

조세핀 : 하지만 그건 진실이 아냐.

윌 : '진실'이 뭔데? 아버지한텐 단 한 가지의 진실도 들어 본 적 없어.

그녀가 침묵하는데…

윌 : 이봐, 당신이… 아버지를 좋아하는 건 알아. 다들 아버질 왜 좋아하는지 알지. 하지만 난 당신이 내가 별나지 않다는 걸 말해 주길 원해.

조세핀 : 알아. 그러니까 아버지랑 얘기해야 돼.

123. 내부. 손님용 침실. 낮

가족은 침대 주위에 차려진 텔레비전 용 쟁반에서 아침 식사를 마친다. 에드워드 쪽은 더 좋아 보인다. 회복되지 않은 것만은 확실하지만 그의 표정에는 낙관적인 모습이 보인다. 처음으로 그는 실제적으로 배가 고프다. 모두가 말이 없다.

텔레비전의 목소리 : 래리 퍼켓의 시보레는 소비자의 불만을 접수 중입니다. 래리 퍼켓의 GM 자동차에 대한 보상을 실시합니다. 여러분은 정가의 40% 까지 절약할 수 있습니다.

- **optimism**
  낙천주의
- **Chevrolet**
  시보레(미국 제너럴 모터스사의 자동차 이름. 상표명)
- **certify**
  (서명 날인한 문서로) 증명하다, 인증하다, 보증하다
  to state officially, especially in writing, that something is true; to give somebody an official document proving that they are qualified to work in a particular profession
- **warranty**
  (품질 등의) 보증, 보증서
  a written agreement in which a company selling something promises to repair or replace it if there is a problem within a particular period of time
- **MSRP**
  제조사가 제시한 소매가(Manufacturer Suggested Retail Price의 약어)

He can't stand this boring place.
그는 이 지루한 곳을 견딜 수 없다.
stand는 '참다, 견디다, 배겨내다'의 뜻이다.

Zoom In

He can't stand this boring place.
그는 이 지루한 곳을 견딜 수 없다.

Finally ...

EDWARD : Did I ever tell you about ...?

WILL : (interrupting) Yes.

Edward is startled.

WILL : The maple tree and the Buick? We've heard it.

EDWARD : (re: Josephine) I know someone who hasn't. (looks at Josephine) The ...

JOSEPHINE : Tree fell on the car, spilling the syrup, which attracted the flies, which got stuck to it and flew off with the whole car.

Everyone except Edward smiles.
A beat.

EDWARD : (undeterred) But the real story is how I got the car. You see ...

WILL : (interrupting) Dad?

EDWARD : Son?

WILL : Can we talk?

Sandra rubs her hands on the napkin.

SANDRA : I think I'll get started on these dishes.

JOSEPHINE : I'll help you.

마침내…

에드워드 : 내가 그 얘기 했…?
윌 : (말을 막으며) 네.

에드워드가 놀란다.

윌 : 단풍나무와 뷰익 얘기요? 우린 들었어요.
에드워드 : (조세핀을 언급하며) 그 얘기 안 들은 사람을 알고 있어. (조세핀을 바라본다) 그…
조세핀 : 나무가 차 위로 쓰러져 수액이 흘렀는데 그것 때문에 파리들이 달라붙었죠. 그리곤 차를 들고 날라갔고요.

에드워드만 빼고 모두가 미소를 짓는다.
잠시.

에드워드 : (말리지 못하고) 하지만 진짜 얘긴 내가 그 차를 어떻게 얻었는가야. 그건…
윌 : (말을 막으면서) 아버지?
에드워드 : 왜 그러냐?
윌 : 우리 얘기 좀 해요.

산드라가 냅킨으로 손을 닦는다.

산드라 : 난 설거지나 해야겠다.
조세핀 : 도와 드릴게요.

- **startle**
  ~을 깜짝 놀라게 하다, 펄쩍 뛰게 하다
  to surprise somebody suddenly in a way that slightly shocks or frightens them

- **Buick**
  뷰익(미국 제너럴 모터스사가 만든 자동차 이름)

- **undeterred**
  말리지 못한, 저지되지 않은
  if somebody is undeterred by something, they do not allow it to stop them from doing something

I know someone who hasn't.
난 그 얘기 안 들은 사람을 알고 있다.
I know someone who hasn't heard it.이 준 표현이다.

Zoom In

I know someone who hasn't.

난 그 얘기 안 들은 사람을 알고 있다.

Both women quickly gather plates. Sandra switches off the TV.
Will and Edward both smile. The women clearly want this to happen. It settles for a beat after they leave.

WILL : You know about icebergs, Dad?

EDWARD : Do I? I saw an iceberg once. They were hauling it down to Texas for drinking water. They didn't count on there being an elephant frozen inside. The woolly kind. A mammoth.

WILL : (interrupting) Dad!

EDWARD : What?

Will sits closer to Edward.

WILL : I'm trying to make a metaphor here.

EDWARD : Well, you shouldn't have started with a question. Because people want to answer questions. You should've started with, "The thing about icebergs is ..."

WILL : (frustrated) Okay, okay, okay. The thing about icebergs is you only see 10 percent. The other 90 percent is below the water where you can't see it. And that's ... what it is with you, Dad. I'm only seeing this little bit that sticks above the water.

EDWARD : (joking) Oh, you're only seeing down to my nose? My chin? My ...

WILL : Dad, I have no idea who you are because you've never told me a single fact.

두 여자는 재빨리 접시를 모은다. 산드라는 텔레비전을 끈다. 윌과 에드워드 둘 다 미소를 짓는다. 여자들은 이 일이 일어나기를 원하는 게 분명하다. 그들이 나간 후 잠시 동안 안정된다.

윌 : 빙산에 관해 아세요, 아버지?

에드워드 : 아냐고? 언젠가 그걸 본 적이 있지. 사람들이 식수로 쓰려고 텍사스까지 끌고 왔었지. 그 안에 얼어붙은 코끼리가 들어 있는 줄도 모르고 말야. 털로 덮인 맘모스 종류였어.

윌 : (말을 막으며) 아버지!

에드워드 : 뭐냐?

윌은 에드워드에게 다가가 앉는다.

윌 : 전 비유를 하려는 거예요.

에드워드 : 그럼 질문으로 시작하지 말았어야지. 사람은 질문을 하면 대답하게 되는 거란다. "빙산에 대한 일은…"이라고 시작했어야지.

윌 : (좌절해서) 좋아요, 좋아요, 알았어요. 빙산은 10% 만 보여요. 나머지 90%는 볼 수 없는 물밑에 있죠. 아버지 얘기도 마찬가지예요. 저한텐 물 위에 있는 작은 부분만 보이거든요.

에드워드 : (농담하며) 내 코 있는 데까지만 보는 거냐? 내 턱은? 내…

윌 : 아버지, 전 아버지가 누군지 모르겠어요. 한 가지도 사실을 말하신 적이 없잖아요.

- **haul**
  ~을 운반하다, 끌고 가다
  to pull something/somebody with a lot of effort; to move yourself somewhere slowly and with a lot of effort; to force somebody to go somewhere they do not want to go
- **woolly**
  희미한, 털로 덮인
- **metaphor**
  은유, 비유
  a word or phrase used in an imaginative way to describe somebody/something else, in order to show that the two things have the same qualities and to make the description more powerful
- **frustrated**
  실망한, 좌절한, 욕구 불만의

I have no idea who you are.
전 아버지가 누군지 몰라요.
I don't know who you are.와 같은 표현이다.

Zoom In

I have no idea who you are.

전 아버지가 누군지 몰라요.

EDWARD : I've told you a thousand facts, Will. That's what I do. I tell stories!

WILL : You tell ... lies, Dad. You tell amusing lies. Stories are what you tell a five-year-old at bedtime. They're not elaborate mythologies you maintain when your son is ten and fifteen and twenty and thirty. And I believed you. I believed your stories so much longer than I should have. And then when I realized of course that everything you said was impossible—everything!—I felt like a fool to have trusted you. You were like Santa Claus and the Easter Bunny combined. Just as charming and just as fake.

EDWARD : You think I'm fake.

WILL : Only on the surface, Dad. But it's all I've ever seen.

Edward looks away, angry and disbelieving.

WILL : Look, I'm about to have a kid of my own. And it would kill me if he went through his whole life never understanding me.

EDWARD : It would kill you, huh?

Finally—

EDWARD : What do you want, Will? Who do you want me to be?

WILL : Just yourself. Good, bad, everything. Just show me who you are for once.

에드워드 : 천 가지는 말했을 거다, 윌. 그게 내 일이잖니. 난 이야기를 하잖니!

윌 : 아버진 거짓말만 하시죠…. 재미있는 거짓말만 해 주셨죠. 그런 건 5살짜리 어린 아들이 침대 맡에서 듣는 거지 그 아들이 어른이 되도록 계속되는 복잡한 신화가 아녜요. 그래도 전 아버질 믿었어요. 너무나 오래 아버지 얘길 믿었기에 모든 게—모두 다 말이죠!—물론 아버지 얘기가 사실이 아니란 걸 알았을 땐 아버질 믿었던 게 바보가 된 기분이었죠. 아버진 산타 클로스와 부활절 토끼를 합친 그런 분 같았어요. 매력적이지만 그만큼 가짜인.

에드워드 : 날 사기꾼이라고 생각하는구나.

윌 : 외관만 보이죠, 아버지. 그게 제가 봐온 전부니까요.

에드워드는 화가 치밀고 믿을 수 없다는 듯이 시선을 돌린다.

윌 : 저한테도 곧 아이가 생겨요. 그 애가 일생 동안 절 이해 못한다면 전 절망할 거예요.

에드워드 : 절망한다고, 그래서?

마침내—

에드워드 : 네가 원하는 게 뭐냐, 윌? 내가 어떤 사람이길 원하니?

윌 : 그냥 아버지 자신이오. 좋든 나쁘든 어떻든 간에요. 그냥 한번이라도 아버지가 누군지를 보여 주세요.

- **mythology**
  〈집합적〉 신화, 신화집
  ancient myths in general; the ancient myths of a particular culture, society, etc; ideas or facts that many people think are true but that do not exist or are false

- **Easter Bunny**
  아이들에게 줄 Easter Basket을 가져온다는 가상의 토끼

- **fake**
  사기꾼, 모조품, 가짜
  a person who pretends to be what they are not in order to deceive people

- **for once**
  한번만은

Just yourself.
그냥 아버지 자신이오.
Just to be yourself. 또는 I want you to be just yourself.의 뜻이다.

Zoom In

Just yourself.

그냥 아버지 자신이오.

EDWARD : I have been nothing but myself since the day I was born. And if you can't see that, it's your failing, not mine!

Will leaves the room without saying a word.

124. EXT. BACKYARD. DAY

With a skimmer pole, Will cleans the leaves and debris out of the pool, but it's a fool's errand. The pool has long since gone native, a shiny slick of algae on the surface, slime covering the cemented rocks.
Suddenly, an underwater shape ripples against the water's surface. Will is so startled that he drops the pole, which disappears into the murky water.
A beat. He looks around, relieved that no one saw that. He casually walks away.

125. INT. BASEMENT STORAGE AREA. DAY

The doors open to reveal Sandra, Will and Josephine, staring into the mouth of oblivion. The storeroom is a museum of hasty decisions and half-finished projects: partially-built outboard motors, dead bonsai trees, Frankensteinian lawnmowers. We also find boxes of products Edward used to sell.

SANDRA : Your father decided that he needed to have an office, and, of course, it wouldn't do to have it in the house. So ... you'll know better than me what's important.

Clearing a path, Sandra leads Will to a roll-top desk, its ribs covered in dust. Two beaten metal file cabinets sit beside it.

126. INT. BASEMENT STORAGE AREA. DAY

Will, Sandra and Josephine have worked through two trash bags of papers to throw out. Looking through a new file, Sandra makes a small sound. A memory.

에드워드 : 난 평생 내가 아닌 적이 없었다. 네가 그걸 볼 수 없다면 그건 네 잘못이지, 내 잘못이 아냐!

윌은 말 한 마디 없이 방을 나간다.

124. 외부. 뒤뜰. 낮

더껑이를 걷어내는 장대를 들고 윌은 수영 풀에서 나뭇잎과 부스러기를 치우고 있는데 그건 헛수고이다. 풀은 이미 오래 전에 천연 그대로 변했으며 표면에는 조류가 수면의 유막을 이루고 있고, 점액이 시멘트로 바른 바위를 덮고 있다.
갑자기 수면 아래의 물체가 물 표면에 잔물결을 일으킨다. 윌은 소스라치게 놀라서 장대를 떨어뜨리는데 그 물체는 탁한 물 속으로 사라진다. 잠시. 그는 주위를 둘러보고는 아무도 보지 않았음을 알고 안심한다. 그는 무심코 자리를 뜬다.

125. 내부. 지하 저장실 지역. 낮

문이 열리고 산드라, 윌, 그리고 조세핀이 나타나 잊혀진 상태의 입구를 응시한다. 저장실은 성급한 결정물과 반 정도 끝낸 일감들의 박물관이다. 일부분만 건조된 선외 모터, 죽은 분재 나무들, 프랑켄슈타인 식의 잔디 깎기 기구 등이 보인다. 또한 에드워드가 과거에 팔곤 했던 제품의 상자도 보인다.

산드라 : 아버지가 사무실이 필요하시다고 하셨어. 물론 집안에 만들면 도움이 되지 않을 거야. 사실… 뭐가 중요한지는 나보다 네가 더 잘 알잖니.

나아가는 통로를 치우면서 산드라는 접는 뚜껑이 달린 책상으로 윌을 안내하는데 그것의 서까래는 먼지로 덮여 있다. 금속을 두들겨 펴 만든 두 개의 파일 캐비닛이 그 옆에 있다.

126. 내부. 지하의 저장실 지역. 낮

윌, 산드라와 조세핀은 두 개의 쓰레기 가방을 들고 종이 쓰레기를 버리기 위해 작업을 했다. 새로운 파일을 보다가 산드라가 작게 소리를 낸다. 추억이 담긴 물건이다.

- **skimmer**
  더껑이를 걸러내는 연장
- **debris**
  부스러기, 파편, 잔해
- **fool's errand**
  헛수고, 헛걸음
- **slick**
  수면의 유막, 매끈매끈한 부분
- **algae**
  〈식물〉 조류, 말류
- **slime**
  점액, 더러운 것
- **murky**
  물이 탁한, 더러운
- **outboard motor**
  선외 모터
- **bonsai**
  분재
- **roll-top desk**
  접는 뚜껑이 달린 책상
- **rib**
  서까래

It's your failing, not mine!
그건 네 잘못이지, 내 잘못이 아냐!
failing은 '결점, 단점, 실패'의 의미이다.

Zoom In

It's your failing, not mine!

그건 네 잘못이지, 내 잘못이 아냐!

WILL : What is it?

SANDRA : It was during the war. Your father went missing. They thought he was dead.

Sandra hands Will a yellowed telegram.

WILL : Oh, that really happened?

Will can't believe what he's reading.

SANDRA : Not everything your father says is a complete fabrication.

A beat, then Sandra stands.

SANDRA : I think I'll go check on him.

She walks away.

JOSEPHINE : I need to lie down for a bit.

WILL : Okay, go.

Josephine strokes his cheek, then follows Sandra. Will re-reads the telegram, still bewildered.
Looking for a place to put it, he tucks it into a strange mechanical hand on the desk. It clamps down automatically.
Will smiles, a memory. He hasn't thought about this device in years. We slowly push in on the telegram, held in the hand.
Edward's voice begins as a memory ...

윌 : 그게 뭐예요?
산드라 : 전쟁 중에 받은 거야. 네 아버지가 행방불명이 되었어. 다들 아버지가 죽은 줄 알았지.

산드라는 윌에게 노랗게 변한 전보 한 장을 건넨다.

윌 : 아, 그게 사실이었어요?

윌은 자신이 읽고 있는 내용을 믿을 수 없다.

산드라 : 아버지 얘기 전부가 거짓은 아니란다.

잠시, 산드라가 일어선다.

산드라 : 가서 아버지를 좀 보고 오마.

그녀가 나간다.

조세핀 : 난 좀 누워 있을게.
윌 : 그래, 가봐.

조세핀은 그의 볼을 쓰다듬으며 산드라를 따라간다. 윌은 여전히 당황한 채 그 전보를 다시 읽는다.
그 전보를 놓을 자리를 찾으면서 그는 책상 위에 놓인 이상한 기계 손에다 그것을 끼워놓는다. 그것은 자동으로 쥔다.
윌은 웃으며 추억에 잠긴다. 그는 몇 년 동안 이 장치에 대해 생각해 본 적이 없다. 카메라는 손에 쥐어져 있는 전보에 다가간다.
에드워드의 목소리가 추억을 더듬으며 시작된다…

- **yellow**
  황색으로 하다, 노래지다, 노랗게 물들이다
- **fabrication**
  제작, 구성, 조립, 구조물, 꾸며낸 것, 거짓말
- **for a bit**
  잠시 동안
  - bit
    잠시 (동안), 조금, 약간
    a short time or distance
- **clamp**
  죔쇠로 죄다
  to hold something tightly, or fasten two things together, with a clamp; to hold or fasten something very tightly so that it does not move; to be held tightly

I'll go check on him.
가서 그를 좀 보고 올게.
I'll go and check on him. 또는 I'll go to check on him.의 뜻이다.

Zoom In

I'll go check on him.
가서 그를 좀 보고 올게.

EDWARD : (V.O.) After the war, the sons of Alabama returned home, looking for work. Each had the advantage over me. They were alive, while I was—officially—deceased.

127. INT. DOWNTOWN OFFICE. DAY(STORY)
Edward takes a seat opposite to his new boss, a toupeed man. The company is called "Confederated Products." The boss explains a new product to Edward.

EDWARD : (V.O.) With my prospects few, I took a job as a traveling salesman. It suited me. If there's one thing you can say about Edward Bloom, it's that I am a social person.

The office ladies wave their hands in front of the door. They all love Edward. The boss hands him a box.

BOSS : Congratulations.

EDWARD : Thank you, sir.

They shake hands.

EDWARD : (V.O.) I could be gone for weeks at a time.

128. EXT. EDWARD & SANDRA'S HOUSE. DAY
Edward and Sandra kiss in front of the house.

EDWARD : (V.O.) But every other Friday, I put all the money I made into an account to set aside for a proper house with a white picket fence.

에드워드 : (목소리) 전쟁이 끝나자 앨라배마의 아들들은 집에 돌아와 일을 찾기 시작했다. 모두가 나보다는 유리했다. 그들은 생존했지만 난 공식적으로 사망 기록이 있었기 때문이다.

127. 내부. 시내 사무소. 낮(이야기)
에드워드는 자신의 새로운 사장인 부분 가발을 한 남자 반대편에 앉아 있다. 그 회사는 '연합된 제품 회사'라 불린다. 사장은 새 제품을 에드워드에게 설명한다.

에드워드 : (목소리) 별 기대 없이 시작한 외판 일이 의외로 괜찮았다. 에드워드 블룸에 대해서 한 가지만 말하자면 난 누구나 인정하는 사교적인 사람이었으니까.

사무실의 여직원들이 문 앞에 서서 손을 흔든다. 모두들 에드워드를 좋아한다. 사장은 에드워드에게 상자를 건넨다.

사 장 : 축하하네.
에드워드 : 감사합니다.

그들은 악수를 나눈다.

에드워드 : (목소리) 난 한 번에 몇 주씩 출장을 갔다.

128. 외부. 에드워드와 산드라의 집. 낮
에드워드와 산드라가 집 앞에서 키스를 한다.

에드워드 : (목소리) 금요일마다 격주로, 흰 울타리가 쳐진 집을 사기 위해 나는 번 돈 전부를 은행에 저축했다.

- **deceased**
  사망한, 고인이 된
  dead
- **toupeed**
  부분 가발을 한
- **confederated**
  연합된

Each had the advantage over me.
각자는 나보다 유리했다.
have the advantage over는 '~보다 유리한 입장이 되다'의 뜻이다.

Zoom In

Each had the advantage over me.
각자는 나보다 유리했다.

Edward rides his autotricycle, leaving her alone.

129. EXT. A COUNTRY ROAD. DAY
Edward drives to the county fair like an arrow.

130. EXT. COUNTY FAIR. DAY(STORY)
On a low platform, Edward pitches a brilliant new product to the crowd.

EDWARD : I'd like a moment of your time to tell you about my new product ... the Handi-matic.

Edward sets down a contraption, which looks something like a metal lava lamp. Like a flower, it unfolds to reveal four fingers and a thumb. This is the Hand Around the House.
Some people look interested in his product.

131. EXT. A COUNTRY ROAD. DAY
Edward drives a red car, his hand out in the wind.

EDWARD : (V.O.) A few years later, I added other products, and other cities, until my territory stretched from the coast to western Texas.

132. EXT. A TOWN, TEXAS. DAY
Edward pulls up his car in front of HORIZON SAVINGS & LOAN.

에드워드는 산드라를 홀로 남긴 채' 자신의 세 발 오토바이를 타고 간다.

129. 외부. 시골 길. 낮
에드워드는 쏜 살 같이 농업 박람회로 오토바이를 몰고 간다.

130. 외부. 농업 박람회. 낮(이야기)
낮은 연단 위에서 에드워드는 빛나는 새 제품을 군중에게 전시 판매를 한다.

에드워드 : 잠시 소개해 드릴 신제품 만능 손입니다.

에드워드는 신안 제품을 내놓는데 그것은 마치 금속제 용암 램프처럼 보인다. 꽃처럼 그 제품은 네 손가락과 엄지를 펴 보인다. 이것이 '집 주위의 손'인 만능 손이다.
몇 사람이 이 제품에 흥미를 갖는 표정이다.

131. 외부. 시골 길. 낮
에드워드는 빨간 승용차를 몰고 가면서 바람에 손을 내민다.

에드워드 : 몇 년 뒤에, 난 계속 새로운 상품과 새 도시를 추가시켰고, 내 영역은 해안에서 텍사스 서부에까지 이르게 됐다.

132. 외부. 텍사스의 한 마을. 낮
에드워드는 '지평선 저축 대부 조합'의 건물 앞에 차를 세운다.

- **county fair**
〈미〉 농업 박람회, 농산물〔가축〕 경진 대회
a competitive exhibition of farm products, livestock, etc., often held annually in the same place in the county

- **pitch**
~을 전시 판매하다, 강매조로 선전하다
to aim or direct a product or service at a particular group of people

- **contraption**
기묘한 장치, 신안물
a machine or piece of equipment that looks strange

- **lava**
용암, 화산암
hot liquid rock that comes out of a volcano; this type of rock when it has cooled and become hard

- **territory**
영토, 땅, 지방, 영역, 영지

- **savings & loan**
저축 대부 조합, 상호 은행

Chapter 8

당신은 불륜이었나요?

Were You Having an Affair?

시간 01:23:26 ~ 01:35:09

133. INT. HORIZON SAVINGS & LOAN. DAY

The bank is busy with the lunch-hour crowd. Edward fills out a deposit slip, and takes his place in line. As the line snakes around through the ropes, the man in front of him gets a look at Edward.

THE MAN : Edward? Edward Bloom?

The man is none other than ... Norther Winslow.

NORTHER WINSLOW : It's me. Norther Winslow.

EDWARD : I don't believe it!

The men shake, disbelieving this lucky coincidence.

EDWARD : (V.O.) I was astonished to see the greatest poet of both Ashton and Spectre all the way out in Texas.

133. 내부. 지평선 저축 대부 조합. 낮
은행은 점심 시간의 손님들로 바쁘다. 사람들이 서 있는 줄에 가 선다. 에드워드는 예금 전표에다 기록을 하고, 줄이 링줄을 따라 굽어진 곳에 그 앞에 있는 사람이 한번 에드워드를 쳐다본다.

남 자 : 에드워드? 에드워드 블룸?

그 남자는 다름 아닌 노더 윈슬로가 아닌가.

노더 윈슬로 : 나요. 노더 윈슬로.
에드워드 : 세상에!

두 남자는 이런 행운의 만남을 믿지 못하겠다는 듯이 악수를 한다.

에드워드 : (목소리) 난 텍사스의 여기서까지 애시턴과 유령 마을의 가장 위대한 시인을 만나게 돼 깜짝 놀랐다.

- **deposit slip**
  (은행의) 예금〔예입〕 전표〔입금표〕
  - deposit
    예금(액), 적립금, 공탁금
    a sum of money that is given as the first part of a larger payment
  - slip
    종이 조각, 전표, 표, 메모 용지
    a small piece of paper, especially one for writing on or with something printed on it

- **coincidence**
  (우연의) 일치, 동시에 일어남
  the fact of two things happening at the same time by chance, in a surprising way; the fact of things being present at the same time

NORTHER WINSLOW : I want you to know, when you left Spectre, it opened my eyes. There was a whole life out there that I was not living. So I traveled. I saw France, Africa, half of South America. Every day a new adventure, that's my motto.

EDWARD : Well, that's great, Norther. I'm happy for you.

He's genuinely proud.

EDWARD : And what are you doing now?

Norther Winslow looks around.

NORTHER WINSLOW : I'm robbing this place.

Reaching the front of the line, Norther pulls two pistols out of his coat, firing both into the ceiling.
Screams all around. Everybody in the bank lies flat on the floor.

NORTHER WINSLOW : All right, everybody down!

The skinny security guard makes a halfhearted reach for his gun, but Norther waves him off.

NORTHER WINSLOW : Hey! Just slide that over.

The guard takes out his gun and slides it over. It stops in front of Edward.

NORTHER WINSLOW : (to Edward) Would you mind grabbing that?

노더 윈슬로 : 자네가 유령 마을을 떠난 후 현실을 깨달았지. 거기 밖에는 내가 모르는 삶이 있더군. 그래서 여행을 시작했네. 프랑스, 아프리카, 남미의 반까지. 매일 모험 하나씩, 그게 내 모토야.

에드워드 : 그거 멋지군요, 노더. 만나서 반가워요.

그는 진정으로 자랑스럽다.

에드워드 : 그런데 여긴 웬일이세요?

노더 윈슬로는 주위를 살핀다.

노더 윈슬로 : 이곳을 털고 있어.

줄 앞쪽으로 가서 노더는 코트에서 두 자루의 권총을 뽑아 들고는 천장을 향해 총을 쏜다.
사방에서 비명 소리. 은행 안에 있는 모든 사람은 바닥에 납작 엎드린다.

노더 윈슬로 : 좋아, 전부 엎드려!

피골이 상접한 경비원이 마음이 내키지 않은 자세로 자신의 총에 손을 대지만 노더는 그에게 손을 떼라고 총을 흔든다.

노더 윈슬로 : 이봐! 그 총 이쪽으로 밀어.

경비원은 총을 꺼내 그것을 밀어 보낸다. 그것은 에드워드 앞에서 멈춘다.

노더 윈슬로 : (에드워드에게) 그거 좀 집어주겠나?

- **rob**
  (사람에게서 물건을) 강탈하다, 약탈하다, ~을 털다, 훔치다
  to steal money or property from a person or place

- **skinny**
  피골이 상접한, 바싹 여윈
  very thin, especially in a way that you find unpleasant or ugly

- **halfhearted**
  마음이 내키지 않는, 냉담한

Would you mind grabbing that?
그것 좀 집어 주겠소?
mind는 '마음에 꺼리다'의 뜻이므로 만일 긍정의 대답을 할 경우 No.라고 하는 데 주의해야 한다.

Zoom In

Would you mind grabbing that?

그것 좀 집어 주겠소?

EDWARD : What?

NORTHER WINSLOW : The gun.

There's nothing threatening about his delivery—he might as well be asking for a Budweiser. Still, Edward senses it would be best to do as he says. He takes the guard's gun.

NORTHER WINSLOW : (to the crowd) I'm gonna be cleaning out the cash drawers, and my associate here is gonna handle the vault.

He walks over the Teller Woman.
In a moment of bewilderment, Edward follows him.

NORTHER WINSLOW : (pointing to the woman) All right, you! You help my friend, okay?

The Teller Woman nods.

NORTHER WINSLOW : Let's go!

Angle on Edward, not sure what to do. He has a gun, but he truly doesn't want to shoot Norther. The Teller Woman is already walking ahead.
He decides he better go. He follows her.
Norther Winslow opens the drawers one by one, takes out cash and puts it into a sack.

134. INT. AT THE VAULT. DAY
The Teller Woman is crying as she works the combination.
Edward feels horrible.

에드워드 : 뭐요?

노더 윈슬로 : 그 총.

그의 말투에는 위협하는 어떤 것도 없다—차라리 버드와이저 한 병을 요구하고 있는 거나 마찬가지다. 하지만 에드워드는 그가 말하는 대로 하는 게 최선이라는 것을 직감으로 안다. 그는 경비원의 총을 집어 든다.

노더 윈슬로 : (군중에게) 난 현금 서랍을 비울 거고, 여기 내 동료는 금고실을 맡을 거다.

그는 출납계 여직원에게 다가간다.
잠시 당황하며 에드워드가 그를 따른다.

노더 윈슬로 : (여직원을 가리키며) 좋아, 당신! 당신이 내 친구를 도와 줘, 알겠어?

출납계 여직원이 고개를 끄덕인다.

노더 윈슬로 : 시작하자고!

카메라가 에드워드를 비추는데 그는 무엇을 해야 할지 확신이 서지 않는다. 그가 총을 들고 있지만 진심으로 노더를 쏘고 싶지 않다. 출납계 여직원은 이미 앞서 걸어간다.
그는 가는 게 낫다고 생각한다. 그는 그녀를 따라간다.
노더 윈슬로는 하나씩 서랍을 열어 현찰을 꺼내 자루에 넣는다.

134. 내부. 금고실에서. 낮
출납계 여직원은 금고 비밀 번호를 짜맞추면서 울고 있다.
에드워드는 소름이 끼치는 기분이다.

- **delivery**
  말투, 강연투
  the way in which somebody speaks, sings a song, etc. in public

- **vault**
  금고실, 저장실, 지하실
  a room with thick walls and a strong door, especially in a bank, used for keeping valuable things safe

- **combination**
  결합, 짝맞춤, 결합된 것, (자물쇠의) 숫자(문자) 배합

You help my friend, okay?
당신이 내 친구를 도와 줘, 알겠어?
이는 명령문으로 Help my friend, okay?의 뜻이다.

Zoom

You help my friend, okay?

당신이 내 친구를 도와 줘, 알겠어?

EDWARD : I'm sorry, ma'am. I am. I really just don't want anyone to get hurt.

TELLER WOMAN: It's not that. It's just ...

She pulls open the vault door.

135. INT. THE VAULT. DAY

The inner sanctum of the Horizon Savings and Loan holds exactly one folding chair. Nothing else.

TELLER WOMAN: ... there's no money. We're completely bankrupt. Don't tell anybody.

EDWARD : (V.O.) It turned out the Savings and Loan had already been robbed—not by armed bandits, but by speculators in Texas real estate.

Norther Winslow almost finishes putting cash into the sack.

NORTHER WINSLOW : (shouts to Edward) All right, let's go!

Edward and Norther Winslow leave the bank keeping a sharp lookout.

136. EXT. HORIZON SAVINGS & LOAN. DAY

They rush out. Edward runs to his car but Norther runs the opposite side. He has no car.

EDWARD : Norther!

Norther runs to the car and gets in.

에드워드 : 죄송해요. 정말 아무도 해치지 않을 테니 걱정 마세요.

출납계 여직원: 그래서 우는 거 아녜요. 그냥…

그녀는 금고 문을 잡아당겨 연다.

135. 내부. 금고실. 낮
저평선 저축 대부 조합의 내부 사실에는 정확하게 접는 의자 하나만이 들어 있다. 그 이외에는 아무것도 없다.

출납계 여직원: …돈이 없어서요. 우린 완전히 파산했거든요. 비밀로 해 주세요.

에드워드 : (목소리) 그 저축 대부 조합은 이미 무장 강도가 아니라 텍사스 부동산 투기꾼들한테 몽땅 털려 있었다.

노더 윈슬로는 자루 속에 현찰 집어넣는 일을 거의 끝낸다.

노더 윈슬로 : (에드워드에게 소리친다) 좋아, 가세!

에드워드와 노더 윈슬로는 경계를 늦추지 않으며 은행을 나간다.

136. 외부. 지평선 저축 대부 조합. 낮
그들은 달려 나간다. 에드워드는 자신의 차로 뛰어가는데 노더는 반대편으로 달린다. 그는 차가 없다.

에드워드 : 노더!

노더는 차로 달려 와 탄다.

- **sanctum**
  〈구어〉 사실, 성소
  a private room where somebody can go and not be disturbed; a holy place
- **bandit**
  무장 강도, 산적
  a member of an armed group of thieves who attack travelers
- **speculator**
  투기꾼, 공론가, 사색꾼
  a person who buys and sells goods or shares in a company in the hope of making a profit
- **keep a sharp lookout**
  빈틈 없이 조심하다〔경계하다〕

We're completely bankrupt.
우린 완전히 파산했다.
bankrupt는 '파산한, 지불 능력이 없는'의 뜻이다.

Zoom In

We're completely bankrupt.

우린 완전히 파산했다.

137. INT. EDWARD'S CAR. DAY
Edward drives the getaway car, though truthfully they're going just a little over the speed limit.

138. EXT. COUNTRY ROAD. DAY
Edward's car runs fast along the country road.
No one's following them. It's an empty country road for miles.

NORTHER WINSLOW : (V.O.) Yeah! There's gotta be close to $400 here.

139. INT. EDWARD'S CAR. DAY
Norther hollers with body-tingling joy as he counts the money.

NORTHER WINSLOW : And that's just from the drawers. Let's see what you got from the vault.

Edward winces, but doesn't say anything yet. Digging through the vault bag, Norther is surprised to find only a single deposit envelope. He rips it open, revealing just a little cash inside. Even some dimes and pennies.

NORTHER WINSLOW : This is it? The whole vault?

EDWARD : I'm afraid so.

Norther Winslow looks down at an envelope.

NORTHER WINSLOW : Edward, it's got your deposit slip on it.

Caught, Edward has to confess ...

EDWARD : Well, I just didn't want you leaving empty-handed. There's something you should know, Norther. The reason that Savings & Loan didn't have ...

137. 내부. 에드워드의 차. 낮
에드워드는 도주 차량을 몬다. 비록 현실은 제한 속도보다 약간 빠르게 달리고 있지만.

138. 외부. 시골 길. 낮
에드워드의 차는 시골 길을 따라 빠르게 달린다.
아무도 그들 뒤를 따라오지 않는다. 수 마일 동안 텅 빈 시골 길이다.

노더 윈슬로 : (목소리) 그래! 이것만 4백 달러야!

139. 내부. 에드워드의 차. 낮
노더는 돈을 세면서 몸이 들먹들먹할 정도로 기뻐서 소리를 지른다.

노더 윈슬로 : 이건 전부 서랍에서 나왔어. 금고에서 나온 것 좀 보자고.

에드워드는 몸을 움츠리지만 아무 말도 하지 않는다. 금고 가방을 뒤지면서 노더는 단 한 장의 입금 봉투만을 발견하고는 놀란다. 그는 그것을 찢어 개봉하는데 안에서는 소량의 현금만이 나타난다. 동전까지도 들어 있다.

노더 윈슬로 : 뭐야? 이게 금고에서 나온 것 다야?
에드워드 : 미안하지만 그렇네요.

노더 윈슬로는 봉투를 내려다 본다.

노더 윈슬로 : 에드워드, 이건 자네 예금 전표군.

궁지에 몰리자 에드워드는 고백해야만 한다…

에드워드 : 빈손으로 갈 순 없잖아요. 노더, 알아야 할 게 있는데. 그 저축 대부 조합이 파산한 건…

- **holler**
  고함지르다, 외치다
  to shout loudly
- **tingle**
  얼얼하다, 아리다, 들먹들먹하다, 따끔거리게 하다
  (of a part of your body) to feel as if a lot of small sharp points are pushing into it
- **wince**
  (아픔, 무서움 때문에) 주춤하다, 질겁하다, 움츠리다
  to suddenly make an expression with your face that shows that you are feeling pain or embarrassment
- **confess**
  (~을) 고백하다, 자백하다, 실토하다

I'm afraid so.
미안하지만 그렇네.
이 경우 so는 앞의 문장을 받는 대명사적 용법으로 that절의 대용이다.

Zoom In

I'm afraid so.
미안하지만 그렇네.

Edward continues his narration ...

EDWARD : (V.O.) I told Norther about the vagaries of Texas oil money and its effect on real estate prices, and how lax enforcement of fiduciary process had made savings and loans particularly vulnerable. Hearing this news, Norther was left with one conclusion.

140. EXT. TEXAS ROAD. DAY
Norther leans in the driver's side window.

NORTHER WINSLOW : I should go to Wall Street. That's where all the money is.

Edward looks over at Norther.

EDWARD : (V.O.) I knew then that while my days as a criminal were over, ...

The two men wave at each other as Edward drives off. At the last moment, Norther calls out.

NORTHER WINSLOW : Edward, thanks for the hand!

EDWARD : (V.O.) ... Norther's were just beginning.

We hold on Norther for a beat, dreaming of his future.

EDWARD : (V.O.) When Norther made his first million dollars, he sent me a check for ten thousand.

에드워드는 말을 계속하는데…

에드워드 : (목소리) 난 노더에게 텍사스 오일 달러의 예측할 수 없는 변동과 그게 부동산 가격에 미치는 영향, 그리고 허술한 신용 대출이 저축 대부 조합을 어떻게 부실하게 만드는지 설명해 줬다. 이야길 듣고 노더는 한 가지 결론을 내렸다.

140. 외부. 텍사스 길. 낮
노더는 운전자의 옆 창문에 기댄다.

노더 윈슬로 : 월 가로 가겠네. 거긴 돈이 모이는 곳이야.

에드워드는 노더를 바라본다.

에드워드 : (목소리) 그때 알게 된 것은 내 범죄 행각은 끝이 났지만…

두 사람은 서로에게 손을 흔들며 에드워드는 차를 몬다. 마지막 순간에 노더가 소리를 지른다.

노더 윈슬로 : 에드워드, 도와줘서 고맙네!

에드워드 : (목소리) …노더에겐 본격적인 시작이었다는 것이다.

카메라는 잠시 노더의 미래를 생각하면서 그를 비춘다.

에드워드 : (목소리) 노더가 처음 백만 달러를 번 후 내게 만 달러짜리 수표를 보내왔다.

- **vagary**
  예측 불허의 변동(변화)
- **lax**
  느슨한, 엄격하지 못한
  not strict, severe or careful enough about work, rules or standards of behavior
- **enforcement**
  (법률의) 시행, 집행, 강제
- **fiduciary**
  신용 발행의, 수탁자의, 신탁받은
- **vulnerable**
  상처 입기 쉬운, 공격받기 쉬운, 비난받기 쉬운, 넘어가기 쉬운
  weak and easily hurt physically or emotionally
- **check**
  수표(영국에서는 cheque), 전표, 계산서

Thanks for the hand.
도와줘서 고마워.
hand는 '원조의 손길, 조력, 거들기'의 뜻이다.

Zoom In

Thanks for the hand.

도와줘서 고마워.

141. EXT. BLOOM HOUSE (MID/LATE '70'S). DAY
Sandra is watering the garden.

EDWARD : (V.O.) I protested, but he said it was my fee as his career advisor.

Will (5) waves his hand to greet Edward, just returned from another trip.

EDWARD : (V.O.) It was enough to buy my wife a proper house with a white picket fence.

We reveal the Bloom house, the nicest one in the neighborhood.

EDWARD : (V.O.) And for that, it was all the riches a man could ever want.

142. INT. BLOOM HOUSE BATHROOM. DAY(PRESENT)
Close on Edward's hand as he sinks under water. He is in the bathtub wearing his pajamas.

UNDERWATER.

Bubbles rise from his nose for a few beats, then stop. It's quiet, except for the distant splashing of water from the spigot. Edward's eyes are closed.
A long beat. Then the splashing water goes silent.
Edward opens one eye. The other eye. He sits up to find Sandra sitting on the edge of the tub. She doesn't seem particularly worried—her husband has always done this.

EDWARD : I was drying out.

SANDRA : (smiling) I see.

Sandra steps out of her sandals and climbs into the tub, facing him. Her dress is soaked, but she doesn't mind.

141. 외부. 블룸의 집(70년대 중반/후반). 낮
산드라가 정원에 물을 주고 있다.

에드워드 : (목소리) **난 이의를 제기해 봤지만 그는 자신의 직업 상담에 대한 사례금이라고 했다.**

5살의 윌이 막 여행에서 돌아온 에드워드에게 인사를 하기 위해 손을 흔든다.

에드워드 : (목소리) **그 돈은 아내가 흰 울타리가 쳐진 집을 살 수 있을 정도로 충분했다.**

블룸의 집이 비치는데 그것은 이웃에서 가장 멋 있는 집이다.

에드워드 : (목소리) **그건 남자가 원할 수 있는 부를 다 얻었단 의미였다.**

142. 내부. 블룸의 집 욕실. 낮(현재)
카메라는 물 속에 가라앉아 있는 에드워드의 손을 비춘다. 그는 파자마를 입은 채 목욕통에 들어가 있다.

물 속.

기포가 잠시 그의 코에서 나오다가 멈춘다. 멀리서 수도꼭지로부터 물이 뿜어져 나오는 소리 이외에는 조용하다. 에드워드의 눈이 감긴다.
한참 뒤. 물 뿌리는 소리가 조용해진다.
에드워드는 한쪽 눈을 뜬다. 다른 쪽 눈도 뜬다. 그는 일어나 목욕통 언저리에 앉아 있는 산드라를 발견한다. 그녀는 특별히 걱정하는 것 같지는 않다—남편은 늘 이런 일을 해왔다.

에드워드 : **난 물이 필요했어.**
산드라 : (웃으면서) **알아요.**

산드라는 샌들을 벗고 욕탕 안으로 들어가 그를 마주 본다. 그녀의 옷이 물에 흠뻑 젖지만 개의치 않는다.

- **fee**
보수, 사례금, 요금, 수수료
an amount of money that you pay for professional advice or services

- **reveal**
~을 드러내다, 적발하다, 밝히다, 누설하다
to make something known to somebody; to show something that previously could not be seen

- **spigot**
(수도, 통 등의) 주둥이, 꼭지
a device in a tap/faucet that controls the flow of liquid from a container; any tap/faucet, especially one outdoors

I was drying out.
난 물이 필요해.
dry out은 '완전히 마르다, 말리다, 물기가 빠지다'의 뜻이다.

Zoom In

I was drying out.
난 물이 필요해.

SANDRA : I think we ought to get you a plant mister. So we can just spray you like a fern.

He smiles, then pulls his knees up, making room for her in the tub. A beat while she considers.
He offers his hands to hug Sandra. She leans forward and they hug. She has tears hanging in her eyes.

EDWARD : Come now.

He wipes them away.

SANDRA : I don't think I'll ever dry out.

They are quiet for a while.

143. INT. BASEMENT STORAGE AREA. DAY
Perched awkwardly on a canoe, Will goes through the folders page by page. He's about to toss a file when he stops. Takes another look. It is "Deed of Trust." It reads: "Edward Bloom Trust Jennifer Hill 3124 Brook Lane Spectre, Al. 36104." Something doesn't make sense.

144. EXT. COUNTY ROAD. DAY
Will's rental car drives along the road.

145. EXT. ROAD. DAY
Will drives down a road that seems somewhat familiar. And then we realize why: a road sign reads "Welcome to Spectre!"

146. EXT. A LONE HOUSE. DAY
Will stops the car in front of an old house.
Sitting at the edge of a swamp, the little two-story feels lonely, set deep in its lot. Dapples of light break through the trees, a light breeze swaying the branches.
As Will walks from the car, the whirr of cicadas grows. He checks the number: 3124. This is the house. It is surrounded by a white square-picket fence, identical to his mother's.

산드라 : 당신한테 원예용 분무기를 갖다 줘야겠군요. 꽃에 물 주듯 당신한테도 물 좀 줘야겠어요.

그는 미소를 짓고는 자신의 무릎을 구부려 올려 욕탕에 아내가 들어올 공간을 만들어 준다. 그녀가 생각하는 동안 잠시.
그는 산드라를 포옹하기 위해 손을 내민다. 그녀는 몸을 앞으로 기울이며 그들은 포옹한다. 그녀의 눈에는 눈물이 맺힌다.

에드워드 : 울지 마.

그는 눈물을 닦아준다.

산드라 : 난 물이 마를 날이 없을 거예요.

그들은 잠시 말이 없다.

143. 내부. 지하 저장 지역. 낮
카누 위에 어색하게 걸터앉아서 윌은 그 폴더를 한 페이지 한 페이지 검토한다. 그는 파일 한 장을 막 집어던지려다가 멈춘다. 다시 본다. 그것은 '신탁 증서'다. '에드워드 블룸은 제니퍼 힐에게 앨라배마 주 36104 유령 마을 브룩 레인 3124 번지를 신탁한다'란 글자가 보인다. 뭔가 이해가 되지 않는다.

144. 외부. 시골 길. 낮
윌이 세낸 차가 길을 달린다.

145. 외부. 길. 낮
윌이 다소 낯익은 것 같은 길로 차를 몬다. 그리고는 그 이유가 밝혀진다. 도로 표지에 "유령 마을에 오신 걸 환영합니다!"란 글자가 보인다.

146. 외부. 외딴 집. 낮
윌은 낡은 집 앞에 차를 세운다.
습지의 언저리에 놓여 있는 2층 짜리 작은 집은 쓸쓸해 보이며 그 부지 깊숙한 곳에 놓여 있다.
얼룩얼룩한 빛이 나무를 뚫고 비치고 미풍이 가지를 흔든다.
윌이 차에서 내려 걸어가는데 매미 소리가 윙윙 울린다. 그는 집 주소를 살핀다. 3124번지. 이 집이 맞다. 그 집은 자신의 어머니 집과 같이 흰 울타리로 둘러싸여 있다.

- **mister**
(원예용) 분무기
- **fern**
양치류(의 식물)
a plant with large delicate leaves and no flowers that grows in wet areas or is grown in a pot
- **perch**
앉다, ~을 횃대에 앉히다
- **deed**
〈법률〉 정식 날인한 증서
a legal document that you sign, especially one that proves that you own a house or a building
- **dapple**
얼룩, 얼룩배기
- **whirr**
윙윙 소리, 씽 하는 소리(whir과 같음)
- **cicada**
〈곤충〉 매미
locust; a large insect with transparent wings, common in hot countries, that makes a continuous high sound by rubbing its legs together

I don't think I'll ever dry out.
난 물이 마를 날이 없을 거다.
I think I'll never dry out.으로 표현하지 않도록 한다.

Zoom In

I don't think I'll ever dry out.

난 물이 마를 날이 없을 거다.

Will notices this.
Reaching the porch, we hear a piano playing inside. Badly.
Re-checking the number on a form he's carrying, Will knocks.
The piano stops.

WOMAN'S VOICE : (O.S.) You carry on, I'll see.

The piano starts again. Footsteps.
The door opens to reveal a blonde woman in her 50's—the woman from the grocery store. Her name is Jenny Hill.
She and Will are startled to see each other.

WILL : Hello. Uh ... Are you Jennifer Hill?

JENNY : I am. And you're Will. I've seen a picture of you. That's how I recognize you.

The piano student, a black boy of eight, plays the piano.

JENNY : (to the student) Uh ... Listen, Kenny. Why don't we skip the lesson today? We can go again next week.

She hands him five dollars out of her pocket.

STUDENT : Do I have to give it back to my mom?

JENNY : Well, I won't tell her if you won't.

You don't have to tell him twice. He's out the door in a flash.
Will enters the house.

147. INT. JENNY'S KITCHEN. DAY
While Will sips his iced tea, Jenny flips through a form she never expected to see again.

윌은 이를 주목한다.
현관에 다다르자 안에서 피아노 치는 소리가 들린다. 형편 없다.
그가 지니고 있는 서류에서 번호를 재확인한 후 윌은 노크를 한다.
피아노 소리가 그친다.

여자의 목소리: (무대 밖) **넌 계속 해라, 내가 나가볼게.**

피아노 소리가 다시 시작된다. 발자국 소리.
문이 열리고 50대의 금발 여인이 나타난다—식료품 점의 그 여자다.
그녀 이름은 제니 힐이다.
그녀와 윌은 서로를 보고 깜짝 놀란다.

윌 : **안녕하세요. 저… 제니퍼 힐이신가요?**
제 니 : **그래. 넌 윌이구나. 네 사진을 봤지. 그래서 널 알아보는 거야.**

피아노를 치는 학생은 8살의 흑인 소년인데 피아노를 친다.

제 니 : (학생에게) **얘야, 케니. 오늘은 수업을 그만하자. 다음 주에 와.**

그녀는 주머니에서 5 달러를 꺼내 소년에게 건넨다.

학 생 : **이거 엄마한테 돌려드려요?**
제 니 : **그러고 싶지 않으면 말 안하마.**

그에게는 두 번 말할 필요가 없다. 그는 순식간에 문을 뛰쳐 나간다.
윌이 집에 들어온다.

147. 내부. 제니의 부엌. 낮
윌이 얼음으로 차게 한 차를 마시는 동안 제니는 다시 보리라 생각도 못했던 서류를 뒤적거린다.

- **skip**
  (수업 등을) 빼먹다, 결석하고 건너뛰다, (식사 등을) 거르다
  to not do something that you usually do or should do

- **sip**
  (액체를) 찔끔찔끔 마시다, 조금씩 마시다
  to drink something, taking a very small amount each time

You carry on.
넌 계속해라.
명령문으로, carry on은 '계속해서 하다, 속행하다'의 뜻이다.

Zoom In

You carry on.

넌 계속해라.

WILL : How did you know my father?

JENNY : Well, this was on his sales route, so he was through here all the time. And everyone in town knew him.

A beat. Not flinching ...

WILL : Were you having an affair?

JENNY : (taken aback) Wow. Wow, you just said it. I was expecting to dance around this for another half hour.

WILL : I've seen him with women. He flirts. He always has. On some level, I just presumed, uh ... that he was cheating on my mom. I just never had proof.

She moves, trying to get out of the corner he's boxed her into. Once she's finally free ...

JENNY : Can I ask you a question? If you found this deed, why didn't you just ask Eddie?

WILL : Uh, because he's dying.

A long beat. Jenny is taken back by the suddenness of it.
She's a tangle of conflicting emotions.

JENNY : Look, I don't know how much you want to know about any of this.

She hands the form back to Will.

JENNY : You have one image of your father and it'd be wrong of me to go and change it. Especially this late in the game.

윌 : 어떻게 제 아버님을 만나셨죠?

제 니 : 여기도 판매 지역 중 하나였으니까 늘 지나 다니셨지. 마을 사람 모두가 그를 알았어.

잠시. 주춤하지 않고…

윌 : 당신은 불륜이었나요?

제 니 : (깜짝 놀라) 저런. 저런, 그렇게 직접적으로 말하다니. 한 30분은 돌리다 말할 줄 알았는데.

윌 : 아버지가 여자들이랑 계신 걸 봐 왔으니까요. 아버진 그들과 시시덕거리죠. 항상 그랬어요. 증거가 없었을 뿐 전 어떤 면에서는 아버지가 어머닐 속였다고 생각해요.

그녀는 윌이 자신을 가둔 구석에서 빠져 나오려 애를 쓰면서 움직인다. 일단 그녀가 자유로워지자…

제 니 : 하나 물어볼까? 이 증서를 찾아냈으면 왜 에디한테 직접 물어보지 않았지?

윌 : 저, 아버진 죽어가세요.

한 동안. 제니는 갑작스러운 그 말에 충격을 받는다.
그녀는 모순되는 감정에 휩싸인다.

제 니 : 이봐, 네가 이 일을 얼마나 알고 싶어하는지 모르겠다만.

그녀는 그 서류를 다시 윌에게 건넨다.

제 니 : 넌 아버지를 빼닮았어. 내가 그걸 바꾸려 한다면 잘못일 거야. 그것도 이렇게 뒤늦게.

- **flinch**
  기가 꺾이다, 주춤하다
  to make a sudden movement with your face or body as a result of pain, fear, surprise, etc.

- **taken aback**
  당황한, 깜짝 놀란

- **flirt**
  장난 삼아 연애하다, 불장난하다, 시시덕거리다
  to behave towards somebody as if you find them sexually attractive, without seriously wanting to have a relationship with them

- **presume**
  ~을 가정〔추정〕하다, 상상하다, ~이라고 여기다

- **conflicting**
  서로 싸우는, 모순되는, 상반〔상충〕되는
  • conflict
  (사상, 감정 등이) 충돌하다, 모순되다

- **have one image of one's father**
  아버지를 빼닮다

Were you having an affair?
당신은 불륜이었나요?
have an affair는 '(일시적 불륜의) 정사를 가지다'의 뜻이다.

Zoom In

Were you having an affair?

당신은 불륜이었나요?

She takes a seat across from him at the table.

WILL : My father talked about a lot of things he never did, and I'm sure he did a lot of things that he never talked about. I'm just trying to reconcile the two.

Fair enough. Jemy takes a seat across from him at the piano.

JENNY : The first thing you have to understand, is that your father never meant to end up here. Yet he did, twice. The first time, he was early. The second time, he was late.

148. INT. EDWARD'S CAR/DRIVING. NIGHT

It's late, and Edward is pensive.

JENNY : (V.O.) Those days, your father was working for himself. If there's one thing you could say about Edward Bloom, it's that he was a social person, and people took a liking to him. One night he was returning from three weeks on the road, when he hit a thunderstorm unlike any in his life.

The first raindrops hit the windshield. Edward turns on the wipers.

149. INT. EDWARD'S CAR. NIGHT(THE STORM)

Suddenly, a deluge descends. It's not even rain anymore—there's no space between the drops. It's like being caught in a waterfall. It's that loud.
No choice, Edward stops the car. Puts on the handbrake.
Just as suddenly, the sound changes—no longer pounding, but softly splashing. The world is close and echoing, because—

그녀는 윌 반대편 테이블에 앉는다.

윌 : 아버지 말씀엔 거짓도 많지만 말씀 안 한 진실도 분명 많을 거예요. 전 그냥 그 두 가지를 화해시키고 싶어요.

됐다. 제니는 그를 가로질러 피아노 옆의 의자에 앉는다.

제 니 : 네가 이해해야 할 분명한 사실은 네 아버지는 여기 정착할 생각이 없으셨단 거야. 하긴 했었지, 두 번. 첫 번짼 빨랐고, 두 번짼 늦었어.

148. 내부. 에드워드의 차/운전 중. 밤
늦은 시간이다. 에드워드는 생각에 잠겨 있다.

제 니 : (목소리) 그 당시에, 네 아버진 혼자 일했단다. 에드워드 블룸에 대해 할 수 있는 말이 있다면 그건 아버지가 사교적인 사람이었던 터라 다들 그를 좋아했다는 거야. 그러던 어느 날 3주 동안의 출장에서 돌아오던 길에 평생 처음 보는 폭우를 만났어.

처음 떨어지는 빗방울이 앞창을 때린다. 에드워드는 와이퍼를 작동시킨다.

149. 내부. 에드워드의 차. 밤(폭풍우)
갑자기 호우가 쏟아진다. 더 이상 비가 아니다. 빗방울 사이에는 공간이 존재하지 않는다. 폭포에 갇힌 것 같다. 소리도 그렇게 크다.
선택의 여지가 없어 에드워드는 차를 세운다. 핸드 브레이크를 채운다.
갑자기 소리가 변한다—더 이상 때리는 소리가 아니라 부드럽게 튀기는 소리다. 세상이 밀폐되고 반향한다, 왜냐하면—

- **reconcile**
~을 화해시키다, 융화시키다, 중재하다
to find a satisfactory way of dealing with two or more ideas, needs, etc. that seem to be opposed to each other; to make people become friends again after an argument or a disagreement

- **Fair enough.**
〈구어〉 (제안에 대하여) 됐어.

- **pensive**
생각에 잠긴, 곰곰이 생각하는
thinking deeply about something, especially because you are sad or worried

- **deluge**
호우, 대홍수
a sudden very heavy fall of rain; a flood

People took a liking to him.
사람들은 그를 좋아했다.
take a liking to는 '~이 마음에 들다'의 뜻으로 like와 같다.

Zoom In

People took a liking to him.
사람들은 그를 좋아했다.

150. EXT. EDWARD'S CAR. NIGHT

—the car is underwater. The tires are still on the road, but where there used to be air is water. A catfish swims in front of his headlights.

151. INT. THE CAR. NIGHT

Realizing his plight, Edward tries to remain calm. For now, he's fine.
That's when he sees her—The Girl in the River.
She's swimming outside the car. While we never see her face exactly, she remains just as beautiful, just as mysterious, as the first time we saw her.
She puts her hand to the windshield. He puts his up to meet hers. And smiles.

FLASH CUT TO:

152. EXT. FIELD BY DIRT ROAD. DAY

It's morning, and the sun shines brightly. Birds chirp.
Trees drip and the grass shines, still wet from last night's rain.
Edward's car balances precariously ten feet up in an elm tree. As Edward leaves there, he notices a shiny piece of metal sticking out of the dirt. He pulls it out, rubs it off.
It's a key. It's the Key to the City he lost years ago.
He starts to walk with the key.

JENNY : (V.O.) Fate has a way of circling back on a man, and taking him by surprise.

153. EXT. ROAD. DAY

A tired Edward walks toward a one-street town in the distance. We pass a rusty sign ... "Welcome to Spectre."

154. EXT. MAIN STREET. DAY

Amazed and disbelieving, Edward walks down the center of the road, no cars coming from either direction. He looks up to find his faded shoes still dangling from the power line, along with the rest of the town's.

150. 외부. 에드워드의 차. 밤
—차가 물 속에 있기 때문이다. 타이어는 여전히 도로에 놓여 있지만 공기 대신 물이 있다. 메기 한 마리가 전조등 앞을 헤엄친다.

151. 내부. 차. 밤
자신의 곤경을 깨닫고 에드워드는 침착하려고 애를 쓴다. 이제 그는 괜찮다.
그때 그는 그녀를 본다—강의 여자다.
그녀는 차 밖에서 헤엄치고 있다. 정확하게 그녀의 얼굴은 보이지 않지만 처음에 그녀를 보았을 때처럼 매우 아름답고 신비스럽다.
그녀는 손을 앞 유리에 댄다. 에드워드는 그녀를 맞이하기 위해 손을 댄다. 그리고는 미소를 짓는다.

순간적으로 장면이 바뀐다:

152. 외부. 비포장 도로 옆 들. 낮
아침이다. 해가 밝게 비친다. 새들이 지저귄다.
나무들이 흠뻑 젖어 있고 풀은 빛나는데 어젯밤의 비로 아직 젖어 있다.
에드워드의 자동차는 느릅나무 위 10피트 높이에서 불안정하게 균형을 잡고 걸려 있다. 에드워드가 그곳을 떠날 때 먼지 속에서 번쩍이는 쇳조각이 튀어 나와 있는 것을 본다. 그는 그것을 집어서 닦는다.
그건 열쇠다. 그가 오래 전에 잃어버린 도시의 열쇠다.
그는 그 열쇠를 들고 걷기 시작한다.

제 니 : (목소리) **운명은 늘 주위를 맴돌면서 사람을 놀라게 한다.**

153. 외부. 길. 낮
피곤한 에드워드는 멀리 하나의 도로가 나 있는 마을을 향해 걷는다.
"유령 마을에 오신 것을 환영합니다"란 낡은 간판을 지나간다.

154. 외부. 주 거리. 낮
놀라고 믿을 수 없어 하면서 에드워드는 길 중앙을 걸어내려 온다.
자동차는 양 방향 다 다니지 않는다. 그는 고개를 들어 마을 사람들의 구두와 함께 자신의 빛 바랜 구두가 전선줄에 아직 걸려 있는 것을 발견한다.

▪ **plight**
곤경, 궁지, 어려운 상태
a difficult and sad situation

▪ **drip**
흠뻑 젖어 있다

▪ **rusty**
색이 바랜, 낡은, 녹슨, 구식의
covered with rust; (of a sport, skill, etc.) not as good as it used to be, because you have not been practising

taking him by surprise
그를 놀라게 하는 것
Fate has a way of taking him by surprise.로 연결된다. take by surprise는 '놀라게 하다, 불시에 치다'의 뜻이다.

Zoom In

taking him by surprise
그를 놀라게 하는 것

JENNY : (V.O.) A man sees things differently at different times in his life. This town didn't seem the same now that he was older.

155. EXT. TOWN OF SPECTRE. VARIOUS SHOTS

We look around the town, on and off Main Street. There are "FOR SALE" signs in many of the windows.

JENNY : (V.O.) A new road had brought the outside world to Spectre, and with it, banks, liens and debt. Almost everywhere you looked, people were bankrupt.

제 니 : (목소리) 사람은 인생의 시절에 따라 사물을 다르게 보지. 나이든 아버지 눈엔 이 마을도 달라 보였어.

155. 외부. 유령 마을. 다양한 장면
카메라는 마을 주위를 비추며 때로 큰 거리를 비춘다. 많은 창문에는 '팔려고 내놓음' 이란 간판이 붙어 있다.

제 니 : (목소리) 새로운 길이 유령 마을을 외부 세계와 연결시켰고 그와 더불어, 은행, 유치권 그리고 빚 같은 것도 함께 들어왔다. 마을 전체가 파산해 버렸지.

■ **lien**
유치권, 선취 특권
the right to keep somebody's property until a debt is paid

AIRBORNE

I think we ought to get you a plant mister.

So we can just spray you like a fern...

I don't think I'll ever dry out.

"Were you having an affair?"

Chapter 9

난 아내를 사랑해요

I Am in Love with My Wife

시간 01:35:10 ~ 01:47:03

156. EXT. TOWN OF SPECTRE. DAY
We slowly move through a foreclosure auction to find Edward watching. Two very corporate men in suits, stick out among the bidders.

MAN : The auction today is for the town of Spectre. All streets, lands, buildings that could be there too. The opening bid will be $10,000 ...

JENNY : (V.O.) And so Edward Bloom decided to buy the town.

Edward raises his hand.

EDWARD : Fifty-thousand!

Everyone turns to look at this new bidder.

156. 외부. 유령 마을. 낮

카메라는 유질 처분 경매를 다루다가 에드워드가 보고 있는 것을 비춘다. 신사복을 차려입은 두 명의 법인 조직 사람이 입찰자들 사이에 두드러진다.

남 자 : 오늘 유령 마을을 살리기 위한 경매가 열리겠습니다. 거리, 땅, 건물 등이 다 해당됩니다. 시작가는 만 달러가…

제 니 : (목소리) 그래서 에드워드 블룸은 마을을 사기로 결심했단다.

에드워드는 손을 든다.

에드워드 : 5만!

모두가 고개를 돌려 이 새로운 입찰자를 바라본다.

- **foreclosure**
  유질 처분(담보물을 찾을 권리의 상실)
  the act of foreclosing on money that has been borrowed; an example of this
- **corporate**
  법인의
- **bidder**
  입찰자
  a person or group that offers to pay an amount of money to buy something; a person or group that offers to do something or to provide something for a particular amount of money, in competition with others

157. INT. NORTHER WINSLOW'S OFFICE. MANHATTAN. DAY
It's a spacious office. Norther Winslow is sitting at his own desk.
Edward pitches his plan to Norther.

EDWARD : I couldn't believe my eyes ...

JENNY : (V.O.) He was never a wealthy man, but he had made other men rich, and now he asked for their favors.

158. INT./EXT. VARIOUS LOCATIONS. DAY
VARIOUS SHOTS of CALLOWAY CIRCUS: Expressive and passionate as always, Edward talks to Amos Calloway, Ping and Jing.

EDWARD : I'm trying to save ...

JENNY : (V.O.) Most of them had never seen Spectre—they only had Edward's words to describe it. That's all he needed. He sold them on the dream. So first he bought the farms. Then he bought the houses. And then he bought the stores.

159. INT. AL'S HOUSE. DAY
Edward and Al sit around the table.

JENNY : (V.O.) Whatever he bought, the people were not asked to leave or pay rent or anything. They were just asked to keep doing as they were doing. In that way, he could make sure the town would never die.

160. EXT. ROAD IN THE SWAMP. DAY
Edward stops his car in front of an old house. He climbs out of his car, the road having literally stopped. The sun is shining.

157. 내부. 노더 윈슬로의 사무실. 맨해튼. 낮
넓은 사무실이다. 노더 윈슬로는 자신의 책상에 앉아 있다.
에드워드가 노더에게 자신의 계획을 이야기하고 있다.

에드워드 : 도저히 안 믿겨서…

제 니 : (목소리) 그는 부자는 아니었지만 다른 사람들을 부자로 만들어 줬지. 이제 그는 그들의 도움을 요청했던 거야.

158. 내부/외부. 다양한 장소. 낮
캘러웨이 서커스의 다양한 장면: 언제나 처럼 표정이 풍부하고 정열적으로 에드워드는 아모스 캘러웨이, 핑과 징에게 말을 한다.

에드워드 : 난 구하려고 노력하고…

제 니 : (목소리) 그들 대부분이 유령 마을에 와본 적도 없는 사람들이었지—단지 그것을 설명하는 에드워드의 말만 들었을 뿐이야. 그게 그가 필요한 전부였어. 에드워드는 그들에게 자신의 꿈을 팔았다. 그렇게 해서 농장을 사고 집과 가게들을 사 들였지.

159. 내부. 앨의 집. 낮
에드워드와 앨이 테이블 주위에 앉아 있다.

제 니 : (목소리) 그가 뭘 사든 거기 사는 사람들을 내 몰거나 세를 받는 일 없이 하던 일을 계속하게 했어. 그렇게 하나하나 마을을 살려 나간 거야.

160. 외부. 늪의 길. 낮
에드워드는 낡은 집 앞에 차를 세운다. 길이 완전히 막혀 있어 차에서 내린다. 태양이 밝게 비치고 있다.

- **pitch**
  ~에게 …을 이야기하다
  to tell somebody a story or make an excuse that is not true

- **expressive**
  표현이 풍부한, 감정을 나타내는, 의미심장한
  showing or able to show your thoughts and feelings

- **literally**
  완전히, 글자 그대로
  used to emphasize a word or phrase that is being used in a figurative way

He asked for their favors.
그는 그들의 도움을 요청했다.
favor는 '청, 부탁, 은혜, 친절, 호의'의 뜻이다.

He asked for their favors.

그는 그들의 도움을 요청했다.

JENNY : (V.O.) Within six months, his trust had purchased the entire town. With one exception.

He sees a shack, so old it's nearly fallen.
He walks toward it, the marshy ground squishing up around his feet, soaking the hems of his trousers.
We hear a piano playing from inside the shack. Edward knocks on the half-hung door, which swings open by itself.

161. INT. SHACK. DAY
The inside is nicer than you'd think, a real home. A fire burns in the stove, and curtains hang in the windows.
With her back turned to him, Jenny Hill plays the piano.
Edward doesn't recognize her as the little girl who used to have a crush on him.
Without turning, she says ...

JENNY : You must be Edward Bloom.

EDWARD : How did you know?

She keeps playing.

JENNY : No one would come out here unless they had business. And no one would have business with me except for you. You're buying the town.

Edward closes the door behind him.

EDWARD : Apparently I overlooked this one piece of it, and I'd like to remedy that. You see, in order for the town to be preserved, the trust must own it in its entirety.

JENNY : And so I've heard.

제 니 : (목소리) 여섯 달 동안 그의 신탁 회사는 한 군데만 제외하고 마을 전체를 다 샀단다.

그는 오두막집을 본다. 너무 낡아서 거의 쓰러질 정도다.
그는 그 집으로 걸어가는데 발치에 축축한 땅이 철벅 소리를 내며 바짓단을 적신다.
오두막집 안에서는 피아노 치는 소리가 들린다. 에드워드는 반쯤 걸려 있는 문을 노크하는데 그게 저절로 열린다.

161. 내부. 오두막집. 낮
집 내부는 생각보다는 좋다. 진짜 가정이다. 스토브에서는 불이 타고 있고, 창문에는 커튼이 걸려 있다.
그에게 등을 돌린 채 제니 힐이 피아노를 치고 있다.
에드워드는 그녀가 한때 자신을 무척 좋아했던 어린 소녀라는 것을 알아보지 못한다. 몸을 돌리지 않고 그녀가 말하기를…

제 니 : 에드워드 블룸 씨군요.
에드워드 : 어떻게 알았죠?

그녀는 계속 피아노를 친다.

제 니 : 볼 일이 없으면 아무도 여길 오지 않거든요. 당신 말곤 나한테 볼 일이 있는 사람이 없으니까요. 마을을 사고 있잖아요.

에드워드는 들어와 문을 닫는다.

에드워드 : 분명히 난 여길 조사해 봤는데 고칠 데가 많더군요. 알다시피 마을을 보존하려면 모든 집을 다 사들여야 돼요.
제 니 : 그렇다고 들었어요.

- **shack**
  오두막집, 통나무집
  a small building, usually made of wood or metal, that has not been built well
- **marshy**
  습지의, 축축한 땅의
- **squish**
  철벅철벅 소리를 내다
  to make a soft wet sucking sound
- **hem**
  옷단, 가두리, 가장자리
- **have a crush on**
  〈구어〉 ~에게 홀딱 반하다
  - crush
    a strong feeling of love, that usually does not last very long, that a young person has for somebody older

So I've heard.
그렇다고 들었다.
I've heard so.에서 so가 강조되어 도치된 문장이다.

Zoom

So I've heard.
그렇다고 들었다.

EDWARD : Now I'll offer you more than it's worth. And of course you won't have to move. Nothing will change except the name on the deed, you have my word.

Jenny stops playing, her piece not quite finished. She turns to face him. Edward still doesn't recognize her.

JENNY : Now let me get this straight. You'll buy the swamp from me, but I'll stay in it. You'll own the house, but it'll still be mine. I'll be here, and you'll come and go as you please to one place or another. Do I have that right?

Strange to hear it put that way, but—

EDWARD : In so many words, yes.

JENNY : Yeah, then I don't think so, Mr. Bloom. If nothing's gonna change, I'd just as soon not change in the way things haven't been changing all this time.

EDWARD : It's not like you'll lose anything. You can ask anyone in town.

A long beat.

JENNY : Why are you buying this land, Mr. Bloom? Some sort of midlife crisis? Instead of buying a convertible, you buy a town?

He looks at her, puzzled and surprised. No one has really asked before.

에드워드 : 당신한테 값도 잘 쳐드릴 거고 물론 이사할 필요도 없어요. 명의 말곤 변하는 게 아무것도 없으니까, 약속할게요.

제니는 자신의 곡을 다 마치지 않은 채 연주를 중지한다. 그녀는 돌아서서 에드워드와 얼굴을 마주 한다. 에드워드는 아직도 그녀를 알아보지 못한다.

제 니 : 정확하게 말해 주세요. 당신이 이 늪지를 사고도 난 여기 계속 있을 수 있다고요? 집 주인은 당신인데 여전히 내 거라고요? 난 여기 있고 당신은 원할 때마다 오가고요. 제 말이 맞나요?

그런 식으로 표현되는 것을 듣고 이상하게 생각하지만—

에드워드 : 기본적으론 그렇죠.

제 니 : 그럼 전 싫은데요, 블룸 씨. 아무것도 변하는 게 없다면 원래 변화 없던 지금처럼이 좋겠어요.

에드워드 : 손해 볼 일 아니에요. 마을 사람들한테 물어봐요.

한참 후.

제 니 : 왜 하필 이 땅을 사려는 거죠, 블룸 씨? 중년의 위기인가요? 컨버터블을 사는 대신 마을을 사는 거예요?

그는 당황하고 놀라서 그녀를 바라본다. 아무도 전에 그런 질문을 한 사람이 없다.

- **just as soon**
  차라리, 기꺼이
  preferably; willingly
- **midlife**
  중년
  the middle part of your life when you are neither young nor old
- **convertible**
  지붕을 접을 수 있게 된 자동차
  a car with a roof that can be folded down or taken off
- **puzzle**
  곤혹하게 하다, 어쩔 줄 모르게 하다

You have my word.
약속할게요.
word는 '약속, 보증, 언질'의 뜻이다.

Zoom In

You have my word.

약속할게요.

EDWARD : Helping people makes me happy.

JENNY : I'm not convinced you should be happy.

EDWARD : I'm sorry. Have I offended you?

JENNY : No, you did exactly what you promised. You came back. I was just expecting you sooner.

Edward looks down at her bare feet.

FLASHBACK TO:

162. EXT. SPECTRE. NIGHT

Young Jenny Hill watches barefoot Edward leave Spectre for the first time.

BACK TO:

163. INT. SHACK. DAY

Finally realizing who this woman is ...

EDWARD : You're Beamen's daughter. Your name is different. (realizing) Did you get married?

JENNY : I was 18. He was 28. Turns out that was a big difference.

They smile.
Before he can say anything more ...

JENNY : I won't be selling you this house, Mr. Bloom.

EDWARD : I see. Well, thank you for your time.

A bit bewildered, Edward turns and starts to leave.
But he cannot open the door.

에드워드 : 전 사람들을 돕는 게 행복해요.

제 니 : 당신 행복엔 관심 없어요.

에드워드 : 미안해요. 기분 상했어요?

제 니 : 아뇨, 당신은 정확하게 약속을 지켰어요. 당신은 돌아왔어요. 생각보단 늦었지만.

에드워드는 그녀의 벗은 발을 내려다본다.

회상:

162. 외부. 유령 마을. 밤
어린 제니 힐이 맨발 상태로 처음 에드워드가 유령 마을을 떠나는 것을 지켜본다.

다시 원 장면:

163. 내부. 오두막집. 낮
마침내 이 여자가 누구인지를 깨닫고…

에드워드 : 비멘 씨 딸이군요. 성이 달라졌는데 (알아차리고) 결혼했나요?

제 니 : 전 18살, 그인 28살이었죠. 결국 그건 큰 차이더라고요.

그들은 미소를 짓는다.
그가 뭔가 말을 더 할 수 있기 전에…

제 니 : 당신한테 이 집은 안 팔겠어요, 블룸 씨.

에드워드 : 알겠어요. 시간 내줘서 고마워요.

약간 당황하며 에드워드는 돌아서서 나가기 시작한다.
하지만 그는 문을 열 수 없다.

- **convince**
  ~을 확신시키다, 납득시키다, 수긍하게 하다
  to make somebody/yourself believe that something is true

- **offend**
  ~을 성나게 하다, ~의 감정을 상하게 하다, (감정, 정의감 등을) 해치다
  to make somebody feel upset because of something you say or do that is rude or embarrassing

- **bewildered**
  당황한, 갈피를 못 잡은

Turns out that was a big difference.
결국 그것은 큰 차이였다.
It turns out that that was a big difference.의 의미이다.

Zoom In

Turns out that was a big difference.

결국 그것은 큰 차이였다.

EDWARD : It's stuck.

JENNY : Yeah.

Edward pulls the door with might and main.
The door frame buckles and the whole shack creaks.
The door falls in, smashing a small table.

EDWARD : (surprised and embarrassed) Oh, I'm so sorry. I ...

Jenny looks, surprised and annoyed.

JENNY : It's okay, just leave it.

EDWARD : No, I'll ...

JENNY : Please, just go!

EDWARD : But ...

JENNY : Go.

She's dead serious. Weighing the scales of chivalry, he finally backs away.
We stay on Jenny, watching him go. She's furious, but there's something more in her feelings for him. Something softer.

JENNY : (V.O.) Most men in that situation would accept their failure and move on. But Edward was not like most men.

164. EXT. SWAMP SHACK ROAD. ANOTHER DAY

With Karl the Giant's help, Edward makes the slant shack stand straight. Karl pushes against the side of the house until it fits.

에드워드 : 문이 걸렸어요.
제 니 : 네.

에드워드는 온 힘을 다해 문을 잡아당긴다.
문의 틀이 무너지고 오두막 전체가 삐걱거린다.
문이 안으로 떨어져 작은 테이블을 부순다.

에드워드 : (놀라고 당황하며) 아, 미안해요. 전…

제니는 놀라고 괴로운 표정이다.

제 니 : 괜찮아요, 그냥 놔 두세요.
에드워드 : 아뇨, 제가…
제 니 : 제발, 그냥 가세요!
에드워드 : 하지만…
제 니 : 가요.

그녀는 몹시 심각하다. 어찌 하는것이 정중한 태도인지 궁리하다가 그는 마침내 물러선다.
카메라는 제니를 비추고 그녀는 그가 가는 것을 지켜본다. 그녀는 격노하지만 그녀가 그에게 갖는 감정 속에는 그 이상의 뭔가가 있다. 더 부드러운 어떤 것이다.

제 니 : (목소리) 그런 상황에서 대부분의 남자들은 실패를 받아들이고 가 버리지. 하지만 에드워드는 대부분의 남자들과는 달랐단다.

164. 외부. 늪의 오두막 길. 다른 날
칼 거인의 도움을 받아 에드워드는 기운 오두막집을 똑바로 세운다. 칼은 집이 제대로 설 때까지 집 옆면을 민다.

- **with might and main**
  온 힘을 다해, 힘껏
- **buckle**
  휘어지다, 구부러지다, 무너지다
  to become crushed or bent under a weight or force; to crush or bend something in this way
- **scale**
  저울눈, 비례, 등급
- **chivalry**
  기사도, 정중한 태도, 친절
  polite and kind behavior that shows a sense of honor, especially by men towards women; (in the Middle Ages) the religious and moral system of behavior which the perfect knight was expected to follow
- **slant**
  비스듬한, 기울어진, 경사진

It's stuck.
이게 꼼짝하지 않네요.
stick은 보통 수동형으로 쓰여 '옴쭉 못하게 하다'의 뜻이다.

Zoom In

It's stuck.
이게 꼼짝하지 않네요.

EDWARD : Hold!

165. EXT. SHACK. DAY
Jenny sits on a rocking chair and does her needlework.
Edward puts in a new door himself.

EDWARD : They both had completely different characters, but ... well, just one pair of legs.

Jenny laughs at the story he's telling. Edward laughs too.

166. EXT. SHACK. ANOTHER DAY
Edward repairs the house.
Jenny hands a glass of juice to Edward.

167. EXT. SHACK. ANOTHER DAY
Edward paints the pillar with a brush.
Jenny hands Edward a sandwich. He eats it joyfully.

JENNY : (V.O.) As the months passed, he found more and more things to fix, until the shack no longer resembled itself.

168. EXT. SWAMP. ANOTHER DAY
Through the golden pollen hanging in the air, we rise up to see the shack is now the lovely house we saw before. It's tiny and white, with black shutters and a steep roof. A white picket fence. In every detail it is impossibly charming.
Edward, Jenny and Karl see the house. They look satisfied with their work.

169. INT. JENNY'S HOUSE. DAY
Edward is screwing a hatrack into the wall in the foyer.
Jenny leans against the doorframe listening to his story. And watching him with deepest affection.

에드워드 : 정지!

165. 외부. 오두막집. 낮
제니는 흔들의자에 앉아서 바느질을 하고 있다.
에드워드가 스스로 새 문을 단다.

에드워드 : 그들 둘이 성격은 딴판이었는데 다리는 하나였죠.

제니는 그가 말하는 이야기를 듣고 웃는다. 에드워드도 웃는다.

166. 외부. 오두막집. 다른 날
에드워드는 집을 수리한다.
제니는 에드워드에게 주스 한 잔을 갖다 준다.

167. 외부. 오두막집. 다른 날
에드워드는 붓으로 기둥에 페인트칠을 한다.
제니는 에드워드에게 샌드위치를 갖다 준다. 그는 그것을 유쾌하게 먹는다.

제 니 : (목소리) 몇 달이 지나면서 그는 더 많은 곳을 수리했어. 마침내 그 오두막은 예전 모습이라곤 찾아볼 수 없을 만큼 달라졌지.

168. 외부. 늪. 다른 날
비록 누런 화분이 공중에 떠다니지만 그 오두막은 전에 본 대로 아름다운 집이 된다. 그것은 자그마하고 하얀 색인데 덧문은 검정색이고 지붕은 가파르며 흰 울타리가 쳐 있다. 구석구석 사방이 불가능할 정도로 매력적이다.
에드워드, 제니 그리고 칼은 그 집을 바라본다. 그들은 자신들의 작업에 만족한 모습이다.

169. 내부. 제니의 집. 낮
에드워드는 현관의 벽에다 모자걸이를 달고 있다.
제니는 그의 이야기에 귀를 기울이면서 문틀에 기대 서 있다. 그리고는 깊은 애정으로 그를 지켜본다.

- **pillar**
  기둥, 기념주, 지주, 주석, 기둥 모양의 것
- **pollen**
  화분, 꽃가루
  fine powder, usually yellow, that is formed in flowers, and carried to other flowers of the same kind by the wind or by insects, to make those flowers produce seeds
- **steep**
  가파른, 경사가 급한, 터무니없는
- **hatrack**
  모자걸이
  a frame, stand, or post with knobs or hooks for hanging hats

The shack no longer resembled itself.
그 오두막은 더 이상 예전 모습이 아니었다.
resemble은 '~을 닮다, ~와 공통점이 있다'의 뜻이다.

Zoom In

The shack no longer resembled itself.
그 오두막은 더 이상 예전 모습이 아니었다.

EDWARD : Of course, the best part was coming up with the new material. By the time the twins and I had got to Havana, we'd worked out a whole new routine, using only a ukulele and a harmonica.

Finished with his work, he takes his hat off the chair and hangs it on the rack. Perfect.
A beat. A look between them. With that last job done, there's no reason for him to be staying any longer.

EDWARD : Well ...

He takes his hat off the rack.

JENNY : You could leave it there.

A beat. Does she really mean it?
She comes closer. Edward holds his ground. She's very close—just a half-inch from kissing him when—Edward gently holds her back.

EDWARD : No.

She freezes, stunned and humiliated. She pulls away.

EDWARD : Now, don't. Don't be embarrassed. I should never have let you think that ... (beat) I am in love with my wife.

JENNY : (nodding) Yeah, I know.

EDWARD : And from the first day I saw her until the day I die, she's the only one.

에드워드 : 물론, 가장 좋았던 부분은 새로운 소재를 개발한다는 것이었어요. 그 쌍둥이와 내가 아바나에 갔을 때쯤엔 우쿨렐레와 하모니카만 쓰는 전적으로 새로운 공연을 고안해 내기도 했죠.

그는 작업을 끝내고는 자신의 모자를 의자에서 들어 모자걸이에 건다. 완벽하다.
잠시. 그들은 서로 바라본다. 마지막 작업을 한 이상 그가 더 이상 머물 이유가 없다.

에드워드 : 저…

그는 모자걸이에서 모자를 벗긴다.

제 니 : 그냥 거기 놔둬도 돼요.

잠시. 그녀가 진심으로 하는 말인가?
그녀가 가까이 다가선다. 에드워드는 움직이지를 않는다. 그녀가 매우 가까워졌다—단지 그와 키스할 수 있는 거리만큼 가까워졌을 때 에드워드는 점잖게 그녀를 밀어낸다.

에드워드 : 안 돼요.

그녀는 놀라고 모욕을 당한 모습으로 그 자리에 얼어붙는다. 그녀는 몸을 떤다.

에드워드 : 이러지 말아요. 당황해 할 거 없어요. 내 잘못이에요. (잠시) 난 아내를 사랑해요.
제 니 : (고개를 끄덕이며) 네, 알아요.
에드워드 : 그녀를 처음 만난 날부터 죽는 날까지 나한테 여자는 아내밖에 없어요.

- **come up with**
  ~을 만들어내다, 생각해내다, (해답 등을) 찾아내다
  to find or produce an answer, a sum of money, etc.

- **ukulele**
  우쿨렐레(하와이 원주민의 기타와 비슷한 4현 악기)
  a musical instrument with four strings, like a small guitar

- **stun**
  (사람을) 기절시키다, 아연하게 하다, 대경실색케 하다

- **humiliated**
  창피를 당한, 굴욕감을 느낀, 자존심이 상한
  - humiliate
    ~을 모욕하다, ~에게 창피를 주다
    to make somebody feel ashamed or stupid and lose the respect of other people

I am in love with my wife.
난 아내를 사랑해요.
be in love with는 '~에게 반해 있다, ~을 사랑하다'의 뜻이다.

Zoom In

I am in love with my wife.

난 아내를 사랑해요.

JENNY : Lucky girl.

EDWARD : I'm sorry, Jenny. I am.

With that, he begins to leave with his hat.

JENNY : Wait! Edward!

She finds a pen and hastily signs the deed to the house. Hands it to him. It is the quitclaim deed. With a look, he thanks her. Then goes.

170. EXT. SPECTRE. MAGIC HOUR
Edward takes a final look at this perfect little town.

JENNY : (V.O.) One day, Edward Bloom left, and never returned to the town he'd saved.

He climbs in his car and starts the engine.
He says good-bye waving his hand.

171. EXT. JENNY HILL'S HOUSE. DAY TO NIGHT
As we watch, the swamp begins to overtake the house, swallowing it in a tangle of vines and mossy branches.
Shoots burst up through the planks in the porch. As if snakes slither through the marsh.
Day becomes night.

JENNY : (V.O.) As for the girl, the common belief was that she'd become a witch, and crazy at that. She became something of a legend herself.

제 니 : 행복한 여자네요.

에드워드 : 미안해요, 제니. 정말.

그 말을 하면서 그는 모자를 갖고 떠나기 시작한다.

제 니 : 잠깐만요! 에드워드!

그녀는 펜을 찾아 황급히 그 집의 증서에 서명을 하고는 그에게 넘긴다. 그것은 권리 양도 증서다. 그녀를 쳐다보며 그는 감사를 표한다. 그리고는 나간다.

170. 외부. 유령 마을. 마법의 시간
에드워드는 이 완벽한 작은 마을을 마지막으로 쳐다본다.

제 니 : (목소리) 어느날 에드워드 블룸은 떠났고, 자신이 구한 마을로 다신 돌아오지 않았단다.

그는 차에 올라 시동을 건다.
그는 손을 흔들며 작별인사를 한다.

171. 외부. 제니 힐의 집. 낮부터 밤까지
카메라는 그 늪이 그 집을 덮치기 시작해서 덩굴과 이끼 낀 나뭇가지로 그것을 삼키는 과정을 비춘다.
현관의 널빤지를 타고 새로 나온 가지들이 뻗쳐 오른다. 마치 뱀들이 늪을 통해 미끄러져 가는 것 같다.
낮은 밤이 된다.

제 니 : (목소리) 사람들은 그 소녀가 마녀가 된 데다 미쳤다고 했어. 그녀는 스스로 전설적인 존재가 됐지.

- **quitclaim deed**
〈법률〉 무담보 양도 증서, 권리 포기형 양도 증서
- **overtake**
~을 덮치다, 따라잡다, 추월하다
- **tangle**
엉킴
a twisted mass of threads, hair, etc. that cannot be easily separated; a state of confusion or disorder
- **mossy**
이끼 낀, 이끼 같은, 케케 묵은
- **slither**
미끄러져 가다
to move somewhere in a smooth, controlled way, often close to the ground

as for the girl
그 소녀에 관한 한
as for는 보통 문두에 써서 '~에 관한 한, ~은 어떠냐 하면'의 뜻이다.

Zoom In

as for the girl

그 소녀에 관한 한

172. EXT. JENNY HILL'S HOUSE. DAY(PRESENT)

JENNY : (V.O.) And the story ended where it began.

173. INT. JENNY HILL'S KITCHEN. DAY(PRESENT)
Will and Jenny are still sitting at her table, a pitcher of iced tea between them.

WILL : Well, logically, you couldn't be the witch, because she was old when he was young.

JENNY : Well, it's logical if you think like your father. See, to him, there's only two women: your mother and everyone else. And one day, I realized I was in love with a man who could never love me back. I was living in a fairy tale.

Will smiles to hear it called that.

JENNY : I'm not sure I should've told you any of this.

Her composure is starting to break.

WILL : No, no, no. I wanted to know. I'm ... I'm glad I know.

A long beat, both staring at their iced tea. Jenny is working herself into more of a state by not talking.

JENNY : I wanted to be as important to him as you were. And I'm ... I was never gonna be. I was make-believe.

172. 외부. 제니 힐의 집. 낮(현재)

제 니 : (목소리) 그리고 이 얘긴 시작했던 곳에서 끝났다.

173. 내부. 제니 힐의 집 부엌. 낮(현재)
윌과 제니는 아직도 테이블에 앉아 있으며 그들 사이에는 얼음에 잰 찻주전자가 놓여 있다.

윌 : 논리적으로 당신은 마녀가 될 수 없어요. 아버지가 마녀를 만난 건 어릴 때였으니까요.

제 니 : 아버지 방식으로 생각하는 게 논리적이지. 에디한테 여자는 둘 뿐이었어. 네 어머니와 그외 모든 사람들. 그리고 어느 날, 난 내게 사랑을 결코 돌려 주지 못할 사람을 사랑하고 있다는 걸 깨달았다. 난 꿈을 꾼 거였지.

윌은 그것을 그렇게 표현하는 걸 듣고서 웃음이 나온다.

제 니 : 이런 얘기까지 하다니.

그녀의 평정이 깨지기 시작하고 있다.

윌 : 아뇨, 아뇨, 아뇨. 알고 싶었어요. 난… 난 알게 돼서 기뻐요.

한참. 둘 다 얼음으로 차게 한 차를 바라본다. 제니는 말하지 않음으로써 서서히 더욱 흥분한 상태로 나아가고 있다.

제 니 : 나도 그 사람한테 너 같이 중요한 존재가 되고 싶었지만 그건 불가능했단다. 난 그런 척했지.

- **pitcher**
  물 주전자
- **composure**
  침착, 평정
  the state of being calm and in control of your feelings or behavior
- **work oneself into**
  ~을 노력하여 얻다, ~로 애써 나아가다
- **state**
  〈구어〉 긴장〔흥분〕 상태, 신경과민 상태
- **make-believe**
  가장, ~하는 체하기, 겉 꾸미기
  imagining or pretending things to be different or more exciting than they really are; imagining that something is real, or that you are somebody else, for example in a child's game

I was living in a fairy tale.
난 꿈을 꾸고 살았다.
fairy tale은 '동화, 옛날 이야기, 꾸민 이야기'의 뜻이다.

Zoom In

I was living in a fairy tale.
난 꿈을 꾸고 살았다.

She's fighting tears, not the first ones she's shed over this.

JENNY : And his other life, you ... you were real.

Angle on Will, sorting through his swirling thoughts.

174. EXT. COUNTRY ROAD. DAY
Will drives his car.

175. INT. WILL'S CAR. DAY/DRIVING
Will is trying to think.

176. EXT. BLOOM HOUSE. DUSK
Will walks up the front steps. There's a subtle change to his expression, a dark cloud lifted. He unlocks the door.

177. INT. BLOOM HOUSE FOYER. DUSK
It's half-dark and quiet in the house, no talking, no TV.
Will sets his keys on the table.

178. INT. KITCHEN. DUSK
Will looks in. Empty.

WILL : (calling out) Mom? Josephine?

He goes up the stairs.

179. INT. UPSTAIRS HALLWAY. DUSK
We follow Will, looking into his and Josephine's room.

WILL : Josephine?

He aims for the guest room at the end of the hall.

그녀는 눈물과 싸우고 있다. 그녀가 이 문제로 흘린 첫 번째 눈물은 아니다.

제 니 : 그의 다른 삶에선 네… 네가 진짜였거든.

카메라가 윌을 비추면서 그의 소용돌이치는 생각들을 자세히 살피고 있다.

174. 외부. 시골 길. 낮
윌이 차를 몬다.

175. 내부. 윌의 차. 낮/운전 중
윌이 생각하려고 애를 쓴다.

176. 외부. 블룸의 집. 황혼
윌이 앞 층계를 걸어 올라간다. 그의 표정에는 미묘한 변화가 있다. 어두운 구름이 걷혀 있다. 그는 문을 연다.

177. 내부. 블룸의 집 현관. 황혼
집 안은 반쯤 어둡고 조용하다. 아무 말도 들리지 않고 텔레비전도 켜 있지 않다.
윌은 열쇠를 테이블 위에 놓는다.

178. 내부. 부엌. 황혼
윌이 안을 들여다본다. 비었다.

윌 : (소리를 치며) 엄마? 조세핀?

그는 이층으로 간다.

179. 내부. 이층 복도. 황혼
카메라는 윌을 따라가며 자신과 조세핀의 방을 들여다본다.

윌 : 조세핀?

그는 복도의 끝에 있는 손님 방을 향해 나아간다.

- **sort through**
  ~을 자세히 살피다
  to look through a number of things, either in order to find something or to put them in order

- **swirl**
  빙빙 돌다
  to move around quickly with a circular movement; to make something do this

- **subtle**
  (지각할 수 없을 정도로) 미묘한, 포착하기 어려운, 불가사의한
  not very noticeable or obvious; (of a person or their behavior) behaving in a clever way, and using indirect methods, in order to achieve something

- **aim for**
  ~을 목표로 하여 나아가다

You were real.
넌 진짜였다.
real은 '진짜의, 실체의, 진정한'의 뜻이다.

Zoom In

You were real.

넌 진짜였다.

180. INT. GUEST ROOM. DUSK
Looking over his shoulder, we see his father's bed is empty.
The sheets are in a tangle on the floor.
A beat, then Will half-runs back down the hall. Back down the stairs.

181. INT. HOSPITAL HALLWAY. NIGHT
Josephine is making a call.
Just then Will enters.

JOSEPHINE : Will!

He turns to see his wife at a payphone. She hangs up. She was calling him.

WILL : What happened?

JOSEPHINE : Your father had a stroke. He's upstairs with your mom and Dr. Bennett.

WILL : Is he gonna be okay?

A beat. How can she answer?
He half-smiles, realizing the idiocy of his question. Of course his father's not going to be okay.
He hugs Josephine.

182. INT. HOSPITAL HALLWAY. NIGHT
Sandra, Josephine, Will and Dr. Bennett are seen.

SANDRA : I don't suppose that I could stay here with him. I mean, in case ... (beat) In case he wakes up, I really ought to be here.

Dr. Bennett nods.

180. 내부. 손님용 침실. 황혼
그의 어깨 너머로 아버지의 침실이 비어 있음이 보인다.
시트가 마룻바닥에 뒤얽혀 있다.
잠시, 윌은 다시 복도 아래로 반쯤 뛰어내려 온다. 층계를 다시 내려 온다.

181. 내부. 병원 복도. 밤
조세핀이 전화를 걸고 있다.
바로 그때 윌이 들어온다.

조세핀 : 윌!

그는 돌아서며 아내가 공중전화를 걸고 있는 걸 본다. 그녀는 전화를 끊는다. 그녀는 그에게 전화를 걸고 있었다.

윌 : 무슨 일이야?
조세핀 : 아버님이 발작을 일으키셨어. 어머니랑 베넷 의사 선생님이 보고 계셔.
윌 : 괜찮으실까?

잠시. 그녀가 어떻게 대답할 수 있을까?
그는 반 정도 미소를 지으면서 자신의 질문이 어리석었음을 깨닫는다. 물론 아버지는 괜찮지 못할 것이다.
그는 조세핀을 껴안는다.

182. 내부. 병원 복도. 밤
산드라, 조세핀, 윌 그리고 베넷 의사가 보인다.

산드라 : 제가 여기 있을 순 없겠죠. 제 말은 그러니까… (잠시) 남편이 깨어날 경우, 옆에 있어야 할 텐데.

베넷 의사가 고개를 끄덕인다.

- **in a tangle**
  뒤엉켜, 혼란하여
- **stroke**
  (뇌졸중 등의) 발작
  a sudden serious illness when a blood vessel (= tube) in the brain bursts or is blocked, which can cause death or the loss of the ability to move or to speak clearly
- **idiocy**
  정신 박약, 바보 같은 행위
  very stupid behavior; the state of being very stupid; a very stupid act, remark, etc.

in case he wakes up
그가 깨어날 경우에
in case는 접속사적으로 쓰여 '만일 ~라면, ~의 경우를 생각하여'의 뜻이다.

Zoom In

in case he wakes up
그가 깨어날 경우에

WILL : I'll stay. Why don't you go home with Josephine? I'll stay tonight.

SANDRA : (to Dr. Bennett) Is that okay?

DR. BENNETT : Fine.

SANDRA : (to Will) Will, you'll call if there's any ...

WILL : I will. I will. I'll call.

They hug.

WILL : Do you want some time with Dad?

SANDRA : Yes. Thank you.

She leaves.

183. INT. HOSPITAL ROOM. NIGHT

Edward sleeps peacefully, just an oxygen tube under his nose.
There are no beeping monitors, no blinking lights. It's mercifully quiet.
Sandra is alone in the room with her husband. She neatens his hair. Holds his hand. She kisses his fingers.

윌 : 제가 있을게요. 엄마는 조세핀과 같이 집에 가 계세요. 오늘 밤은 제가 있을게요.

산드라 : (베넷 의사에게) 그래도 될까요?

베넷 의사 : 좋죠.

산드라 : (윌에게) 윌, 무슨 일 있으면 전화를…

윌 : 그럴게요. 그럴게요. 전화할게요.

그들은 포옹한다.

윌 : 아빠 뵙고 가실래요?

산드라 : 그래. 고맙다.

그녀는 자리를 뜬다.

183. 내부. 병실. 밤

에드워드는 편안한 모습으로 잠을 잔다. 다만 코에는 산소 튜브가 걸려 있다.

삐삐 소리를 내는 모니터도 없고, 깜박이는 불빛도 없다. 자비롭게도 조용하다.

산드라는 남편과 함께 방에 혼자 있다. 그녀는 남편의 머리를 다듬는다. 손을 잡고는 손가락에 입을 맞춘다.

- **blinking**
  명멸하는, 깜박거리는
  - blink
    (등불, 별 등이) 명멸하다, 눈을 깜박거리다
    to shine with an unsteady light; to flash on and off

- **mercifully**
  다행히도, 관대하게

- **neaten**
  ~을 깨끗하게〔깔끔하게〕 하다
  to make something tidy

Now, I was in a situation.

I could gut that fish and get my wedding ring back,

but in doing so I'd be killing the smartest catfish in the Ashton River.

Did I want to deprive my son the chance to catch a fish like this of this own?

“And one day,
I realized I was in love with a man
who could never love me back.
I was living in a fairy tale.”

Chapter 10

그렇게 해서 그는 불멸이 되었다

In That Way, He Becomes Immortal

시간 01:47:04 ~ 02:00:25

184. INT. HOSPITAL ROOM. NIGHT

Will sits in a chair beside the bed, working through the crossword puzzle. Dr. Bennett enters with his overcoat and bag, ready to leave for the night.

DR. BENNETT : Glad to see you're not trying to have a heartfelt talk. One of my greatest annoyances is when people try to talk to those who can't hear them.

WILL : Well, we have an advantage. My father and I never talk.

Dr. Bennett smiles as he checks Edward's chart.
He hangs the chart back on the bed.

DR. BENNETT : Your father ever tell you about the day you were born?

WILL : Yeah, a thousand times. He caught an uncatchable fish.

DR. BENNETT : Not that. The real story. He ever tell you that?

WILL : (suddenly interested) No.

184. 내부. 병실. 밤
윌이 침대 옆 의자에 앉아서 십자말풀이를 한다. 베넷 의사가 코트와 가방을 들고 들어온다. 밤이 되어 퇴근할 준비를 갖추었다.

베넷 의사 : 넌 감상적인 얘기 같은 거 안해 좋구나. 가장 난처한 일 중의 하나는 사람들이 듣지도 못하는 환자한테 얘기를 하려 할 때야.

윌 : 우린 걱정 안 하셔도 돼요. 아버지와 전 절대 말 안하니까요.

베넷 의사는 에드워드의 차트를 검토하면서 미소를 짓는다.
그는 다시 그 차트를 침대에 건다.

베넷 의사 : 아버지가 너 태어난 날에 대해 얘기해 주시든?

윌 : 네, 천 번도 더 들었어요. 아버진 잡을 수 없는 물고기를 잡았죠.

베넷 의사 : 그거 말고. 진짜 얘기 말이야. 못 들었어?

윌 : (갑자기 흥미를 느끼며) 못 들었어요.

- **crossword**
  십자말풀이, 크로스워드 퍼즐
  a game in which you have to fit words across and downwards into spaces with numbers in a square diagram. You find the words by solving clues.

- **heartfelt**
  진심에서 우러난
  showing strong feelings that are sincere

- **annoyance**
  성가심, 불쾌감, 곤혹, 괴로움, 골칫거리
  the feeling of being slightly angry; something that makes you slightly angry

DR. BENNETT : Well, your mother came in about three in the afternoon. Her neighbor drove her, on account of your father was away on business in Wichita. You were born a week early, but there were no complications. It was a perfect delivery. Now, your father was sorry not to be there, but it wasn't the custom then for men to be in the room for deliveries, so I can't see how it would've been much different had he been there. And that's the real story of how you were born.

A silence.

DR. BENNETT : Not very exciting, is it? And I suppose if I had to choose between the true version and an elaborate one involving a fish and a wedding ring, I might choose the fancy version. But, then that's just me.

Will half-smiles.

WILL : I kind of liked your version.

Patting Will's shoulder, Dr. Bennett leaves. We stay on Will and his father for a long time.

185. INT. HOSPITAL ROOM. PRE-DAWN

Will dozes over a notepad sitting beside his father.
It's very early morning. Still in his chair, Will wakes up a bit at a time. The notepad is on his lap, the pen in his hand.
He cracks his neck, crooked from sleeping on it wrong. What woke him up?
He looks to his right. Holds his gaze for a breath.

베넷 의사 : 그날 네 어머닌 오후 3시쯤 여기 오셨다. 마침 아버지가 위치타로 출장 중이어서 어느 이웃이 모시고 왔지. 넌 한 주 정도 빨리 태어났지만 합병증 하나 없이 완벽한 출산이었어. 네 아버진 옆에 없었던 것에 대해 미안해 하셨다. 하지만 그땐 남편들이 분만실까지 동행할 수 없던 시절이라 그가 옆에 계셨더라도 달라질 건 없었을 거야. 그게 네가 태어날 때의 진짜 얘기다.

침묵.

베넷 의사 : 재미없지? 물고기나 결혼 반지 같은 걸로 꾸며진 얘기와 그냥 진실 중 하나를 고르라면 나라도 더 환상적인 쪽을 택했을 거야. 하지만 내 생각은 그래.

윌은 반쯤 웃는다.

윌 : 괜찮은 생각이네요.

윌의 어깨를 두드리며 베넷 의사는 나간다. 카메라는 윌과 아버지를 오랫동안 비춘다.

185. 내부. 병실. 동트기 전
윌이 아버지 옆에 앉아서 노트를 들고 졸고 있다.
매우 이른 아침이다. 여전히 의자에 앉아서 윌은 한번에 깨어난다. 노트는 무릎 위에 있고 펜은 손에 들려져 있다.
그는 잠을 잘 못 자서 구부러진 목을 지끈 소리나게 한다. 무엇이 그를 깨웠나?
그는 오른쪽을 본다. 잠시 동안 응시한다.

- **complication**
  〈의학〉 합병증, 병발증, 여병
  a new problem or illness that makes treatment of a previous one more complicated or difficult
- **delivery**
  분만, 해산, 출산
  the process of giving birth to a baby
- **version**
  역, 판, 변형, 개작, 해석, 연출
- **crooked**
  구부러진, 비뚤어진
  not in a straight line; bent or twisted

had he been there
만일 그가 거기에 있었다면
가정법 구문으로 if he had been there의 뜻이다.

Zoom In

had he been there

만일 그가 거기에 있었다면

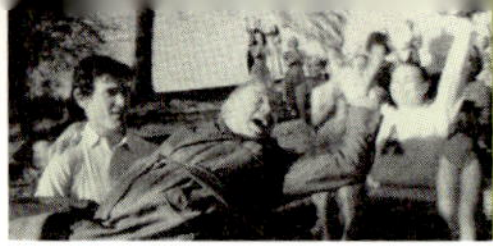

WILL : Dad?

His father is awake, silently gasping for breath. His eyes are open, scared and confused.

WILL : Hey, Dad! Hey, you want me to get the nurse?

Edward shakes his head unambiguously. Will already has his finger on the orange "nurse call" button, but doesn't push it.

WILL : What do you want? What can I do? What can I get? You want some water? You want a bit of water?

Edward nods. Will pours a glass from the pitcher on the nightstand. He holds it to his father's lips, but Edward won't drink. He pushes it away. He wanted something else.

EDWARD : (whispering) The river.

WILL : The river?

It takes Edward all his strength to put together each thought. It's like he's only half-there, fighting to hang on to this world.

EDWARD : Tell me how it happens.

WILL : How what happens?

EDWARD : How I go.

On Will, realizing ...

WILL : You mean what you saw in The Eye?

윌 : 아버지?

그의 아버지는 잠에서 깨어 조용히 호흡을 하기 위해 헐떡거린다. 그는 두렵고 혼란스러워 눈을 뜨고 있다.

윌 : 아버지! 간호사 부를까요?

에드워드는 명백하게 고개를 가로젓는다. 윌은 이미 오렌지색의 '간호사 부름' 단추에 손을 대고 있지만 누르지는 않는다.

윌 : 뭐 드려요? 뭘 해드릴까요? 어떤 거요? 물 드려요? 물 좀 드실래요?

에드워드는 고개를 끄덕인다. 윌은 테이블 위에 있는 주전자를 들어 물을 따른다. 그는 물 잔을 아버지의 입술에 갖다 대지만 에드워드는 마시려고 하지 않는다. 그는 그것을 물리친다. 그는 다른 것을 원했던 것이다.

에드워드 : (속삭이면서) 강.
윌 : 강이요?

에드워드가 각 생각을 모아 종합 판단 하는 데 온 힘이 다 든다. 그것은 마치 그가 반 정도 저승에 있으면서 이 세상을 붙잡고 늘어지려고 애쓰는 것 같다.

에드워드 : 그게 어떻게 되는지 말해 다오.
윌 : 뭐가 어떻게 돼요?
에드워드 : 내가 어떻게 죽는지.

윌은 이를 깨닫고…

윌 : 그 유리 눈에서 본 거요?

- **gasp**
  헐떡거리다, (놀람 등으로) 숨이 막히다
  to take a quick deep breath with your mouth open, especially because you are surprised or in pain; to have difficulty breathing or speaking
- **unambiguously**
  명백하게, 애매모호하지 않게
- **pour**
  ~을 따르다, 붓다, 쏟다, 흘리다
  to make a liquid or other substance flow from a container in a continuous stream, especially by holding the container at an angle

How I go.
내가 어떻게 죽는지.
go는 구어에서 '죽다, 의식을 잃다, 사라지다'의 뜻이다.

Zoom

How I go.

내가 어떻게 죽는지.

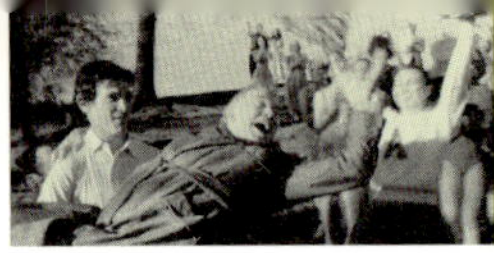

Edward nods. Yes, that's what he was trying to say.
Edward sees the end approaching, but doesn't know exactly what's coming. Without the story, he's lost.
Fighting the urge to panic—
Will looks around the room, increasingly desperate. He looks to the nurse call button. He really wants to press it.
There's nothing else Will can do now.
A long beat.

WILL : (quietly) I don't know that story, Dad. You never told me that one.

Edward is trying to say something.
Will keeps stroking his father's shoulder.

WILL : Okay. Hey, okay. I'll try. I need your help. Tell me how it starts.

EDWARD : Like this.

WILL : Okay. Okay.

On Edward, waiting for Will to begin.

WILL : Okay. So ... so it's uh ... it's in the morning, and you and I are in the hospital. And I've fallen asleep in the chair. And I wake up ...

186. INT. HOSPITAL ROOM. DAY(STORY VERSION)

WILL : (V.O.) ... and I see you, and ... somehow, you're better.

에드워드는 고개를 끄덕인다. 그렇다, 그것이 그가 말하려고 애를 썼던 것이다.
에드워드는 종말이 다가오고 있음을 알지만 정확하게 무엇이 다가오는지를 알지 못한다. 그 이야기가 없으면 그는 실종된다.
공포의 충동과 싸우면서—
윌은 점점 필사적이 되어 방 주위를 바라본다. 그는 간호사 호출 버튼을 본다. 그는 정말로 그것을 누르고 싶다.
윌이 지금 할 수 있는 일은 그것 이외에 아무것도 없다.
한동안.

윌 : (조용히) 전 그 얘기 몰라요, 아버지. 그 얘긴 안 해 주셨잖아요.

에드워드는 뭔가 말하려고 애를 쓴다.
윌은 아버지의 어깨를 계속 쓰다듬는다.

윌 : 알았어요. 알았어요. 해 볼게요. 아버지 도움이 필요해요. 어떻게 시작하는지만 말해 주세요.

에드워드 : 이렇게.

윌 : 알았어요. 알았어요.

에드워드는 윌이 시작하기를 기다리고 있다.

윌 : 좋아요. 그러니까… 아침이고, 아버지랑 병원에 있는데 전 의자에서 잠들어 있어요. 그러다 잠이 깨서…

186. 내부. 병실. 낮(이야기편)

윌 : (목소리) … 아버질 보니 좀 좋아지신 것 같았죠.

- **urge**
  (강한) 충동, 자극, 압박
  a strong desire to do something
- **desperate**
  필사적인, 무모한, 막가는, 자포자기의
  feeling or showing that you have little hope and are ready to do anything without worrying about danger to yourself or others; (of an action) giving little hope of success; tried when everything else has failed
- **stroke**
  ~을 쓰다듬다, 어루만지다, 구슬리다
  to move your hand gently and slowly over an animal's fur or hair; to move your hand gently over a surface, somebody's hair, etc.

I've fallen asleep in the chair.
난 의자에서 잠이 들었다.
fall asleep은 '잠 들다, 영면하다'의 뜻이다.

Zoom In

I've fallen asleep in the chair.

난 의자에서 잠이 들었다.

Will looks at Edward.

WILL : Dad?

Edward pulls his oxygen mask away.

WILL : (V.O.) You're different.

It's dawn, and the first golden glow is shining through the vertical blinds and on Edward's face.

WILL : Dad.

EDWARD : Let's get out of here.

Will rises.

WILL : (V.O.) Then I say ...

We look over to find a nimble Edward sitting up in bed.

WILL : Dad, you're in no condition ...

EDWARD : Get that wheelchair.

Will turns back and sees the wheelchair is there. He heads for it.

EDWARD : Hurry up! We haven't much time. Once we get off this floor, we're in the clear.

윌은 아버지를 바라본다.

윌 : 아버지?

에드워드는 자신의 산소 마스크를 치운다.

윌 : (목소리) 달라 보여요.

새벽이다, 그리고 첫 황금빛이 블라인드를 통해 에드워드의 얼굴을 비치고 있다.

윌 : 아버지.
에드워드 : 여기서 나가자.

윌은 일어선다.

윌 : (목소리) 그리고는 제가 말해요…

건너다보니 민첩한 에드워드가 침대에서 일어나 앉는 것이 보인다.

윌 : 아버지, 움직이시면 안 돼요…
에드워드 : 저 휠체어 가져 와.

윌이 몸을 돌리자 휠체어가 있는 것이 보인다. 그는 그것을 가지러 간다.

에드워드 : 서둘러! 시간이 많지 않아. 일단 이 바닥을 나가기만 하면 자유로울 거야.

- **vertical**
  수직의, 세로의, 곧추선
  (of a line, pole, etc.) going straight up or down from a level surface or from top to bottom in a picture, etc.
- **nimble**
  민첩한, 재빠른, 영리한
  able to move quickly and easily
- **in the clear**
  위험을 벗어나서, 자유로워
  no longer in danger or thought to be guilty of something

once we get off this floor
일단 이 바닥을 나가기만 하면
once는 접속사로 '일단 ~하면, ~하자마자, 한번 ~하면'의 뜻이다.

Zoom In

once we get off this floor

일단 이 바닥을 나가기만 하면

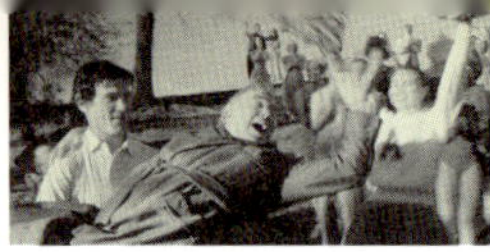

Edward puts on his gown.

WILL : (V.O.) And we get in the wheelchair ...

187. INT. HOSPITAL HALLWAY. DAY

Edward sits in the wheelchair and Will pushes it hard into the hallway.

EDWARD : Faster!

EDWARD : (V.O.) ... like we're escaping from the hospital ...

Rounding a corner, they nearly crash into Dr. Bennett.

DR. BENNETT : Will! What are you doing?

Before he can answer, Will spots Edward rolling the chair himself, pumping both arms. Will dashes to catch up with him.

WILL : (V.O.) We pass Dr. Bennett, who tries to slow us down.

The heavyset nurse comes out of Edward's hospital room.

NURSE : Security! Stop them!

WILL : We're flying down the hall.

Some orderlies follow them down the hall.

WILL : (V.O.) Orderly after orderly is chasing us.

에드워드는 가운을 입는다.

윌 : (목소리) 우린 휠체어로…

187. 내부. 병원 복도. 낮
에드워드는 휠체어에 앉아 있고 윌은 복도 안으로 휠체어를 세게 민다.

에드워드 : 더 빨리!
에드워드 : (목소리) …병원에서 도망치고 있는 것처럼…

모서리를 돌 때 그들은 베넷 의사와 부딪칠 뻔한다.

베넷 의사 : 윌! 뭐 하는 거냐?

대답을 할 수 있기도 전에 윌은 아버지 스스로가 양팔로 펌프질을 하면서 휠체어를 굴리는 것을 본다. 윌은 아버지를 따라가기 위해 달린다.

윌 : (목소리) 우린 베넷 의사 선생님을 지나치는데 그가 우리를 막으려고 해요.

몸집이 큰 간호사가 에드워드의 병실에서 나온다.

간호사 : 경비! 저들을 막아요!
윌 : 우린 복도를 내려가려 해요.

잡역부 몇 사람이 그들을 따라 복도를 내려간다.

윌 : (목소리) 잡역부들이 우릴 쫓아오고 있어요.

- **pump**
  ~을 펌프로 퍼내다〔공기를 넣다〕, 안팎으로 또는 위아래로 빨리 움직이게 하다
  to move something quickly up and down or in and out

- **heavyset**
  몸집이 큰, 튼튼한

- **security**
  경비 부서〔담당자〕, 경비 회사, 경계

- **orderly**
  (병원의) 잡역부, (육 · 해군의) 간호병, (장교의) 당번병
  a person who works in a hospital, usually doing jobs that do not need any special training

who tries to slow us down
그가 우리를 막으려고 한다
who는 베넷 의사를 받으며, slow down은 '속도를 늦추다'의 뜻이다.

Zoom In

who tries to slow us down

그가 우리를 막으려고 한다

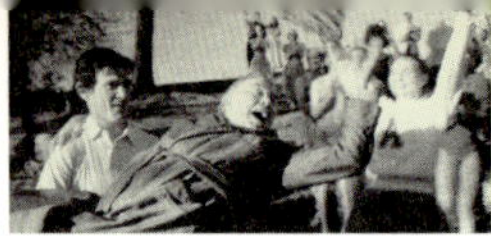

At the elevators, the door opens. Sandra and Josephine step out to find Will and Edward barreling straight at them.

WILL : (V.O.) Mom and Josephine are at the end of the hall.

EDWARD : (to Sandra and Josephine) No time to explain! Stall them!

Will and Edward rush into the elevator. After them the door shuts of itself.
Seeing security guards heading their way, a quick-thinking Sandra shoves a nearby cart into them, bowling them down.

188. INT. ELEVATOR. DAY
Will brakes hard, sliding with both feet. The chair nearly crashes into the back wall as the doors close.

189. INT. HOSPITAL ROOM. DAY

WILL : We come flying out the front over the curb ...

190. EXT. PARKING LOT. DAY
Will races Edward down the row.

WILL : (V.O.) ... and your old red Charger is there. But it's new. Brand-new.

191. INT. HOSPITAL ROOM. DAY

WILL : (V.O.) And I pick you up and somehow you hardly weigh anything. I can't explain it.

엘리베이터 옆에서 문이 열린다. 산드라와 조세핀이 나오다 윌과 에드워드가 그들을 향해 질주해 오고 있는 것을 발견한다.

윌 : (목소리) 엄마랑 조세핀이 복도 끝에 있어요.

에드워드 : (산드라와 조세핀에게) 설명할 시간 없어! 저 사람들 좀 막아!

윌과 에드워드는 엘리베이터로 돌진한다. 그들이 들어가자 문이 저절로 닫힌다.
경비원들이 그들 쪽으로 달려오는 걸 보고서 생각이 빠른 산드라가 근처에 있는 수레를 그들에게 밀어 던지자 그들은 넘어진다.

188. 내부. 엘리베이터. 낮
윌은 두 다리를 움직이면서 휠체어의 브레이크를 걸고 있다. 휠체어는 문이 닫힐 때 뒷벽에 부딪칠 뻔한다.

189. 내부. 병실. 낮

윌 : 우린 앞문으로 나가 연석 위로 날듯이 달려가…

190. 외부. 주차장. 낮
윌은 에드워드를 차들이 늘어선 줄 아래로 밀고 간다.

윌 : (목소리) …거기에 아버지의 빨간색 차 차저가 있는데 그건 신제품이었어요. 아주 신제품.

191. 내부. 병실. 낮

윌 : (목소리) 난 아버질 들었지만 웬일인지 무게가 안 느껴져요. 그걸 설명할 수 없어요.

- **barrel**
  (자동차가) 질주하다
  to move very fast in a particular direction, especially in a way that you cannot control

- **stall**
  (엔진, 차를) 움직이지 않게 하다, 멎게 하다, 꼼짝 못하게 하다
  (of a vehicle or an engine) to stop suddenly because of a lack of power or speed; to make a vehicle or engine do this

- **bowl down**
  ~을 공으로 넘어뜨리다, (사람을) 때려눕히다

- **Charger**
  차저(미국의 GM사의 자동차 모형 중의 하나)

Brand-new.
신제품이다.
이 단어는 '아주 새로운, 신품의, 갓 만들어진(들여 온, 태어난)'의 뜻이다.

Zoom In

Brand-new.

신제품이다.

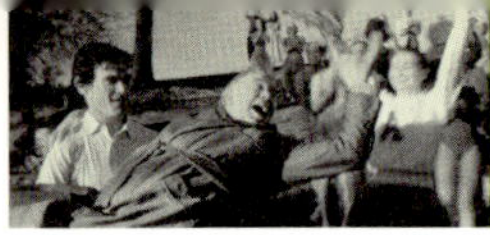

192. EXT. PARKING LOT. DAY
At the car.
Will lifts his father out of the chair.
Will sets him in the passenger seat and is about to load the wheelchair.

EDWARD : Leave it! We don't need it!

Will rushes into the car.

193. INT. EDWARD'S CAR. DAY
Will starts the engine of the car.

EDWARD : Water. I need water.

Edward finds a liter of Arrowhead, unscrews the cap, but instead of drinking it, he douses himself. Soaks the gown.

WILL : Where are we going?

EDWARD : The river!

Tires smoke as the car peals out.

194. INT. HOSPITAL ROOM. DAY(REALITY)
Tight on Will, trying to hold back tears as he talks.

WILL : (V.O.) And we have to take Glenville to avoid the church traffic, because the damn church people drive too slow.

Tight on Edward, enjoying that detail. He's focused completely on Will's story.

192. 외부. 주차장. 낮
차에 다다른다.
윌은 휠체어에서 아버지를 들어올린다.
윌은 아버지를 차의 조수석에 앉히고 휠체어를 차에 실으려 한다.

에드워드 : 그냥 놔둬! 그건 필요 없어!

윌은 차로 달려들어 간다.

193. 내부. 에드워드의 차. 낮
윌은 차의 시동을 건다.

에드워드 : 물. 난 물이 필요해.

에드워드는 일 리터짜리 애로헤드 물병을 발견하고는 마개를 돌려 열지만 물을 마시지 않고 자신에게 끼얹는다. 가운이 다 젖는다.

윌 : 어디로 갈까요?

에드워드 : 그 강!

자동차가 쏜살같이 달려 나갈 때 타이어에서 연기가 난다.

194. 내부. 병실. 낮(현실)
윌을 가까이 비추자 그는 말을 하면서 눈물을 참으려고 애를 쓴다.

윌 : (목소리) 우린 교회로 가는 교통 혼잡을 피하기 위해 글렌빌로 향해야 해요. 그 넌더리 나는 교회에 다니는 사람들은 너무 느리게 차를 몰기 때문이죠.

그런 세부 사항 이야기를 즐기는 에드워드의 모습. 그는 윌의 이야기에 완전히 집중을 한다.

- **Arrowhead**
  애로헤드(물병 제품명)

- **douse**
  (물을) 끼얹다
  to pour a lot of liquid over somebody/something; to soak somebody/something in liquid

- **soak**
  ~을 적시다, 담그다, 배어들게 하다
  to put something in liquid for a time so that it becomes completely wet; to become completely wet in this way

- **peal out**
  (타이어 자국이 날 정도로) 급속히 가속하다, 갑자기 떠나다

The damn church people drive too slow.
그 넌더리 나는 교회 다니는 사람들은 너무 느리게 차를 몬다.
damn은 damned와 같은 표현으로 '넌더리 나는, 저주받은'의 뜻이다.

Zoom In

The damn church people drive too slow.
그 넌더리 나는 교회 다니는 사람들은 너무 느리게 차를 몬다.

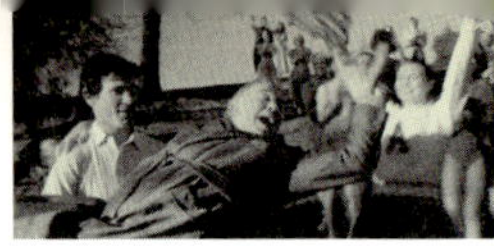

195. EXT. GLENVILLE BLVD.. DAY(STORY VERSION)
The Chevy slaloms through the Sunday-morning traffic.

196. EXT. BRIDGE. DAY
Will drives the car violently.
Will passes every car in front of him.

197. INT. CHEVY. DAY
Will smiles at Edward.
Then Will stops short.

198. EXT. BRIDGE. DAY
The traffic backed up. Will tries to get around the jam, but it's no use.
Then the car which blocks his way is shoved aside by massive hands. It's Karl the Giant, clearing a path by brute force.
Will's car starts to run again.
Edward leans out the window and waves. Karl waves back.

199. INT. HOSPITAL ROOM. DAY(REALITY)
Will smiles at Edward.

WILL : (V.O.) And uh ... as we get ...

200. EXT. ASHTON RIVER. DAY
The same stretch of the river where it all began.
Will pulls up his car on the riverbank.

WILL : (V.O) ... as we get closer to the river ...

Will gets out of the Chevrolet. Crossing to the passenger side, Will lifts his father out.
Strangely, he's gotten even lighter. Will carries him easily.
He comes down the riverbank.
There is a crowd of more than 100 waiting.
Applause and cheers.

195. 외부. 글렌빌 가. 낮(이야기편)
시보레 차는 일요일 아침의 차량들 사이로 회전 경기를 하듯 달린다.

196. 외부. 다리. 낮
윌은 차를 난폭하게 몬다.
윌은 그 앞에 있는 모든 차를 추월한다.

197. 내부. 시보레 차. 낮
윌은 아버지를 보고 미소를 짓는다.
그러다가 윌은 갑자기 차를 멈춘다.

198. 외부. 다리. 낮
교통이 정체되고 있다. 그는 혼잡을 피해 가려 하나 소용이 없다.
그때 그의 길을 가로막고 있던 차가 거대한 손에 의해 옆으로 밀쳐진다. 바로 칼 거인이다. 이 야수 같은 힘에 의해 길이 난다.
윌의 차가 다시 달리기 시작한다.
에드워드는 창문에 기대어 손을 흔든다. 칼은 손을 흔들어 답한다.

199. 내부. 병실. 낮(현실)
윌은 에드워드에게 미소를 짓는다.

윌 : (목소리) 그리곤… 우리가…

200. 외부. 애시턴 강. 낮
모든 게 시작되었던 곳과 같은 강이 죽 뻗어 있다.
윌이 강둑에서 차를 세운다.

윌 : (목소리) … 우리가 강에 더 가까워져 보니…

윌은 시보레 차에서 내려 조수석으로 가 아버지를 들어 낸다.
이상하게도 아버지는 몸이 더 가벼워졌다. 윌은 그를 쉽게 들 수 있다.
윌은 강둑을 내려온다.
거기에는 백 명이 넘는 군중이 기다리고 있다.
박수갈채와 환호.

- **slalom**
  회전 경기를 하다, 많은 굴곡이 있는 코스를 따라가다
- **stop short**
  갑자기 멈추다
  to suddenly stop, or make somebody suddenly stop, doing something
- **back up**
  〈미〉 (교통 등이) 정체하다, 밀리다, (교통 등을) 정체시키다
  to move backwards, especially in a vehicle
- **brute**
  잔인한, 야만적인
  involving physical strength only and not thought or intelligence

Chevy
시보레 차
미국의 대표적인 자동차 회사인 GM의 대표 모델로 Chevrolet의 구어 표현이다.

Zoom In

Chevy
시보레 차

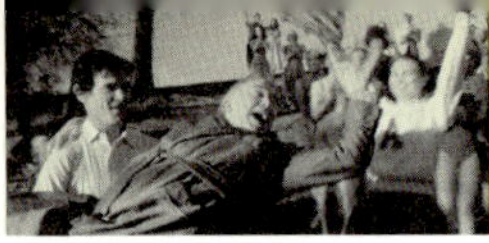

MAN : He's here!

WILL : (V.O.) We see that everybody's already there.

Edward pulls off his shoes and tosses them to Josephine.
She throws them up at the powerline. They loop over. Applause and cheers.
Amos Calloway welcomes Edward here with the circus folk, including Mr. Soggybottom. We also find Edward's Mother and Father, Karl, the Mayor, Norther Winslow, Ping and Jing, the soldiers and many others from along the way. No one has aged a day since we saw them last.

201. INT. HOSPITAL ROOM. DAY

WILL : And I mean ... everyone.

202. EXT. ASHTON RIVER. DAY

The crowd cheers. The soldiers salute at attention. Edward takes the salute. Jenny Hill smiles. Norther Winslow and the Mayor wave their hands.

203. INT. HOSPITAL ROOM. DAY

WILL : It's ... it's unbelievable.

EDWARD : The story of my life.

204. EXT. RIVERSIDE. DAY

The crowd parts to let Will and Edward get to the river. As he passes, Edward shakes some hands.
Dr. Bennett waves his hand.

205. INT. HOSPITAL ROOM. DAY

WILL : (V.O.) And the strange thing is, there's not a sad face to be found. Everyone's just so glad to see you, and send you off right.

남 자 : 그가 온다!

윌 : (목소리) 벌써 많은 사람들이 와 있는 거예요.

에드워드는 자신의 구두를 벗어 조세핀에게 던져 준다.
그녀는 그 구두를 전선줄에 던진다. 그들은 공중 곡예를 한다. 박수갈채와 환호.
소기보텀 씨를 포함해서 아모스 캘러웨이가 서커스 단원과 함께 에드워드를 반긴다. 거기에는 또한 에드워드의 어머니와 아버지, 칼, 시장, 노더 윈슬로, 핑과 징, 군인들과 도중에 마주친 많은 사람들이 있다.
그들 어느 누구도 에드워드가 마지막으로 만난 이래로 하루도 나이 먹지 않았다.

201. 내부. 병실. 낮

윌 : 그러니까… 모두가요.

202. 외부. 애시턴 강. 낮
군중이 환호를 한다. 병사들은 차렷 자세로 경례를 한다. 에드워드는 그 경례를 받는다. 제니 힐이 미소를 짓는다. 노더 윈슬로와 시장이 손을 흔든다.

203. 내부. 병실. 낮

윌 : 믿을 수가 없어요.

에드워드 : 내 인생 얘기란다.

204. 외부. 강변. 낮
군중은 윌과 에드워드가 강에 다다르도록 길을 내준다. 그가 지나갈 때 에드워드는 몇 사람과 악수를 한다.
베넷 의사가 손을 흔든다.

205. 내부. 병실. 낮

윌 : (목소리) 이상한 건 슬픈 얼굴은 하나도 찾을 수 없다는 거죠. 그저 만난 걸 기뻐하며 작별인사를 해요.

- **loop**
  공중제비를 하다, 원을 그리며 날다, 고리가 되다
  to form or bend something into a loop; to move in a way that makes the shape of a loop
- **salute**
  경례하다, 경의를 표하다
  to touch the side of your head with the fingers of your right hand to show respect, especially in the armed forces; to express respect and admiration for somebody/something
- **attention**
  차렷 자세
- **part**
  갈라지다, 나뉘다, 쪼개지다, 헤어지다

There's not a sad face to be found.
슬픈 얼굴은 하나도 찾을 수 없다.
We can't find a sad face.의 뜻이며 not a는 강조 용법이다.

Zoom In

There's not a sad face to be found.

슬픈 얼굴은 하나도 찾을 수 없다.

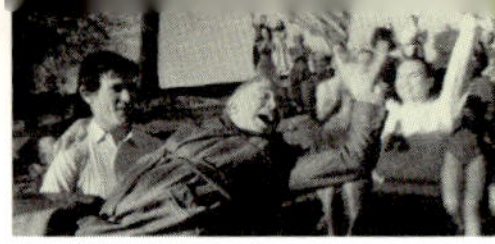

206. EXT. RIVERSIDE. DAY

Will carries Edward to the river. He turns back so his father can face the crowd. Edward waves.

EDWARD : Good-bye, everybody! Farewell! Adieu!

But one face is missing from the crowd—Sandra. She's already standing in the river.
Will carries Edward into the river, up to his knees.
He approaches Sandra.
The reflection of the light off the water gives Sandra an unearthly glow. She's more tranquil and more beautiful than we've ever seen her.

EDWARD : My girl in the river.

He tweaks her chin.
Edward takes his wedding ring out of his mouth and hands it to Sandra.
She takes it, smiling.
Edward waves his hand to Sandra.
All the people at the riverbank wave their hands.
Will gradually steps into the river.
Finally Edward smiles at Will and folds his arms. He is about to lie in the water.
Edward suddenly drops out of Will's arms with a splash. For he's no longer a man, but rather A FAT CATFISH swimming at his feet.
We watch as the catfish circles, then heads for deeper water, disappearing.
Will and his mother stand knee-deep in the water, watching Edward Bloom swim away into the sunlight.
Music builds to a climax, then ...

207. INT. HOSPITAL ROOM. DAY

Will has tears hanging in the corners of his eyes.

WILL : You become what you always were. A very big fish.
(smiles) And that's how it happens.

EDWARD : (a whisper) Yeah. Exactly.

206. 외부. 강변. 낮
윌은 에드워드를 강으로 나른다. 그는 아버지가 군중을 쳐다볼 수 있게 돌아선다. 에드워드는 손을 흔든다.

에드워드 : 모두들, 잘 있어요! 안녕! 다시 만나요!

하지만 군중 속에서 한 사람의 얼굴이 안 보인다. 산드라다. 그녀는 이미 강 물속에 서 있다.
윌은 에드워드를 무릎 위까지 강물속으로 데려간다.
그는 산드라에게 다가간다.
물에 비친 빛이 반사되어 산드라는 이 세상 사람 같지 않게 빛난다. 그녀는 지금까지 보아왔던 것보다 더 평화롭고 더 아름답다.

에드워드 : 강물속에 있는 내 여인.

그는 그녀의 턱을 꼬집는다.
에드워드는 자신의 입에서 결혼 반지를 빼서 산드라에게 준다.
산드라는 웃으며 그것을 받는다.
에드워드는 산드라에게 손을 흔든다.
강둑의 모든 사람들이 손을 흔든다.
윌은 점차 강물 속으로 걸어 들어간다.
마침내 에드워드는 윌에게 미소를 지으며 팔짱을 낀다. 그는 막 물속에 누우려 한다.
에드워드는 갑자기 윌의 팔에서 풍덩 떨어진다. 그는 더 이상 인간이라기보다는 윌의 발치에서 헤엄을 치는 살찐 메기인 것이다.
그 메기는 원을 그리더니 더 깊은 물속으로 사라진다.
윌과 그의 어머니는 무릎 깊이의 물에 서서 에드워드 블룸이 햇빛 속으로 헤엄쳐 가는 것을 지켜본다.
음악이 최고조에 달하는데…

207. 내부. 병실. 낮
윌은 눈가에 눈물이 맺힌다.

윌 : 아버진 원래의 아버지 모습이 돼요. 아주 큰 물고기요. (미소 짓는다) 그렇게 돌아가세요.

에드워드 : (속삭임) 그래. 정확하구나.

- **unearthly**
  이 세상 것 같지 않은, 초자연적인
  very strange; not natural and therefore frightening

- **tranquil**
  차분한, 평화로운, 조용한
  quiet and peaceful

- **tweak**
  ~을 비틀다, 꼬집다
  to pull or twist something suddenly; to make slight changes to a machine, system, etc. to improve it

You become what you always were.
당신은 원래의 당신 모습이 된다.
what you were는 '당신의 과거 모습(상태, 인물)'의 의미이다.

Zoom In

You become what you always were.
당신은 원래의 당신 모습이 된다.

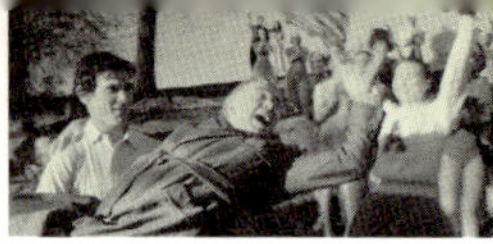

Edward smiles, proud of both of them. His eyes are so pale and so open, we can almost see his soul. In every atom of his body, in every thought, Edward Bloom is entirely happy.
And this is how he goes.
Will sheds tears, watching him die peacefully.
A beat. He wipes his eyes and rises.

208. INT. HOSPITAL HALLWAY. DAY
Will shuts the door to his father's room behind him. The walk to the payphones seems to take a lifetime.
He finds a quarter, starts to dial. He has to squint to see through the water in his eyes. It's ringing. And ringing.
The other end answers.

WILL : (voice cracking) Mom?

That's all he can get out before the dam breaks inside him.
He presses closer to the phone, trying to shield himself.
Music begins that will carry us through the next passage.

209. EXT. CEMETERY/ROAD. DAY
Edward's black car runs slowly to the church.

210. EXT. CEMETRY. DAY
Will helps his mother out of a black sedan. She's well composed, not nearly the wreck we might have expected.
Sandra shakes hands with Dr. Bennett.
The service is crowded, more than 200 people, many more than expected.
As Sandra talks to a well-wisher, Will looks left to see an Oldsmobile parking.
The passenger side opens, but the man who steps out is barely visible over the door. He shuts it to reveal himself to be 70. It's Amos Calloway. Will doesn't recognize him.
The driver climbs out. This man is Karl, now 55.
Close on Will, bewildered to see that this man really exists.

에드워드는 그들 둘 다 자랑스러워 미소를 짓는다. 그의 눈은 매우 어슴프레하고 천진난만해서 거의 그의 영혼이 보일 정도다. 그의 육체의 모든 원자, 모든 사고에서 에드워드 블룸은 전적으로 행복하다. 이것이 그가 돌아가는 방식이다.
윌은 그가 평화롭게 죽는 것을 지켜보면서 눈물을 흘린다.
잠시. 그는 눈물을 닦고 일어선다.

208. 내부. 병원 복도. 낮
윌은 나오면서 아버지 방문을 닫는다. 공중전화까지 걸어가는데 일생이 걸리는 것 같다.
그는 동전을 찾아 전화를 걸기 시작한다. 그는 눈에 흐르는 눈물을 통해 보기 위해 곁눈질을 해야 한다. 벨이 울린다. 계속 울린다.
상대방이 전화를 받는다.

윌 : (갈라진 목소리로) 엄마?

이 말이 그가 내부에서 눈물 댐이 터지기 전에 그가 할 수 있는 모두다.
그는 자신을 숨기려 하면서 전화기를 더 가까이 대고 누른다.
다음 여행으로 데려갈 음악이 시작된다.

209. 외부. 공동묘지/길. 낮
에드워드를 실은 검정색 차가 교회로 천천히 달린다.

210. 외부. 공동묘지. 낮
윌은 어머니를 도와 검은 세단에서 내려드린다. 그녀는 매우 침착하며 사람들이 기대했을지 모를 정도로 몸이 망가지지는 않았다.
산드라는 베넷 의사와 악수를 한다.
장례식은 만원으로 2백 명 이상으로 예상한 것보다 훨씬 많이 모였다.
산드라가 한 조객에게 말하는 동안 윌은 왼쪽에서 올즈모빌 승용차가 멈추는 것을 본다.
조수석이 열리나 차에서 내린 사람은 문 위로 거의 보이질 않는다.
그는 문을 닫고 모습을 보이는데 70세의 아모스 캘러웨이다. 윌은 그를 알아보지 못한다.
운전자가 나오는데 이 사람은 지금은 55세가 된 칼이다.
윌은 이 사람이 실제로 존재한다는 것을 알고 당황한다.

- **squint**
  곁눈질하다, 사팔눈이다, 실눈으로 보다
  to look at something with your eyes partly shut in order to keep out bright light or to see better; (of an eye) to look in a different direction from the other eye

- **shield**
  ~을 보호하다, 방패로 막다, 감싸다, 은폐하다
  to protect somebody/something from danger, harm or something unpleasant

- **wreck**
  몸이 망가진 사람, 지쳐버린 사람, 파멸, 좌절

- **service**
  예배, 의식
  a religious ceremony

Oldsmobile
올즈모빌 차
미국을 상징하는 자동차 제조회사인 GM사의 대표적인 자동차 모델 중의 하나이다.

Zoom In

Oldsmobile

올즈모빌 차

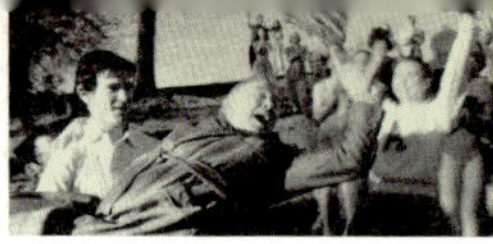

211. EXT. CEMETERY/GRAVESIDE. DAY

As the service gets ready to begin, Will guides his mother to a seat near the grave. Sitting beside Will, Josephine spots a stunning Asian woman (50) beside them. A beat later, an identical face with glasses peers out—the woman's twin sister. It's Ping and Jing.

Josephine almost gasps. She elbows Will, who turns to look.

From this angle, the sisters seem conjoined, but then Jing steps forward. They're really two separate people.

A sea of familiar faces, all of them aged through the years: Beamen, Norther Winslow, the Mayor, and Zacky Price.

212. EXT. CEMETRY. DAY

The minister is at his devotions.

MINISTER : The Lord is my shepherd,
I shall not be in want.
He makes me lie down in green pastures,
he leads me beside quiet waters,
he restores my soul.
He guides me in paths of righteousness for his name's sake.
Even though I walk through the valley of the shadow of death,
I will fear no evil, for you are with me.
Surely goodness and love will follow me all the days of my life ...

213. EXT. CEMETRY. AFTER FUNERAL. DAY

After the service, we see the crowd gathered in small groups.

A sea of familiar faces. By the laughter and hand gestures, we can see they're telling stories. They're telling Edward's stories.

Will and Josephine join in cheerfully.

211. 외부. 공동묘지/무덤 옆. 낮
장례식이 시작할 준비를 갖추자 윌은 어머니를 안내하여 무덤 가까이에 앉힌다.
윌 옆에 앉아 있는 조세핀은 그들 옆에서 아름다운 아시아 여성(50살)을 목격한다. 잠시 후, 안경을 쓴 동일한 얼굴이 밖을 응시하는데 그 여자의 쌍둥이 동생이다. 그것은 핑과 징이다.
조세핀은 거의 숨이 막힌다. 그녀는 윌을 팔꿈치로 찌르자 그가 돌아본다.
이 각도로부터 그 자매는 접착 쌍둥이 같지만 그때 징이 앞으로 나선다. 그들은 실제로 분리된 두 사람이다.
낯 익은 얼굴들이 아주 많다. 그들 모두가 세월이 가면서 나이를 먹었다. 비멘, 노더 윈슬로, 시장, 그리고 재키 프라이스.

212. 외부. 공동묘지. 낮
목사가 기도하고 있다.

목 사 : 여호와는 나의 목자시니,
내게 부족함이 없으리로다.
그가 나를 푸른 풀밭에 누이시며,
쉴 만한 물 가로 인도하시는도다.
내 영혼을 소생시키시고
자기 이름을 위하여 의의 길로 인도하시는도다.
내가 사망의 음침한 골짜기로 다닐지라도,
해를 두려워하지 않을 것은 주께서 나와 함께 하심이라.
내 평생에 선하심과 인자하심이 반드시 나를 따르리니…

213. 외부. 공동묘지. 장례식 후. 낮
장례식이 끝난 후 사람들이 작은 그룹으로 모여 이야기를 나누는 것이 보인다.
낯익은 얼굴들이 많다. 그들이 웃는 웃음과 손의 놀림으로 봐서 그들이 이야기를 하고 있다는 것을 알 수 있다. 그들은 에드워드의 이야기를 하고 있는 것이다.
윌과 조세핀은 즐겁게 끼어든다.

- **stunning**
  매력적인, 절세 미인인
- **conjoin**
  결합〔연접, 연합〕하다
  to join together; to join two or more things together
- **devotions**
  기도, 예배
  prayers and other religious practices
- **restore**
  ~을 복구하다, 재건하다, 부활시키다, 회복하다
  to bring back a situation or feeling that existed before; to something to bring somebody/something back to a former condition, place or position

I shall not be in want.
나는 부족함이 없으리로다.
shall은 문어체에서 예언이나 운명적 필연을 나타내어 '~될지어다, 반드시 ~이리라'의 뜻이다.

Zoom In

I shall not be in want.
나는 부족함이 없으리로다.

WILL : (V.O.) Have you ever heard a joke so many times you've forgotten why it's funny? And then you hear it again and suddenly it's new. You remember why you loved it in the first place.

214. EXT. BLOOM HOUSE BACKYARD. DAY(SUMMER)
Will sits on the porch with Sandra and Josephine, watching his son play in the pool with two neighbor kids.

SON : (to the other boys) So he said he'd fight the giant who was fifteen feet tall.

KID : No way!

SON : (calling over) Dad, that's right, isn't it?

WILL : Pretty much.

SON : See? So he was a giant.

Will smiles as his son continues the tale.

WILL : (V.O.) That was my father's final joke, I guess. A man tells his stories so many times that he becomes the stories. They live on after him.

215. EXT. RIVER/UNDERWATER. DAY
A fat and happy catfish swims toward us.

WILL : (V.O.) And in that way, he becomes immortal.

The fish passes us with a splash.

윌 : (목소리) 너무 많이 들어 더는 그 농담이 왜 우스운지 잊어버린 적이 없는가? 그러다 그걸 다시 들으면 갑자기 새로워질 때가 있다. 처음에 그걸 왜 그토록 좋아했는지도 생각 나고.

214. 외부. 블룸의 집 뒤뜰. 낮(여름)
윌은 산드라, 조세핀과 함께 현관에 앉아 자신의 아들이 이웃의 두 아이들과 함께 수영 풀에서 놀고 있는 것을 지켜본다.

아 들 : (다른 아이들에게) 우리 할아버진 키가 15피트인 거인이랑 싸울 거랬어.
아 이 : 말도 안 돼!
아 들 : (부르면서) 아빠, 내 말 맞죠?
윌 : 당연하지.
아 들 : 들었지? 할아버진 거인이었다니까.

윌은 아들이 이야기를 계속하자 미소를 짓는다.

윌 : (목소리) 아버지의 농담은 이렇게 끝난다. 하도 많이 이야기를 해서 그 자신이 이야기가 된 한 남자가 있다. 그 이야기는 그가 죽은 후에도 살아 있다.

215. 외부. 강/물속. 낮
살이 찌고 행복한 메기가 우리를 향해 헤엄을 친다.

윌 : (목소리) 그리고 그렇게 해서 그는 불멸이 되었다.

그 물고기는 물을 튀기며 우리 옆을 헤엄쳐 간다.

■ immortal
불사(신)의, 불멸의, 영원한, 영구히 계속되는
that lives or lasts for ever; famous and likely to be remembered for ever

■ splash
튀김, 물장구, 물 튀기는 소리
the sound of something hitting liquid or of liquid hitting something

And the strange thing is,
there's not a sad face to be found.
Everyone's just so glad to see you,
and send you off right.

You become what you always were.

A very big fish.

And that's how it happens.

That was my father's final joke, I guess.

A man tells his stories so many times that he becomes the stories.

They live on after him.